W0295844

Erich Follath hat die großen Hotels dieser Welt bereist, die Grandhotels wie die Absteigen, und erzählt ihre abenteuerlichen Geschichten, spürt ihren Mythen und Legenden nach. In den Foyers und Salons trifft er ihre Bewohner, Staatsmänner und Warlords, Starreporter und Sternchen. Fidel Castro, Maos Witwe und Wladimir Putin haben in diesen Hotels Politik und Geschichte gemacht.

Das Berliner »Adlon«, das »King David« in Jerusalem und das »Continental« in Saigon sind Schauplätze, in denen sich Epochen spiegeln. Follath porträtiert die Grand Old Lady des Kolonialismus, das »Peninsula« in Hongkong, das »Rossija« in Moskau, das die Überlegenheit des Kommunismus beweisen wollte und dann wegen einer Rattenplage geschlossen werden musste, das »Holiday Inn« in Sarajewo, dessen billigste Zimmer die mit Aussicht waren, gut einsehbar für Scharfschützen.

Ein Hotelbuch, das Nostalgie weckt, und ein Reisebuch, das den Adrenalinspiegel steigen lässt.

Erich Follath, geboren 1949 in Esslingen, studierte in Tübingen und München Germanistik und Politologie, promovierte mit einer Arbeit über Medien in der Dritten Welt. Für den *stern* war er Korrespondent in Hongkong und New York, bevor er 1994 als Leiter des Auslandsressorts zum *Spiegel* ging. Seit 1997 arbeitet Follath als Autor für das Nachrichtenmagazin und schreibt Titelgeschichten wie Reportagen aus aller Welt.

Publikationen: »Das Auge Davids«; »Die letzten Diktatoren«; »Nippon«; »Bill Clinton«. Follaths Roman »Wer erschoss Jesus Christus?« erschien im Jahr 2000.

Unsere Adresse im Internet: www.fischerverlage.de

Erich Follath

Himmelbett und Höllenangst

Dreizehn Hotels, die Geschichte machten

Fischer Taschenbuch Verlag

Veröffentlicht im Fischer Taschenbuch Verlag,
einem Unternehmen der S. Fischer Verlag GmbH,
Frankfurt am Main, Mai 2005

Lizenzausgabe mit freundlicher Genehmigung
des Picus Verlags, Wien
© 2003 Picus Verlag Ges.m.b.H., Wien
Redaktionelle Mitarbeit: Marieanne Wolny-Follath
Druck und Bindung: Nørhaven Paperback A/S, Viborg
Printed in Denmark
ISBN 3-596-16555-5

Für Janis

Inhalt

Die Tür zur Geschichte
Vorwort

Große Schriftsteller haben sich von Hotels immer besonders angezogen gefühlt, viele ließen ihre Geschichten sogar in den Zimmern, auf den Fluren, in den Bars dieser außergewöhnlichen Häuser spielen. Nirgendwo sonst lassen sich Menschen und Schicksale so leicht und so ungezwungen zusammenführen, lassen sich so mühelos Fäden spinnen, verknüpfen, entwirren. Es ist ja in der Regel eine Zufallsgemeinschaft, die sich da in der Luxusherberge, in der Pension, in der Absteige trifft, die isst, trinkt, lacht, kommuniziert. Eine zusammengewürfelte Schicksalsgemeinschaft auf Zeit. Eine Intimität, die durch Fremdheit entsteht. Ein Treffpunkt für Leute, die – frei nach Alfred Polgar – allein sein wollen, aber dazu Gesellschaft brauchen. Das Hotel kann für den Autor so zu einem Katalysator von Emotionen werden. Und zu einer Fundgrube erfahrener oder gut und lebensnah erdachter Geschichten.

Manchmal spielt das Hotel in literarischen Werken sogar die Hauptrolle. Der englische Dramatiker Arnold Bennett hat das Ambiente für seinen Roman »The Grand Babylon Hotel« schon im Jahr 1902 genutzt. Die beiden berühmtesten Romane von Vicki Baum (»Menschen im Hotel« von 1929 und »Hotel Shanghai« von 1939) gehören zu diesem Genre. Große Literaten wie Eric Ambler (»Nachruf auf einen Spion«), clevere Unterhaltungsschriftsteller wie Arthur Hailey (»Hotel«) und einige, die sich diesen Kategorien entziehen, wie Angelika Schrobsdorff (»Grandhotel Bulgaria«), feierten nach dem Zweiten Weltkrieg mit Storys aus den geborgten vier Wänden Welterfolge. Auch für Somerset Maugham und Graham Greene waren Hotels die besten Quellen, aus denen sie schöpften (und sie ließen die entsprechenden Herbergen, nur leicht verfremdet, in ihren Werken aufscheinen). Sie setzten sich an irgendeinem »exotischen« Ort, meist in einer Kolonie oder einer Dritte-Welt-Diktatur, an die Hotelbar, bestellten einen Drink, hörten zu und ließen sich vom Erzählten inspirieren. »Gelegentlich springen Figuren, die man so trifft, einfach in den Roman hinein, ob man es will oder nicht«, hat John le Carré einmal gesagt.

Aber natürlich nehmen sich die großen Menschenzeichner ihre Freiheiten. Schriftsteller verfremden die Figuren, die sie treffen, verändern die Schauplätze, die sie vorfinden. Sie gestalten Wirklichkeit. Der Hemdenfabrikant, der in einem Bett schläft, das der Liegestatt des Sonnenkönigs nachempfunden ist, und seine Sekretärin verführt; die alternde Primaballerina, die unter Deckenornamenten der napoleonischen Zeit ihre letzten Pirouetten probt; der Hochstapler, der an der Hotelbar die Juwelen der schönen Dame aus der Suite taxiert und sich dann an sie heranmacht; der todkranke Mafiaboss, der bei einer Flasche Whisky gemeinsam mit der Etagenfrau Bilanz zieht: Der Dichterfantasie sind keine Grenzen gesetzt. Und besonders Krimi-Autoren reizen geschlossene Hoteltüren mit ihren geheimnisvollen »Do not disturb«-Zeichen. Dass gelegentlich die Wirklichkeit jede noch so blühende Einbildung schlägt: Genf, Hotel Beau-Rivage, eine heimlich geöffnete Hoteltür und eine Leiche in der Badewanne haben es 1987 gezeigt.

Manche Hotelanekdote, vom Schriftsteller als Wahrheit präsentiert, ist zu schön, um sie kaputtzurecherchieren. Beispielsweise die von Hans Reimann, dem Herausgeber der Zeitschrift *Literazzia* und Mitautor der legendären »Feuerzangenbowle«. Reimann pflegte gerne zu erzählen, er habe einmal einen Portier beim Gastspiel in einer Kleinstadt gefragt, ob sein Hotel denn über fließendes Wasser verfüge. Der Portier wurde bleich und stammelte: »Wieso? Wollen Sie angeln?«

Reporter sind nicht dazu da, Wirklichkeit zu gestalten, sondern sie abzubilden, sie kümmern sich generell mehr um Facts als um Fiction. Und auch wenn das die große Anzahl der Egon-Erwin-Kisch-Nachschreiber nicht wahrhaben will: Ganz selten, und sozusagen nur als Nebenprodukt, entsteht dabei Literatur. Beispielsweise bei Joseph Roth, der mit seinen Skizzen in der *Frankfurter Zeitung* 1929 bewies, dass er in Hotels nicht nur wohnte, sondern zu Hause war. »Wie andere Männer zu Heim und Herd heimkehren, so komme ich zurück zu Licht und Halle, Zimmermädchen und Portier.« Welche Funktion also sollen und können Hotels für Journalisten haben?

Von »ganzheitlicher Raum-Erfahrung«, von einer neuen »Erlebnishotellerie«, von »idyllischen Inseln in der Nacht« schnulzen Prospekte führender Häuser und Ketten (sie scheinen, wie Winzer und Sportausstatter, einen eigenen Stab von Sprachkünstlern zu beschäftigen). Gelegentlich machen sie ihre vollmundigen Versprechen wahr; manchmal allerdings landet der Gast in einem muffigen Parterrezimmer neben der Müllentsorgung oder neben einem ständig klingelnden Aufzug. Da wir Journalisten nicht unterwegs sind, um das »Dekor der Träume« zu finden, zählen vor allem: bequemes Bett, ordentliches Bad, gute Beleuchtung. Vor dreißig Jahren hätte ich hinzugefügt: und ein Telexanschluss, um die Geschichte auf Lochstreifen zu stanzen und an die Heimatredaktion durchzugeben (hört sich an, als sei es dreihundert Jahre her). Heute muss es ein Internetanschluss sein und natürlich Kabelfernsehen mit den Nachrichtensendern CNN und BBC im Zimmer. Als zeitlose Konstante: eine ordentliche Bar, wo man bei einem Drink – nach getaner Arbeit, versteht sich – die Zeit totschlagen kann, ohne von ihr totgeschlagen zu werden. Das Hotel als »home away from home«, als in die Fremde verlegtes Schlafzimmer und Büro, praktikabel, funktional. Anreise, Recherchieren, Schreiben, Abreise. Next Story.

Das ist es? In neun von zehn Fällen ist es das. Und dann gibt es immer mal wieder eine Überraschung – das etwas andere Hotel, weit mehr als nur ein Beherbergungsbetrieb.

Interviewpartner haben mich auf solche Plätze aufmerksam

gemacht. »Wenn Sie nach Jerusalem kommen, würde ich Sie am liebsten im King David treffen«, hat Natan Scharanski gesagt, der berühmte Mann aus dem Gulag und zwischenzeitlich Minister in drei verschiedenen israelischen Regierungen; »Sie wissen schon, dieses Hotel, in das Premier Begin früher als Untergrundkämpfer eine Bombe gelegt hat.« Gerne würde er mich in Jerusalem sehen, aber nur im American Colony, meinte dagegen Jassir Arafats PLO-Vertrauensmann, »das ist unsere alte arabische Festung«. Wladimir Putins Schulfreund bestellte mich ins luxuriöse Grand Hotel Europa von St. Petersburg, »mein und sein Lieblingsplatz« (und früher schon der von Turgenjew und Tschaikowski). Der Mann, der als Sprecher der Taliban in Pakistan fungierte, schlug mir eine eher verschwiegene, preiswerte Absteige vor, »wo man Pläne macht«: das Green's in Peschawar. Ich blieb dann häufig als Gast in den genannten Häusern. Warum nicht auch dort wohnen, wohin die Herren mich baten, wo sie offensichtlich ihre Bezugspunkte hatten?

Auf andere außergewöhnliche Hotels wurde ich selbst bei den Vorrecherchen zu Geschichten aufmerksam. Sie tauchten immer wieder im Zusammenhang mit der Historie des entsprechenden Landes und der entsprechenden Stadt auf; wie Fixsterne, um die sich alles zu drehen schien, wie Marksteine, an denen sich in wandelnden Zeiten alles orientiert. Einige dieser Herbergen hatten eine über hundert Jahre zurückreichende Tradition, waren plüschig, mit Patina überzogen und immer noch von einer Klientel besucht, so ehrwürdig und geheimnisvoll wie ihr Interieur. Andere waren mehr oder weniger geschmackvoll restauriert, erstrahlten in neuem Glanz und zogen trotz oder gerade wegen ihrer Tradition eine neue Elite an. Aber unabhängig davon, ob sie nun sehr alt waren oder bei einer Revolution, einer Intrige, einem Tête-à-Tête im Zentrum standen, oder gar bei alledem zusammen: Diese Hotels atmeten Geschichte – und steckten voller Geschichten.

Manchmal kamen sie in meinen Reportagen vor, manchmal in den Berichten von Kollegen; aber sie blieben in der Regel

Kulisse. Und das fand ich zunehmend ungerecht, denn mehr als einmal dachte ich: Wenn ich jetzt dieses Hotel beschreiben könnte, wie es wurde, was es ist, wer in ihm ein- und ausging, wer gestern hier einen Umsturz ausheckte, wer heute hier Hof hält – es wäre die amüsantere, die bessere, vielleicht sogar aussagekräftigere Story gewesen als das »wichtige« Stück, an dem ich gerade arbeite.

Die Auswahl der dreizehn Hotels, die ich für dieses Buch porträtiere, ist durch sehr persönliche Erfahrungen geprägt, in keiner Weise »repräsentativ« und doch, hoffentlich auch für den Leser, nicht willkürlich. Die Kriterien haben wenig mit dem Hotelstandard zu tun. Der Luxusfaktor reicht von einem Stern bis zu fünfen, von einer Absteige über Mittelklassehäuser bis zu weltberühmten »Leading Hotels of the World« (mit entsprechenden Zimmerpreisen von 25 bis weit über 250 Euro). Und auch das Alter allein war nicht entscheidend; mancher Gasthof mag im Jahre soundso Martin Luther oder Johann Wolfgang von Goethe beherbergt haben und ist doch nichts als zu Stein gewordene Langeweile. Mir ging es darum, Hotels zu beschreiben, die nicht nur Fußnoten der Geschichte waren, sondern diese entscheidend (mit-)prägten. Und noch ein Kriterium: Ich habe mich auf solche Hotels beschränkt, in denen ich durch mehrere Besuche eigene Eindrücke sammeln konnte und nicht auf fremde Recherchen angewiesen war.

Das Hilton in Havanna, längst umbenannt, gehört dazu. Hier hat der junge Revolutionär Fidel Castro sein Hauptquartier aufgeschlagen, hier hat er mehrere Anschläge auf sein Leben überstanden – und doch ist das heute wieder als Touristenherberge und Prostituiertentreffpunkt genutzte Haus so etwas wie ein Symbol seines Scheiterns geworden. Das Oloffson in Port-au-Prince, Graham Greenes exzentrisches Lieblingshotel in Haiti, war erste Wahl. Dort schwammen früher wie selbstverständlich Alligatoren im Swimmingpool, verkehrten die Mitglieder der Duvalier-Diktatorenfamilie ebenso wie Regimegegner; heute ist eine Suite nach dem Stammgast Mick Jagger benannt. Und immer wieder sind auch in diesen

Tagen Schüsse aus den nahen Slums, aus den Kasernen zu hören: kein Himmelbett ohne Höllenangst.

Noch einen bevorzugten Aufenthaltsort Greenes reihte ich ohne einen Moment des Zögerns in meine private Liste der interessantesten Hotels ein, auf der anderen Seite der Welt gelegen: das Continental von Saigon (jetzt offiziell Ho-Chi-Minh-Stadt genannt). Wo sich auf der Terrasse über die Jahre alle versammelten, die etwas mit der tragischen Geschichte Vietnams zu tun hatten, wo Bomben direkt vor den Balkonen explodierten, da konkurriert jetzt in nostalgischem Ambiente eine lokale Business-Elite mit lauten Touristen. Von wegen »Der stille Amerikaner«.

Die neuere Geschichte des Balkans ist mit einem Hotel verwoben, das in den Sechzigern einmal zum Anlass eines olympischen Friedensfestes gebaut und dann in den Neunzigern zum Kriegshotel schlechthin wurde, zum Zentrum einer über drei Jahre lang belagerten Stadt. Zuerst war das Holiday Inn bevorzugter Treffpunkt der Täter um Radovan Karadžić, später Ort der Opfer – und heute ist es eine kleine Hoffnung für die Renaissance eines neuen, befriedeten Sarajevo. Seine billigsten Zimmer waren lange Zeit die mit der besten Aussicht, denn sie boten den Scharfschützen auf den Hügeln gegenüber den besten Einblick. Auch Richard Holbrooke, der amerikanische Unterhändler, hat im Holiday Inn mal eine Silvesternacht verbracht, die er, wie er mir sagte, »nie mehr vergessen wird«.

»Wer das Adlon nicht kennt, kennt Deutschland nicht.« So sprach der Maharadscha von Patiala, und auch wenn man sich fragen darf, warum ein indischer Fürst unbedingt die letzte Instanz deutscher Geschichte sein sollte: Wo Seine Hoheit Recht hat, hat er Recht. (Hotelangestellte pflegen zu sagen, wer bei seiner Abreise jeweils über viertausend Mark Trinkgelder gibt wie der Maharadscha, liegt grundsätzlich nicht falsch.) Das Adlon war der Lieblingsplatz von Kaiser Wilhelm II., gelegentlicher Aufenthaltsort von Adolf Hitler und Eva Braun. Nach seiner Wiederauferstehung aus grauen DDR-Zeiten wurde es von Bundespräsident Roman Herzog neu eingeweiht und ist heute die erste Adresse in Berlin. Zu viel der Kontinuität, wie manche meinen?

Das Moskauer Hotel Rossija hat längst nicht die revolutionäre Tradition und den fast dekadenten, vor- wie nachrevolutionären Luxus des Grand Hotel Europa in St. Petersburg, aber etwas anderes macht es faszinierend. Dieses Rossija war in den sechziger Jahren das größte Hotel der Welt und wurde nur aus einem Grund gebaut: Es sollte die Überlegenheit des Sozialismus über den Kapitalismus demonstrieren. Dass das Rossija fast zeitgleich mit dem Zerfall der Sowjetunion nach einem langen Niedergang wegen einer Rattenplage geschlossen werden musste und seine Teilauferstehung im neuen Nachtclub Manhattan fand – selten ist Weltgeschichte so eingängig, so tragisch und komisch zugleich.

Auch die chinesischen Kommunisten tun sich schwer mit einem Hotelsymbol ihrer Historie. Obwohl die Hiltons, Intercontis und Sheratons überall im Manchester-kapitalistischen Großreich aus dem Boden gestampft und nach atemberaubend kurzer Bauzeit dann auch von KP-Bonzen eingeweiht und bewohnt werden, hat die staatliche Tourismusagentur sich noch nicht entschließen können, das Peace in Schanghai in die Hände ausländischer Investoren und Restauratoren zu geben. So steht das Wahrzeichen der ebenso goldenen wie grausamen Zwanziger, das spätere Hauptquartier der Kulturrevolutionäre, weiter als Relikt an der berühmten Uferstraße Bund; renoviert, aber anders als die Banken an der Uferpromenade nicht auf Allerweltsniveau getrimmt. Das Peace bleibt die interessanteste chinesische Adresse für Gestrandete und Angekommene jeder Art. Ein maoistisch-materialistisches Museum.

Wie man mit Geschichte souverän umgeht, könnten Chinas Kommunisten in einer Stadt recherchieren, die ihnen – seit 1997 – nun wieder »gehört«: in Hongkong. Das Peninsula, Treffpunkt der Reichen und Schönen, zwischendurch aber auch mal Hauptquartier der japanischen Besatzer, ist ein glänzendes Beispiel für gelebte (und liebevoll gepflegte) Geschichte. Ebenso wie das Oriental. Bangkoks Wahrzeichen hat malariageplagte Schriftsteller, siamesische Königsintrigen und Militärputsche im Dutzend überlebt und gilt heute als erste Adresse für die einheimische Monarchenfamilie, für Politiker wie Prominente aus aller Welt. Dass die beiden Fünfsternehotels nicht nur zu den historisch interessantesten, sondern auch zu den luxuriösesten zählen, bekommen sie regelmäßig von den entsprechenden Fachorganen bestätigt: Sie gehören nach Expertenmeinung zu den Top Ten der Welt. In manchen Listen werden Oriental und Peninsula sogar auf den beiden Spitzenplätzen geführt.

Ich habe jedes der dreizehn genannten Hotels mehrfach während Dienstreisen und gelegentlich auch privat – bei den Recherchen mit meiner Frau – besucht. In fast allen Hotels war ich zuletzt noch einmal im Entstehungsjahr dieses Buches, um neueste Entwicklungen berücksichtigen zu können. Aber die Dinge verändern sich schnell. Sollten politische Macht- und private Besitzverhältnisse, Aussichten oder Preise nicht mehr auf dem allerletzten Stand sein, bitte ich das zu entschuldigen. Sollte ein Leser die ungewöhnliche Klassifizierung am Ende des jeweiligen Porträts als zynisch empfinden (»Adrenalinstoß-Faktor«), so bitte ich um Nachsicht; die Bewertung kommt meist als Empfehlung, gelegentlich auch wie eine Warnung daher und ist, sorry, genau so gemeint. Während die meisten der porträtierten Hotels sich – bei entsprechendem Geldbeutel – ganz wunderbar zum Nachreisen eignen, muss sich jeder, der nach Peschawar oder Port-au-Prince fährt, der aktuellen Risiken bewusst sein.

Jedes der vorgestellten Hotels ist schon die halbe Reise wert und wer sich um die Sicherheitsbedingungen kümmert, wird etwa im Oloffson eine großartige Zeit haben; ein unbeschwertes Kursbuch für Abenteuerlustige kann und will diese Porträtsammlung aber nicht sein. Denn die Geschichte, die in diesem wie in den meisten anderen der vorgestellten Hotels geschrieben wird, ist nicht beendet: Sie ist »work in progress« – immer noch in Arbeit.

Habana Libre, Havanna

Fidels letztes Geheimnis

Das Habana Libre in Kubas Hauptstadt war Fidel Castros Hauptquartier der Revolution, der intime Ort, an dem er Ché Guevara ebenso wie linke Weggefährtinnen empfing – und nur knapp zwei Giftanschlägen auf sein Leben entging. Heute herrschen hier Touristen und Prostituierte.

Warum wählte der Führer der Revolution in der Stunde des Triumphes nicht das Nacional am Prachtboulevard Malecón als sein Hauptquartier, diese Ikone des kapitalistischen Kuba, marmorn und millionenträchtig, Frank Sinatras Lieblingsabsteige? Warum erkor er nicht das Riviera, die Graue Eminenz am Ufer, berüchtigt als Symbol für die Dekadenz und Drogensucht eines blutrünstigen Regimes, Meyer Lanskys Favourite? Warum bestimmte er nicht das Capri, verrufene Fluchtburg der amerikanischen Mafiosi mit ihren minderjährigen einheimischen Schönen, zum Sitz der siegreichen Revolution?

Nein, es sollte unbedingt das Hilton sein, der brandneue, 27 Stockwerke hohe Hotelbaukasten im Zentrum des Geschäftsviertels. Der Glaspalast. Schneeweiß und fast noch unschuldig. Nicht gesichtslos, aber so gut wie geschichtslos. Offen für jede Art der Gestaltung, formbar wie das ganze Land.

Originaltext der Hilton-Broschüre von damals: »Dies ist das modernste Haus Kubas mit 492 Zimmern, 38 Räumen mit einer Vorhalle, drei prachtvollen Suiten mit allen technischen Neuheiten wie In-House-Fernsehen. Parkgelegenheiten für fünfhundert Automobile. Der Waldorf-Salon mit Filmprojektoren und Simultanübersetzern, ganz in Weiß und Bronze, von

Kristall-Lüstern gekrönt. Der Frühlings-Salon mit rosaroten Mosaiken aus dem bäuerlichen Leben der sechs kubanischen Provinzen, selbstverständlich airconditioned. Der Internationale Salon, mit Szenen aus dem Meeresleben. Küchen, ausgerüstet nach neuesten wissenschaftlichen Erkenntnissen, state of the art, moderner als sonstwo auf der Welt. Verschiedene Restaurants und Bars, die zum köstlichen Essen und Trinken und zum Tanzen einladen ... Die Räume sind auch zu mieten, ein prestigereiches Ambiente für ihr nächstes Privatfest.«

Und da saßen sie nun, alle seine Helden, an jenem Januartag im Jahr 1959: die Männer der revolutionären Vorhut, in Erwartung ihres »Comandante en Jefe« und eines ganz besonderen Festes. Fläzten sich in die Sessel in der Eingangshalle nahe der Rezeption, die Gewehre griffbereit. Jeder Zoll selbstbewusste Sieger. Jeder Zoll aber auch todmüde Kämpfer, erschöpft von den letzten Schlachten wie vom Triumphzug durch das Spalier der jubelnden Menschenmassen von Havanna. Einigen der Guerilleros, kaum älter als Schulkinder, fielen die Augen zu; nicht auszudenken, wenn einer jetzt herangeschlichen wäre und sich auf die Gewehre gestürzt hätte. »He, verdammt noch mal, aufwachen!«, rief schließlich aufgebracht Camilo, Chef der Castro-Voraustruppe. Und dann zum Hilton-Personal, das sich vorsichtig abwartend hinter die Rezeption verdrückt hatte. »Compañeros, ist denn da keiner – wir brauchen dringend eine Runde Cola!« Schnell besorgten die Hotelangestellten die Getränke. Die Milch des Kapitalismus machte die Revolutionäre wieder munter. Sie zupften verlegen ihre Kampfanzüge zurecht, klopften den Straßenstaub aus ihren klobigen Stiefeln. Brüllten Befehle, ein bisschen zu laut und zu forsch, so wie es Leute tun, die ihre Unsicherheit überspielen wollen. Mit dem Kasino sei jetzt Schluss und selbstverständlich auch mit der Prostitution, verkündete ein besonders aufdringlicher Guerillakämpfer. »Halt's Maul, du Wichtigtuer«, rief ein anderer aus seinem Trupp, »das wissen die hier schon.«

Für einen Augenblick sah es so aus, als würden die beiden

aufeinander losgehen. In der Luft lag eine kaum erträgliche Spannung. Dann, endlich, kündigte einer der jungen Soldaten an: »Er kommt. Er ist schon an der Straßenecke, unser Comandante.« Wie war das damals mit Fidel Castro Ruz und was ist aus seinem so aufregenden Experiment mit der Revolution geworden? Wie hat sich das Hilton in die turbulenten Zeiten hinein- und über sie hinausgerettet? Drei Menschen, die eine besondere Beziehung zu dem Comandante und dem Hotel haben, das zu seinem Hauptquartier wurde, erzählen ihre Geschichte – vom ersten Tag der Revolution bis heute.

Der Hotelangestellte Raúl Real Trelles erinnert sich an sein erstes Treffen mit Fidel Castro, als sei es erst wenige Stunden her. Siebzehn war er damals und wie alle Hilton-Bediensteten gerade erst dabei, sich in dem amerikanischen Luxus seines Arbeitsplatzes zurechtzufinden. Bilder schwirrten ihm noch durch den Kopf vom letzten Großereignis in seinem Leben, an exakt derselben Stelle, knapp zehn Monate zuvor. Da hatte, speziell für den Anlass eingeflogen, Firmengründer Conrad Hilton mit dem Hollywoodstar Elizabeth Taylor an seiner Seite das Hotel eröffnet. Die Reichen und die Schönen in ihren Smokings und Abendgarderoben schlemmten sich an einem Bankett satt, wie es selbst das verwöhnte Havanna noch nie gesehen hatte. Kaviar und Champagner; ein Blumenmeer aus Orchideen, Rosen und flammendem Hibiskus; gleich drei Bands, die Swing und Son spielten und den Tanzenden einheizten, dass die kostbaren Lüster an der Decke vibrierten. Und dazwischen er, Raúl, aus Havanna gebürtiger Beamtensohn, Jungkellner auf Probezeit, aber doch schon ein Hilton-Mann.

Beim Servieren nicht stolpern oder in die Ausschnitte der Damen starren, zuvorkommend auch die Betrunkenen unter den prominenten Gästen bedienen und immer darauf achten, dass sich keiner von der Straße hereinschleicht, hatte der Boss bei der Generalprobe den Bediensteten klargemacht. Denn zur Einweihung gehörte auch, dass sich vor den Glasfassaden des Hilton-Hochhauses an der Hauptverkehrsstraße La Rampa das andere Havanna die Nase platt drückte und um ein Almosen bettelte: Die Krüppel, die nicht wussten, wie sie ohne jede staatliche Unterstützung den nächsten Tag überstehen sollten; die Drogensüchtigen mit ihren geweiteten Augen und ihren durchstochenen Armen, hoffnungslos; die Minderjährigen, die ihre Familien durchbringen mussten und nichts anderes zu verkaufen hatten als ihre Körper. Kuba unter dem korrupten Diktator Fulgencio Batista war ein Paradies für amerikanische Spieler und eine verschwindend kleine lokale Oberschicht, für die Mehrheit der Habaneros aber der Vorhof zur Hölle.

Raúl wusste, welche Hoffnungen sich für seine Familie mit dem Hilton-Job verbanden: eine Festanstellung gleich nach der Schule und noch dazu bei einem begehrten ausländischen Arbeitgeber, der die Gehälter pünktlich zahlte. Es wäre vernünftig für ihn gewesen, seinem amerikanischen Arbeitgeber einen möglichst ungestörten Geschäftsbetrieb zu wünschen, dem kubanischen Kapitalismus eine glänzende Zukunft. Doch da war noch eine andere Sache, von der man sich in der Hilton-Bar, an den Bushaltestellen und unten am Malecón zuraunte, leise, damit es die staatlichen Aufpasser nicht hörten: die Revolution. Und die hatte auch für den jungen Raúl immer mehr an Gewicht gewonnen, begann persönliche Sorgen zu überlagern. So saßen sie abends nach Dienstschluss im Freundeskreis und tauschten Meldungen von der Front aus. Schon gehört, dass der Revolutionär Fidel Castro mit seinen Guerilleros die Stadt Santiago de Cuba eingeschlossen hat? Kann es stimmen, dass die Kämpfer um Ché Guevara und Camilo Cienfuegos die Gegend um Las Villas eroberten? Dass sie bereit waren, ihr Leben zu opfern, um den Kubanern soziale Gerechtigkeit zu bringen?

Dann hatten sich die Dinge überschlagen: Der verhasste Batista floh am Silvesterabend 1958, Santiago fiel, die Bewohner Havannas zogen am Neujahrstag jubelnd durch die Straßen. Als der Revolutionär auf einem Panzer durch die

Straßen rollte, als sich bei seiner vierstündigen Rede (für seine Verhältnisse kurz, später pflegte der Wortberauschte bis zu sieben Stunden am Stück zu sprechen) eine weiße Taube auf seine Schulter setzte, da sahen die Menschen das als ein göttliches Zeichen – auch das Personal im Hilton. Sie wollten glauben. An ihn. An sich. An ein besseres Leben durch die Revolution.

Raúl Trelles hatte den Triumphzug durch die Stadt verpasst, er hatte nicht gewagt den Dienst zu schwänzen. Umso aufgeregter war er, als er hörte, dass er dem neuen starken Mann künftig so nahe sein würde – als Kellner in Fidels neuem Hauptquartier. Denn dazu, das hatte sich wie ein Lauffeuer herumgesprochen, hatte der Guerillachef das Hilton bestimmt. Wie elektrisiert registrierte Raúl jedes Detail der revolutionären Vorhut, jede Bewegung der jungen Kämpfer, jeden Räusperer, jeden Cola-Schluck. Und dann war es endlich so weit: der Einzug des Gladiators.

»Vom ersten Augenblick an erinnerte mich der Comandante an Jesus den Erlöser«, sagt Raúl. »Ich weiß, für einen Christen klingt das ketzerisch, aber mir fällt einfach kein anderer Vergleich ein.« Selbst die weniger Schwärmerischen unter seinen Kollegen im Hotel seien sofort dem Charisma des Revolutionärs erlegen. Fidel Castro: ein Menschenfischer von hohen Gnaden. Im Hotel schüttelte er jede erreichbare Hand, fragte nach Familienverhältnissen und dem Einkommen. Er scherzte mit den Hilton-Bediensteten: »Keine Angst, die Revolution kostet Sie keinen Penny Gehaltsabzug – nur Trinkgeld geben wir nicht.« Als einer der Angestellten Castro fragte, ob er denn nach all den Anstrengungen der letzten Tage jetzt erst mal einige Stunden ungestört in seiner Suite ausruhen wollte, warf der Comandante die Arme gen Himmel und rief: »Ausruhen – was ist das? Und was macht unser Land in dieser Zeit, schläft es auch?«

So war es vom ersten Augenblick der Revolution an: Kuba, Castros Leben. Kuba, Castros Lehen.

Wie selbstverständlich machte der Comandante sein

Schicksal zu dem der Nation. Am stärksten in Erinnerung geblieben sind Raúl Trelles die Augen, mit denen Fidel ihn fixierte – er weiß bis heute nicht, wie der Blick am besten zu beschreiben wäre. Als herausfordernd vielleicht, als gütig für den, der ihm folgte. Aber eben auch als entschlossen, alles niederzureißen, was zukünftig seiner Revolution im Wege stehen könnte.

Keiner weiß mehr, ob das Hotel die schönste Suite freiwillig anbot oder ob die Guerilleros sie für ihren Führer reklamierten. Jedenfalls zog Fidel Castro in die Königsgemächer »La Continental«, oberstes Gästestockwerk, Nummer 2408. Auf der gleichen Etage, allerdings in weniger komfortablen Räumen, bezog seine Sekretärin Celia Sánchez Quartier, zwischenzeitlich auch Ché Guevara und sein Bruder Raúl Castro – die Einzigen, die ohne Anmeldung zu ihm vorgelassen wurden, sieht man von seinen Geliebten ab. Um die Zimmerfluchten wurde ein Sicherheitskordon geschaffen, denn auf die Security des Hilton wollte sich die kubanische Revolution nicht verlassen. Verantwortlich dafür war Jesús Yanes Pelletier, ein früherer Hauptmann der kubanischen Regierungsstreitkräfte, der nach dem Überfall auf die Moncada-Kaserne zu den Revolutionären übergelaufen war: Er hatte sich geweigert, den Befehl des Diktators Batista auszuführen und Castro umzubringen.

Drei Monate lang lenkte Castro von seiner Suite aus die Geschicke des Staates – wenn man es so nennen konnte. Denn vom Regieren, von der Verwaltung hatte der Guerillaführer, wie er Freunden gegenüber zugab, keine Ahnung: »Wir wussten überhaupt nichts über einen Regierungsapparat, und wie er funktioniert.« Es waren turbulente Monate, auch für das Hotelpersonal.

Raúl Trelles erfuhr von seinen Kollegen, wie es in Castros Zimmerfluchten aussah, denn gelegentlich bemühte der Comandante für ein paar Sandwiches – oder für eine seiner geliebten Montecristo-Zigarren – den Room Service. Es herrschte absolutes Chaos. Papiere lagen durcheinander auf dem Boden, Revolvergürtel auf dem Klavier, Dollarnoten, vom Wind der geöffneten Fenster aufgewirbelt, im stets ungemachten Bett. Aus seiner auf die Couch geworfenen grünen Drillichjacke ragte ein Scheckbuch, das der Comandante immer bereit hatte – falls ihm bei seinen spontanen Trips durch die Stadt irgendein Projekt als besonders förderungswürdig auffiel.

Er war viel unterwegs, meist mit einem Jeep. Er gab sich gern und häufig als Wohltäter. Manchmal kehrte er erst um drei Uhr nachts ins Hilton zurück und stellte fest, dass er den ganzen Tag nichts gegessen hatte. Dann ging Fidel Castro in den Coffeeshop, der vierundzwanzig Stunden geöffnet war, bestellte bei Raúl irgendeine Kleinigkeit. »Egal was«, sagte er. Und dann kam meist seine Sekretärin Celia oder sein Bruder und erinnerte ihn mit hochrotem Kopf an die Termine, die er vergessen hatte, an die Leute, die alle schon stundenlang auf ihn warteten. Da schlug sich der Comandante mit der Hand gegen die Stirn, sagte so etwas wie »stimmt ja, ihr habt Recht, aber das machen wir jetzt« und ging nach oben. Und führte Diskussionen, traf Entscheidungen, die ganze Nacht durch.

Einmal, erinnert sich Raúl Trelles, wurde Castros Schlafdefizit so groß, dass er zusammenbrach, drei Tage im Bett bleiben und sich aufpäppeln lassen musste. Kaum war der Revolutionsführer wieder auf den Beinen, machte er weiter wie zuvor. »Man kann wohl sagen«, fasst Trelles zusammen, »dass unser Revolutionsführer nicht viel vom Delegieren hielt und womöglich auch heute noch nicht hält.« Er fügt dann vorsichtig – und ganz und gar nicht ironisch gemeint – hinzu: »Was aber daran liegen dürfte, dass er tatsächlich immer alles besser wusste als die anderen.«

Wer es nicht so durch die rosarote Brille der Revolution sieht, kommt allerdings kaum umhin, die ersten schlimmen Fehler Castros nach dem großen Sieg zu konstatieren. Am 15. Januar 1959 hielt er in der Sugar Bar des Hilton seine erste Pressekonferenz ab – und nahm der Revolution mit seiner ersten Lüge ihre Unschuld. Auf die Frage nach seinen Kontakten zu Kubas Kommunisten erweckte er den Eindruck, als kenne er die Partei gar nicht – dabei hatte er, von verschiedenen Quellen belegt, in enger Verbindung mit mehreren Mitgliedern des Partido Socialista Popular gestanden. Seine Äußerung weckte im Ausland den – zum damaligen Zeitpunkt sicherlich falschen – Eindruck, Castro wolle aus Kuba unbedingt einen kommunistischen Staat machen. Einige Tage später ein weiterer Lapsus. Castro wurde bei seiner Rückkehr von einer Ausfahrt durch die Stadt im Hotel wie üblich von Bewunderern umringt, unter denen sich »Barbudos« befanden, seine bärtigen Ko-Revolutionäre, und verschiedene hübsche Frauen, die ihn umschwirrten wie Groupies einen Popstar, aber auch etliche Reporter, deren Anwesenheit ihm entgangen sein mochte. Er war in seiner üblichen jovialen Stimmung nach dem Bad in der Menschenmenge und legte den Arm um eine der junge Schönheiten.

Wo Fidel Castro sonst in den ersten Monaten so großen Wert darauf gelegte hatte, die USA nicht zu provozieren, gab er nun in der Hilton-Halle plötzlich den Politmacho: »Ich versichere euch, zweihunderttausend Gringos werden sterben, sollten die Vereinigten Staaten ihre Marine-Infanteristen auf unsere Insel schicken.« Zweiunddreißig Jahre alt war der Heißblütige damals und obwohl die meisten Entscheidungen über Kubas Zukunft schon bei ihm zusammenliefen, hatte er zu diesem Zeitpunkt noch nicht nach dem höchsten Amt gegriffen, nannte sich »Vertreter der Revolutionsarmee beim Präsidialamt« (geleitet von dem Immer-noch-Präsidenten Manuel Urrutia).

In seinen offiziellen Ansprachen betonte Fidel Castro dann weiter, er suche gute Beziehungen zu Washington, seine Revolution sei nicht kommunistisch, er wolle auch nicht Präsident werden. Nach und nach verriet er aber jedes seiner Versprechen – manche wohl erst aufgrund der feindseligen Haltung, die ihm aus Washington entgegenschlug. Das glaubt jedenfalls Raúl Trelles, obwohl er sich »in die große Politik«

nie einmischen wollte und auch heute solchen Diskussionen aus dem Weg geht. Er wusste immer: Das war sicherer so für ihn, ersparte ihm das Schicksal vieler »vorlauter« Regimekritiker – nämlich Gefängnis und Zerstörung der bürgerlichen Existenz.

Der Aushilfskellner rückte auf in der Hotelhierarchie, langsam und stetig. Das Hilton hatte zunächst noch seinen Besitzer und seinen Namen behalten. Die Dinge änderten sich dann 1960. »Da gab es einen regelrechten Skandal. Fidel lebte nicht mehr permanent im Hotel, kam aber öfter über Nacht, besuchte unseren Coffeeshop. Zwei Bedienstete des Hotels hatten sich von amerikanischen CIA-Agenten bestechen lassen. Sie versuchten, ihm Giftpillen in den Kaffee zu mischen. Das Mordkomplott flog auf, sie wurden verhaftet. Sie bekamen Haftstrafen von mehr als zwanzig Jahren – viel zu wenig, wie wir fanden. Für Kuba war das ein Schock. Und für uns von der Hilton-Küche war es eine Katastrophe.« Castro verlor wohl die letzten Illusionen über Washingtons Haltung zu seiner Revolution, verschärfte sein Vorgehen gegen Revolutionsgegner im Inneren und nach außen. Er riss die Macht an sich, führte als neuer Staatschef sein Land nach links. Im Mai 1960 nahm Havanna diplomatische Beziehungen zu Moskau auf, was nach Raúls Erzählungen auch im Hotel spürbar wurde – die erste Sowjetbotschaft auf Kuba wurde im Hilton eingerichtet, nahm zwei Stockwerke in Anspruch.

Es folgte eine Welle von Verstaatlichungen. Am 11. Juni 1960 wechselte das Symbol des Kapitalismus, gleichzeitig erstes Hauptquartier der Revolution, auch formal seinen Besitzer. Auf Fidel Castros Befehl wurde aus dem Habana Hilton das Habana Libre.

»Der Rest ist Geschichte«, sagt Raúl Real Trelles. In einem historischen Schnelldurchgang lässt er sie vor seinen Augen passieren: die zurückgeschlagene US-Invasion in der Schweinebucht 1961; die Ausrufung der »Sozialistischen Republik Kuba«; die Kubakrise 1962, die nach dem Aufstellen der russischen Raketen und Kennedys Ultimatum die Welt an den Rand eines Atomkriegs brachte; die schweren Unruhen 1980, als sich über hunderttausend Menschen in die USA absetzten; der Zusammenbruch der Sowjetunion 1991, der die schon chronische Wirtschaftskrise noch einmal dramatisch verschärfte; die vorsichtigen Wirtschaftsreformen der letzten Jahre, die den Kubanern wieder erlaubten, Dollars zu besitzen – damit aber die Widersprüche der Revolution und die sozialen Unterschiede wesentlich verstärkten.

Große Politik, aber auch sein Leben widergespiegelt in den Hallen dieses Hotels: Raúl Real Trelles ist seinem Habana Hilton/Libre treu geblieben. Er hat erlebt, wie aus dem rein staatlichen Hotel ein Jointventure geworden ist, seit 1997 führt die spanische Melia-Gruppe das Haus. Er ist aufgestiegen, zum Maître des Restaurante Polinesio im Fundador, dem Kellergeschoss des Hotels. Er ist grau geworden mit der Revolution, so grau, dass er glaubt, sich jetzt die Haare pechschwarz färben zu müssen. Und zugenommen hat er, denn auch das war immer ein Vorteil seines Jobs – wenn andere den Gürtel in jeder Beziehung enger schnallen mussten, konnte Raúl Trelles sich wenigstens in seiner Hotelküche opulent ernähren. Vierzig Kilogramm plus seit 1959: Sie haben sich wie Jahresringe um seine Hüften gelegt.

Hat er Sehnsucht nach einem Neuanfang, für sich, für sein Land? Macht ihn die Rückschau nostalgisch? Der Maître zeigt stolz die Bar, die Holzverkleidung in seinem Polinesio: »Alles noch original wie bei der Eröffnung. Ein Restaurant wie meines gibt es fast deckungsgleich in vielen Hiltons, das ist internationaler Standard. Also, falls die Gringos mal wiederkommen …« Für einen Augenblick stockt seine Stimme, so revolutionär ist ihm der Gedanke. Und so peinlich, dass er ihn ausgesprochen hat. »Wollen Sie denn auch mal die ehemalige Suite des Comandante sehen?«, sagt er, froh darüber, wieder auf politisch korrektem Gebiet gelandet zu sein. »Nicht nur das Polinesio, auch die Suite gibt es noch im Original.«

Wir gehen durch die großzügige Hotelhalle, vorbei an der Bar El Patio, vorbei am Air-France-Büro, an der neu eröffneten Casa-Blanca-Boutique. »Die Suite ist unser Prunkstück«, sagt die sehr hübsche, sehr alerte kubanische PR-Dame des Hause, von den Spaniern vor einigen Monaten neu angeheuert. »Die Möbel sind noch die alten. Der Charme der fünfziger Jahre, Sie wissen schon, das kommt alles wieder.«

Herb ist er, dieser Charme. Die Möbelstücke stehen auf kurzen Beinen und sehen aus, als hätte Ikea sie ausgemustert. Auf Sofas sind, fein säuberlich abgestimmt, Kissen platziert, ein rundes, ein eckiges, dann wieder ein rundes. Viele goldfarbene Kommoden, viele runde Nachttischlampen. Ein Klavier, drei Badezimmer. Ein Riesenbett, mit einem Riesenspiegel und noch mehr Goldverzierungen. Aber kein Fidel-Castro-Bild, kein Fidel-Castro-Autogramm, kein Fidel-Castro-Erinnerungsstück. »Vielleicht hätte so etwas nicht bei allen unserer internationalen Gäste Anklang gefunden«, vermutet die PR-Lady.

Wer mietet heutzutage eine solche Zimmerflucht?

»Präsidenten, aber auch die Vorstandsvorsitzenden der großen westlichen Firmen, die zu Verhandlungen nach Havanna kommen«, sagt die Präsentierdame stolz.

Und der Preis?

»Eintausenddreihundertfünfzig US-Dollar pro Nacht.«

Da muss selbst Raúl Real Trelles staunen, der schon so viel gesehen hat in der Hotelgeschichte. Er bekommt die Hälfte seines Gehalts in Dollar ausgezahlt und fühlt sich privilegiert, dass er überhaupt an die heiß begehrten Greenbacks herankommt. Er verdient für kubanische Verhältnisse überdurchschnittlich: 18 Dollar im Monat. Dafür gibt es an der Bar sechs Mineralwasser oder fünf Biere lokaler, vier Biere ausländischer Produktion. Aber eben auch für Pesos nicht erhältliche Medikamente auf dem Schwarzmarkt.

Der Blick vom Balkon der Suite geht die Hauptverkehrsstraße Rampa hinunter zum Malecón, weit übers Meer. Von der Aussichtsterrasse im 27. Stock – damals nur für Castro und seine Crew zu betreten – reicht er über das Nacional-Hotel, über das Riviera und das Capri hinweg bis hinüber in die Altstadt. Bis zum Capitolio Nacional, der originalgetreuen Kopie des Washingtoner Wahrzeichens.

Was für eine Symbolik: Fidel Castro sah aus dem Hilton, diesem Sinnbild amerikanischer Macht und Moderne, auf ein anderes leuchtendes Relikt amerikanischer Überlegenheit – er war nach dem Sieg der Revolution on top of the world, ganz nah dem Himmel. Und hatte, im wahrsten Sinn des Wortes, Havanna und seine Kubaner unter sich. Was hätte ihn aufhalten sollen, diese Insel, *seine Insel*, nach ureigenen Vorstellungen zu gestalten?

»Der Máximo Líder hat alles versucht und manches erreicht«, sagt kryptisch der Mann, der es vom Hilfskellner zum Maître gebracht hat. »Ich glaube, Fidel hat die Lage selbst am besten formuliert, damals, als er als junger Mann in Batista-Zeiten wegen seiner revolutionären Ideen vor Gericht stand und den historischen Satz sagte: Die Geschichte – sie wird mich freisprechen.« Aber ehrlich gesagt, Raúl Real Trelles hat andere Sorgen als den Stellenwert der Revolution in den Annalen der Welt. Er sorgt sich um das Wohl seiner Tochter; zu viele Verlockungen gibt es wieder da draußen, im Dschungel-Nachtleben von Havanna. Fast schon so viele wie damals zu Mafiosizeiten. Und zu wenige ehrliche, gut bezahlte Jobs.

Natürlich weiß auch Raúl, dass die leicht geschürzten, grell geschminkten Mädchen, die vor den Toren des Habana Libre Touristen ansprechen, pro Stunde mehr verdienen als jede seiner Kellnerinnen im Hotelrestaurant Polinesio pro Monat. »Pst, pst, una chica linda«, zischeln sie, blutjunge, sehr berechnende Verführerinnen auf hochhackigen Schuhen, in knappen Tops und Hotpants, vom Volksmund »jineteras« (Reiterinnen) genannt. Natürlich besorgt ihn das als Vater einer attraktiven Tochter. Er hat sie gut erzogen, da ist er sich sicher. Aber er ist nicht blind – und sieht manchmal ehemalige Schulfreundinnen seiner Kleinen in aufreizend neuen Designerklamotten. Unerschwinglich, normalerweise.

Und dann vertieft sich der Hotelangestellte in die Parteizeitung *Granma*, das offizielle Blatt der kubanischen Revolution; doch dort ist von so etwas nie die Rede, sondern nur von »Errungenschaften«. Und Raúl Trelles stellt sich Fragen, die Fragen eines lesenden Arbeiters: Die Revolution prostituiert ihre Kinder – kann das richtig sein? Weiß Fidel davon? Haben ihn seine Frauen vor dieser Gefahr nie gewarnt?

Ob Fidel Castro das strahlende Kreuzfahrtschiff mit der schönen Marita an Bord zum ersten Mal von seinem Hotelfenster in seiner Suite gesehen hat, ob ihn einer der Revolutionsgefährten auf die gerade in den Hafen eingelaufene »Berlin« aufmerksam machte, lässt sich heute nicht mehr rekonstruieren. Fest steht nur, dass der Comandante neugierig genug war, um sein provisorisches Hauptquartier im Hilton zu verlassen und an einem strahlenden Tag Ende Februar 1959 den großen Dampfer aus Deutschland zu erkunden.

Marita Lorenz erinnert sich bei unserem drei Tage währenden Treffen in unserer Hamburger Wohnung 1986, dass ihr Vater seinen Mittagsschlaf hielt. Das war eine Zeit, in der ihn keiner stören durfte. Die Tochter des Kapitäns, gerade erst neunzehn, wusste wenig von der großen Politik. Sie kannte den Mann, der sieben Wochen zuvor im Triumphzug Havanna erobert hatte, weder vom Namen noch vom Aussehen. »I am Cuba«, stellte er sich vor, »gestatten, Doktor Fidel Castro.« Die kesse Marita forderte ihn auf, seine Männer und vor allem die Waffen zurückzulassen, wenn er das Schiff besichtigen wolle. Die brauche er nicht, er sei schließlich auf deutschem Territorium. Der Comandante lachte. Beim anschließenden Rundgang flirtete er mit ihr. Beim abendlichen Essen auf dem Kreuzfahrtschiff, zu dem der Vater lud, hielt er unterm Tisch ihre Hand. In einem unbeobachteten Moment küssten sie sich.

»Ich war vom ersten Augenblick an unsterblich in Fidel verliebt«, sagt Marita. Vielmehr: Sie gibt es zu Protokoll, als müsse auch dieser Fakt in irgendwelche Akten aufgenommen werden, als entlastendes Material. Sie zieht die Bilanz eines turbulenten, von Geheimdienstkomplotten und Mordanschlägen geprägten Lebens.

Sie hatte an jenem ersten Tag von der Bucht aus hochgesehen auf das Havanna Hilton, mit dem der Comandante ein bisschen prahlte: »Ihr habt das schönste Schiff, ich habe das schönste Hauptquartier.« Er sagte, sie werde die Räume sehen – wenn sie erst seine Privatsekretärin geworden sei. Ob sie nicht gleich bleiben wolle? »Natürlich wollte der gestrenge Herr Papa nichts davon hören. Die ›Berlin‹ lief am nächsten Tag aus, mit mir und meinen Träumen an Bord.« Aber so schnell gab der große Eroberer nicht auf. Einige Wochen später – Marita Lorenz war in New York von Bord gegangen, um dort eine Schule zu besuchen – erreichte sie ein Anruf aus Kuba. Fidel am Apparat. Sie solle sich bereithalten, in wenigen Stunden werde sie ein Privatflugzeug abholen. Ohne elterliche Einwilligung stürzte sich Marita Lorenz Hals über Kopf ins Abenteuer. Am Flughafen José Martí standen ein Dutzend Uniformierte und mehrere Jeeps; wie ein Staatsgast wurde die Deutsche ins Hilton geleitet – direkt in den 24. Stock. Dort hieß sie Sicherheitschef und Castro-Adjutant Pelletier warten.

Marita Lorenz machte es sich im größten Raum der Suite bequem. Es roch nach Zigarrenrauch, auf dem Boden lagen Kleidungsstücke, Stiefel, Schallplatten – und Spielzeugpanzer. Nach einer Stunde kam der Comandante, schloss sie in die Arme. Marita erinnert sich: »Dann hängte er seinen Revolvergürtel über die Stehlampe, stellte den Plattenspieler an und legte romantische Musik auf. Ich wurde in dieser ersten Nacht seine Geliebte.«

Doch das Glück hielt nicht lange. Was an der weiblichen Konkurrenz lag – unter anderem machte Hollywoodstar Ava Gardner, in der Hotellobby herumlungernd, dem Comandante Avancen. Und auch an dem, was die junge »Alemanita« bald bei aller Verehrung für ihren Geliebten als manische Launen fürchten lernte. »Fidel war total überarbeitet. Mal euphorisch, dann sah er sich als große Gestalt der Geschichte, sogar als

Begründer einer neuen Religion. Dann wieder am Boden zerstört, weil die Regierungsprobleme über ihm zusammenschlugen.« Und immer war sein Bezugssystem Amerika, das Land, mit dem ihn stets eine Hassliebe verband: Sein erstes Auto, erfuhr Marita Lorenz, war ein feuerroter Ford DeSoto gewesen, die Flitterwochen mit seiner kubanischen Jugendliebe hatte er in den USA verbracht, immer davon geträumt, für ein Profiteam der US-Baseball-Liga zu spielen. (Er hatte als bester Schulsportler Kubas tatsächlich einmal ein Angebot.)

Der Comandante legte sich in seiner Hotelsuite öfters mit Stiefeln ins Bett, die Pistole stets zur Hand. Er war allzeit bereit, arbeitete zwanzig Stunden pro Tag. Und konnte nicht verstehen, dass andere in seiner Umgebung diesen Arbeitseinsatz nicht leisten mochten. »Er war auch von seinem Volk enttäuscht, weil es nicht in allem gleich mitzog«, sagt Marita. »Er sprach von den Kubanern wie von einer ihm anvertrauten Familie, mit der man mal großzügig, mal streng umgehen musste.«

Castro versteckte seine deutsche Geliebte, sie wurde wie eine Luxusgefangene in der Suite gehalten. Gelegentlich überraschte er sie mit einem Geschenk, beispielsweise mit einer Ehrenuniform der kubanischen Armee, in der er sie auch fotografieren ließ. Marita fühlte sich dennoch »wie in einer Falle« – und dann wurde sie schwanger. So weit lassen sich ihre Erzählungen nachprüfen, doch was danach genau geschah, ist wie so manches im Leben der deutschen Castro-Geliebten schwer zu klären. Blutend und noch betäubt wachte sie im sechsten Monat ihrer Schwangerschaft in einem Hilton-Zimmer auf; sie glaubt bis heute, ihr Sohn habe überlebt und sei von Castros Leuten weggebracht worden. Maritas Vertrauter, Adjutant Pelletier, erzählte ihr – wie alle anderen auch – dass sie eine Fehlgeburt erlitten hatte. Zuverlässige Informationen über ein gemeinsames Kind von Fidel Castro und Marita Lorenz lassen sich jedenfalls nicht finden.

Ob es das Trauma der Schwangerschaft, die besorgten Briefe ihrer Eltern oder die Enttäuschung über die zunehmende

Kälte des Comandante im Umgang mit ihr war: Marita Lorenz suchte den Absprung aus ihrem goldenen Hotelkäfig – wenigstens für eine bestimmte Zeit und um sich medizinisch durchchecken zu lassen. Ein Mann namens Frank Fiorini sprach sie im Hilton-Coffeeshop an und erbot sich, ihr »in jeder Beziehung« zu helfen. In New York wartete dann schon die Mutter. Marita Lorenz glaubt von ihr heute, sie habe für den amerikanischen Geheimdienst gearbeitet; jedenfalls überwachten CIA-Agenten ihr Haus, in einem von ihrer Mutter gezeichneten und im Magazin *Confidential* veröffentlichten Artikel wurde Castro bezichtigt, Marita vergewaltigt zu haben: Sie wurde Teil der amerikanischen Propagandamaschinerie gegen den unliebsamen Revolutionär.

Der US-Geheimdienst schürte Maritas Hass auf Fidel Castro, redete ihr ein, der kubanische Máximo Líder habe ihr Baby auf dem Gewissen, auf seinen Befehl hin sei eine Zwangsabtreibung unter Drogen vorgenommen worden. Als »Betreuer« wurde ihr Frank Fiorini alias Frank Sturgis zugeteilt – der Mann aus dem Havanna-Hilton-Coffeeshop war zwischenzeitlich in die kubanische Luftwaffe eingeschleust und dann auf Marita Lorenz angesetzt worden. Sie begann die Storys zu glauben, naiv und leicht beeinflussbar, wie sie ihr ganzes Leben lang war. Aus der gutmütigen Kapitänstochter wurde »la fría Alemana«, die gefühllose Deutsche, die sich bei einem Agentenlehrgang in allen Varianten des Tötens ausbilden ließ. Und die schließlich sogar bereit war, einen Auftrag zum Mord an ihrem früheren Geliebten anzunehmen. Es war einer von acht später durch ein Untersuchungskomitee des amerikanischen Kongresses dokumentierten CIA-Anschlägen gegen Fidel Castro.

Sie trug die Botulismus-Kapseln aus Schellfischgift an ihrem Körper. Sie war so nervös, dass sie an diesem Märztag im Jahr 1960 noch in der Flugzeugtoilette auf dem Weg zwischen Florida und Kuba die tödlichen Dragees in eine Dose für Hautcreme umpackte. Sie begannen sich aufzulösen. »Aber ich hätte sie ohnehin nicht benutzen können«, sagt Marita Lorenz. »Als ich ins Hilton kam, sagte mir Fidel auf den Kopf zu, dass ich nur zurückgekommen sei, um ihn zu ermorden. Er zog seinen Revolver aus der Hüfttasche, gab ihn mir in die Hand und forderte mich mit ruhiger Stimme auf: ›Komm, drück ab!‹ Dann legte er sich hin und schloss die Augen, während ich minutenlang mit der Waffe vor ihm stand. Dann schrie er plötzlich los: ›Du kannst mich nicht umbringen! Keiner kann es, wenn ich es nicht selber tue! Und keiner verlässt mich ungestraft, so wie du es getan hast!‹ Ich gestand ihm alles und spülte die Pillen die Toilette hinunter.«

Fidel ließ seine Exgeliebte an diesem Tag aber doch ziehen – womöglich ahnend, welche Schwierigkeiten sie mit ihren Auftraggebern bekommen würde, welche Strafe auf sie wartete. Tatsächlich machten die CIA-Ausbilder um Sturgis ihr schwere Vorwürfe. Sie wurde zurückgestuft, ohne Pensionsberechtigung, nur noch für Botengänge eingesetzt. Bei einem dieser Treffs lernte Marita Lorenz in Florida den Mann kennen, den sie »meinen zweiten Diktator« nennt – den langjährigen venezolanischen Despoten Marcos Pérez Jiménez. Mit ihm bekam sie eine Tochter; doch auch diese Beziehung war zum Scheitern verurteilt, Jiménez wurde aus den USA ausgewiesen und verlor das Interesse an Marita. Sie tauchte immer tiefer in eine Scheinwelt, träumte von den großen Geheimdienstcoups, sah sich im Zentrum weltpolitischer Intrigen: Marita Lorenz verlor weitgehend den Bezug zur Realität. Allein die Tatsache, dass sie in Dallas war und den Kennedy-Attentäter Lee Harvey Oswald kennen lernte, ließ sie wilde Verschwörungstheorien spinnen, sogar bei der Aussage vor einem (allerdings wenig beeindruckten) Senatsausschuss. Ihre Geschichte, auch die »wahre« von Kuba, erfährt immer neue Ausschmückungen: Die Kapitänstochter mag sich nicht abfinden mit einem Dasein jenseits des Sonnendecks der Reichen, Berühmten und Schönen. Sie muss sich ständig neu erfinden – im Zentrum der Prominenz. Marita Lorenz, der so viele so übel mitgespielt haben, ist heute eine verbitterte, gebrechliche alte Frau, die von der Fürsorge lebt. Die bei allen die Schuld sucht für ihr verpfuschtes Leben. Nur nicht bei sich selbst.

In ihren Träumen ist sie oft nach Kuba gereist, hat die Aufmerksamkeit der Revolutionäre genossen, die Genugtuung, selbst einen Hollywoodstar wie Ava Gardner bei Fidel ausgestochen zu haben. Einmal aber noch hat sie die Wirklichkeit an ihre Träume herangelassen – und ist tatsächlich nach Havanna gereist, an der Seite des deutschen Dokumentarfilmers Wilfried Huismann. Mit einem Kreuzfahrtschiff, auch ins Hilton/Habana Libre, dorthin, wo alles begann und alles endete. Im März 2000. Und sie hat tatsächlich geglaubt, Fidel Castro würde sie empfangen. Doch der Comandante ließ sie schon im Vorzimmer abfangen.

Aber wenigstens hat sie Pelletier noch einmal gesehen, unter konspirativen Umständen: Der ehemalige Vertraute des Revolutionsführers und Ansprechpartner Maritas war wegen seiner Kritik am undemokratischen Regime Castros – wie so viele seiner früheren Mitstreiter – in Ungnade gefallen. Die oppositionellen Äußerungen hatten ihn nicht nur seinen Job gekostet, sondern ihn zwischenzeitlich auch ins Gefängnis gebracht und körperlich ruiniert. Wenige Monate nach dem Besuch der deutschen Kapitänstochter, der »Alemanita«, ist Pelletier gestorben.

Marita fand Havanna verändert, fast schon wieder vorrevolutionär. Sie war entsetzt über den Verfall der Häuser am Malecón, über die allgegenwärtigen Versorgungsmängel. Aber was sie am meisten schockierte, war der Mangel an Energie. Wo sie früher einen ungeheuren Fortschrittsoptimismus sah, da schien ihr jetzt eine bleierne Gleichgültigkeit zu herrschen, resignativer Zynismus. »Wir leben in einer Spezialperiode, hat Fidel verkündet, und wir müssen Geduld haben. Nur dauert diese Spezialperiode schon über ein Jahrzehnt«, sagte ihr eine Passantin. Immer wieder das Sprichwort der Kubaner, die am Malecón herumlungerten: »Nos pasamos la vida viendo pasar al tiempo« – »Wir verbringen unser Leben damit, zu beobachten, wie die Zeit vergeht.«

Und das alte Hilton? Wie hat sich das »Hauptquartier der Revolution« verändert, Stätte ihrer Liebe und des gegenseitigen Verrats? Marita Lorenz zögert. »Es sah wunderbar aus von unten am Hafen, turmhoch über Havanna – wie damals, in unseren glücklichen Zeiten. Aber als ich das Hotel betrat, kamen die Erinnerungen, die mich traurig machten. Diese verschwendete Zeit. Und nicht nur meine Geschichte machte mich traurig – die kubanische Gegenwart deprimierte mich.« Sie sah von der Cafeteria aus, wo sie jeden Morgen frühstückte, einmal eine alte Frau. Die Bettlerin hatte sich schon halb durch die Tür gedrängt, als ein Sicherheitsbeamter des Habana Libre sie hinausdrängte. »Ohne Dollars läuft hier nichts. Und belästige bloß nicht unsere Gäste!«

Marita Lorenz stand auf, versuchte der verschreckten Dame zu helfen. Sie schrie den Türsteher des Hotels an: »So etwas kannst du in Fidels Kuba doch nicht machen! Du bist kein Revolutionär!« Doch der drehte sich nur achselzuckend um. Und die Bettlerin verschwand, so schnell und geräuschlos, wie sie gekommen war.

Natalia Revuelta Clews, langjährige Konkurrentin Maritas um die Gunst Fidels, wird von ihren Freunden »Naty« genannt; nicht, dass sie noch viele Freunde hätte. Die meisten sind weggestorben und die Mehrzahl derer, die noch wie sie in Havanna dahinvegetieren, halten Naty für, nun sagen wir, wunderlich. Sie gilt ihnen als Fossil, als Überbleibsel einer längst verlorenen, einer verwunschenen Zeit. Sie ist die letzte glühende Verfechterin des kubanischen Sozialismus – die dem Comandante nicht nur jedes Wort nachbetet, sondern auch jedes Wort glaubt.

Wenn man sie fragt, wie alt sie sei, sagt sie: »Genauso alt wie Fidel.« Wenn man sie fragt, wie sie die Zukunft Kubas sieht, sagt sie: »Ganz so wie Fidel – jedenfalls so lange, wie er seine Revolution nicht mit Kompromissen verwässert und die Kubaner nicht verweichlicht.« Natalia Revueltas Leben ist mit dem des Máximo Líder verwoben, geradezu verschweißt.

Sie hat kein anderes Bezugssystem. Sie hat seine Tochter geboren. Und ein wesentlicher Teil dieses Lebens spielte sich in Havannas besseren Kreisen ab – im Hilton und um das Hilton herum.

Naty ist auch noch mit weit über siebzig eine bemerkenswert attraktive Frau: türkisgrüne Augen, feingliedrige Hände, ein sinnlicher Mund, kaum zu bändigende Haarpracht. Die furchentiefen Falten, die sich in ihr Gesicht gegraben haben, sind wie Canyons in einer Landschaft: sie schaffen Charakter – und machen auf ihre Geschichte neugierig. Die alte Dame trägt ein schlichtes weißes Seidenkleid, das ihre schlanke Figur betont. Beim Kaffee, den sie auf einem handgestickten Tischtuch in Tassen aus Meissener Porzellan serviert, hält sie sich kerzengerade. Sie lässt den Blick öfter über den Salon in Richtung des kunstvoll geschmiedeten Eingangs ihrer verfallenen Villa schweifen, als erwarte sie königlichen Besuch, oder doch wenigstens ihren Butler, der sich verspätet hat. Naty Revuelta ist ganz Aristokratin – dabei wollte sie doch immer Revolutionärin sein.

Um ihre Jugend hätten sie die meisten Habaneros beneidet: ein Leben in Saus und Braus. »Los cocktails« im El Country Club, Canasta Games im Yacht Club, Black-tie Dinner und »el foxtrot« mit dem Sieger des Segelrennens um »La Copa Bacardi«. Das Havanna der frühen Fünfziger war für die Oberschicht nichts anderes als eine Aneinanderreihung von Partys. Die meisten arrangierten die Amerikaner, die mehr als heimlichen Herren der Insel. Sie kontrollierten den lukrativen Zuckerexport, die Hotels, die Kasinos, die Tanzetablissements. Und sie hatten überhaupt nichts dagegen, eine korrupte und willfährige kubanische Oberschicht an ihren Vergnügungen teilhaben zu lassen – solange die bereit war, die zweite Geige zu spielen. »In Havanna, mein Freund, geht alles, wenn du kein Langweiler bist«, hieß ein geflügeltes Wort in den Vereinigten Staaten. Kuba war wie ein De-facto-Bundesstaat der USA, ihr Playground: Amerikaner brauchten nicht einmal einen Pass vorzuzeigen, um die Insel zu besuchen. Auch der Schriftsteller Graham Greene genoss das leichte Leben. Er ließ seinen Agenten Wormold (»Unser Mann in Havanna«) Kuba als einen sehr vergnüglichen Platz charakterisieren – »wenn man Roulette und Bordelle mag«.

Diese Art von Sünde versuchte Doña Natica von ihrer Tochter Naty fernzuhalten. Sie durfte in Havanna nur zu ausgesuchten Veranstaltungen, wo sie die gesellschaftliche Crème de la crème traf. Für einige Jahre wurde sie auch auf eine Eliteschule in die USA geschickt – Naty sollte alle Chancen haben, einen reichen amerikanischen oder kubanischen Ehemann kennen zu lernen. Zurück in Havanna besuchte sie die amerikanische Ruston Academy, wo Diplomaten und führende kubanische Familien bevorzugt ihre Kinder studieren ließen (auch Diktator Batista schickte seinen Sohn dahin). Naty fand anschließend einen Job in der US-Botschaft und heiratete, gerade dreiundzwanzigjährig, den Chefchirurgen des besten Krankenhauses der Stadt. Ein Jahr später bekam sie eine Tochter – alles schien geregelt für ein wohl geordnetes Leben in Ruhe und Wohlstand.

Doch Naty Revuelta suchte die Revolte, den Ausbruch aus der gutbürgerlichen Welt, die ihr schal und verlogen vorkam. Sie begann José Martí zu lesen, den feurigen Schriftsteller und Kämpfer für ein unabhängiges Kuba, der sich 1895 in Boca de Dos Rios gegen die übermächtigen Kolonialisten in die Schlacht stürzte, ein kubanischer Don Quixote. Sie hörte 1952 – die Tochter war drei, das Leben zwischen Nannys und Partys ereignislos – von einem feurigen Studentenführer, der einen ebenso idealistischen Kampf wie Martí plante (und später immer Martí als historisches Vorbild und Quixote als literarische Lieblingsfigur bezeichnete): Fidel Castro. Sie suchte das Abenteuer – und eine Aufgabe. Sie lernte den Revolutionär bei Freunden kennen.

Sie nähte für Fidel und seine Untergrundkämpfer Uniformen; sie tippte seine Aufforderung zum Umsturz; sie verteilte nachts in den Kneipen hektografierte Anti-Batista-Pamphlete. Die Liebe der höheren Tochter zum Revolutionär blieb zunächst platonisch – beide waren verheiratet und Gelegenheiten für einen Seitensprung gab es in diesen bewegten Zeiten wenige. Er wurde verhaftet und wanderte 1953 für den ebenso tollkühnen wie verlustreichen Angriff auf die Moncada-Kaserne hinter Gitter. Später nannte er die Monate im Gefängnis »mit die glücklichsten in meinem Leben« – getrübt wurden sie nur durch den Entschluss von Fidels Frau Mirta, sich von ihm scheiden zu lassen, und, was ihn noch mehr erbitterte, ausgerechnet einen Job im Dienste der Batista-Regierung anzunehmen. Sie behielt den gemeinsamen Sohn Fidelito, sein einzig »legitimes« Kind, um den sich der Vater der Revolution weder damals noch später besonders gekümmert hat. (Er ist heute Direktor der staatlichen kubanischen Atomkommission.)

Castro schrieb liebevolle, öfter auch fordernde Briefe – nicht an seine Frau, sondern an Naty. Sie bewahrt seine Briefe aus dem Gefängnis bis heute auf wie einen Schatz. »Ich gäbe mein Leben für dich«, schrieb Fidel. »Was die Welt über uns denkt, sollte uns nicht kümmern. Wichtig ist, was das Gewissen diktiert.« Den Liebesschwüren legte er, sehr pragmatisch, Listen von Büchern bei, die sie zu ihrer revolutionären Fortbildung lesen und ihm dann umgehend schicken sollte: Marx und Lenin, Dostojewski und Balzac, Freud und Hitler. Und natürlich alles von Martí.

Nach seiner vorzeitigen Entlassung 1955 liebten sie sich in der Wohnung von Freunden: gestohlene Umarmungen in gestohlener Zeit. Naty wurde schwanger. Er brach auf nach Mexiko, um Freunde zu treffen und den Umsturz in seiner Heimat vorzubereiten. Im März 1956 erreichte Fidel Castro ein Brief aus Havanna: die Nachricht über die Geburt seiner Tochter Alina. Er trank mit Freunden einen Schluck darauf; widmete sich dann sofort wieder der Vorbereitung des Kampfes. »Privates hat zurückzustehen. Ich muss ein absolut freier Mann mit allen Entscheidungsfreiheiten bleiben«, sagte er. Was nicht hieß, dass er leben wollte wie ein Mönch. Ein Mädchen namens Isabel verschönte ihm die mexikanischen Nächte.

Am Tag, als im vorrevolutionären Kuba das Habana Hilton eröffnet wird, ist Naty Revuelta dabei; an ihrer Seite der Nochehemann. Dr. Orlando Fernández Ferrer weiß, dass seine Ehe gescheitert ist; er ahnt wohl auch, dass Alina nicht seine Tochter ist. Ausgesprochen haben sich die beiden Eheleute bis dahin noch nicht, obwohl sie längst in getrennten Zimmern schlafen. Beide beschließen zumindest an diesem Tag noch einmal die bürgerliche Fassade zu wahren. Sie fahren die Auffahrt zum neuen amerikanischen Prestigehotel hinauf, lassen sich den Schlag öffnen. Sie trinken Champagner. Sie tanzen im Ballsaal. Naty Revuelta kommt es vor, als nähme sie nun auch endgültig Abschied von einem Lebensstil. Künftig, so schwört sie sich nach dem Prunkfest der oberen Zehntausend, will sie sich nur noch der Revolution widmen – und ein bewusst frugales Leben führen.

Als die Revolution näher kommt, sitzt sie heimlich vor dem Radio und jubelt. Als Fidel auf dem Panzer in Havanna einzieht, steht sie am Straßenrand und drückt ihm eine weiße Rose in die Hand. »Ich lass morgen nach dir und der Kleinen schicken«, flüstert er ihr ins Ohr. Und ist schon wieder in der jubelnden Menschenmenge verschwunden. Er meldet sich nicht, am nächsten Tag nicht, am übernächsten nicht und auch nicht an dem darauf.

Irgendwann einmal hat sie dann die kleine Alina eingepackt und ist zum Hilton gefahren, hat den Wachen in der Hotellobby einen Fidel-Brief aus dem Gefängnis gezeigt und gesagt: »Ich muss ihn jetzt sehen.« Der Besuch wird zur Enttäuschung: Der Comandante hat anderes im Kopf. Er verspricht einen Besuch bei Naty zu Hause. Diesmal hält er sein Wort – und bringt als Geschenk einen Spielzeugpanzer mit.

Drei- oder viermal noch geht Naty in die Suite. Sie erinnert sich, dass Fidel einmal spätnachmittags im Bett lag, im gestreiften Pyjama. Sie spürt die Anwesenheit einer anderen Frau, doch keiner sagt ihr, dass Marita Lorenz, die Deutsche, zu dieser Zeit schon seine ständige Mitbewohnerin im Revolutionshauptquartier ist. »Das ist eine schöne Schreibmaschine«, sagt Naty, die nicht weiß, wie sie sonst das Eis zum Vater ihrer Tochter brechen soll – so wenig haben sie sich jetzt noch zu sagen. Eine tragbare weiße Olympia, erinnert sie sich. »Nimm sie mit, ich schenk sie dir«, sagt Fidel Castro. Und drängt sie samt dem Geschenk zur Tür hinaus, als habe er sich mit der kleinen Gabe nun endgültig seine Freiheit zurückerobert, sich seiner Verantwortung entledigt.

Einige Zeit später bietet er, schon Staatspräsident, seiner früheren Geliebten einen Posten in der kubanischen Botschaft von Paris an: Frankreich, Mode, Parfum, da kann keine Frau widerstehen, denkt Fidel Castro wohl. Naty kann. Sie glaubt vielleicht nicht mehr an ihn als Mann, aber sie ist fest von den Prinzipien der Revolution überzeugt. Als Ehemann Orlando sich endgültig von ihr trennt und mit der gemeinsamen Tochter Nina in die Vereinigten Staaten übersiedelt, betrachtet sie das als Landesverrat und verzichtet auf jeden künftigen Kontakt (sie sollte Nina zweiundzwanzig Jahre nicht wiedersehen): Republikflüchtlinge gelten als »gusanos«, als »Würmer«, die es auszugrenzen gilt, auch wenn es sich um Familienmitglieder handelt.

Naty arbeitet für einen Hungerlohn im Gesundheitsministerium. Während die Kubaner nach und nach das Interesse an Fidel Castros Revolution und Ché Guevaras Suche nach dem »neuen Menschen« verlieren, während sie sich, zunehmend zynisch, dem täglichen Überlebenskampf widmen, geschieht mit Naty – gar nichts. Sie bleibt den »Idealen« treu. Wenn sie Fidel schon nicht mehr umarmen kann, dann wenigstens seine Revolution. Als der Comandante en Jefe vor einigen Jahren »agromercados« zuzulassen beginnt, die freien Bauernmärkte, weigert sie sich dort einzukaufen und geht weiter mit ihrem Bezugsschein zu den gähnend leeren staatlichen Geschäften. Die »paladares«, die seit 1993 erlaubten Privatrestaurants (Bedingung: nur wenige Tische, nur Familienpersonal) straft sie immer noch mit Missachtung. Sie weiß, beide Einrichtungen hat Fidel nur als Ventil zugelassen, gegen seine Überzeugungen. Gegen Natys Überzeugungen.

Und so zelebriert sie die revolutionäre, volksnahe Entbehrung. Privilegien durch Beziehungen, das ist für sie Verrat an der großen Sache. Natys einziger bourgeoiser Schwachpunkt – wenn man das so sagen darf – ist ihre Erinnerungs- und Aufbewahrungswut. Sie hat in ihrer verfallenen Villa nicht nur die Liebesbriefe Fidel Castros unter Verschluss gehalten, sondern auch andere Relikte: das Baccara-Kristall, die Satinslipper und Seidenpyjamas und Schleier aus schwarzer Spitze; das von Fidel de Cossio gemalte Porträt, das sie als bildschöne junge Frau im knapp sitzenden Abendkleid zeigt. »All das bedeutet mir aber nicht so viel wie mein revolutionärer Kampfdress«, sagt sie.

Am liebsten würde sie gar nicht mehr das Haus verlassen und einfach nur für ihre Reminiszenzen leben. Für ihr Ideal von Fidel, den sie anbetet – noch immer. Sie kann auch heute noch alles beiseite drängen, was sie zweifeln, verzweifeln lassen müsste. Alina konnte das nicht. Sie war zehn, als sie erfuhr, dass Fidel Castro ihr Vater ist. Sie war abgestoßen von seinem Desinteresse und seinen obskuren Geschenken (nach dem Spielzeugpanzer auch mal ein Spielzeug-Guerillero im Kampfdress, mit Knarre und Plastikschweißperlen auf der Plastikstirn). Alina verbat sich auch seine gelegentlichen Warnungen vor den »falschen Männern«. Und heiratete viermal den Falschen; keine Ehe hielt länger als ein Jahr. Sie litt unter Bulimie und Depressionen. 1993, schon Ende dreißig, entschloss sie sich – ohne die Mutter zu informieren – zur Flucht, verschaffte sich einen falschen Pass und landete schließlich beim »Klassenfeind« in Florida. Dort gab sie wütende Interviews gegen die »verlogene« Revolution des »Diktators« Castro. Welch eine Schande, welch eine Niederlage für ihre Mutter!

Wenn Naty dieser Tage überhaupt noch weggeht, dann zum Habana Libre. Das Hotel zieht sie an und schreckt sie gleichzeitig ab. Sie empfindet es als zynisch, dass der für Touristen und ausländische Geschäftsleute hergerichtete Raum im zweiten Stock immer noch »Salon de la solidaridad« heißt. Das ist nicht mehr Natys Kuba, dieses Land, in dem man sich für Dollars prostituiert, statt sich durch revolutionäre Entbehrung zu stählen. Dieses Land, in dem die Überweisungen der republikflüchtigen »Würmer« aus Florida an ihre Familienangehörigen eine staatlich tolerierte Dollarquelle sind (und manche sagen, in einer Höhe, die alle Erlöse der Zuckerernte übertrifft). Auch die geliebte Enkelin, Alinas Tochter, ist längst drüben bei den Amerikanern.

»Es hätte nicht so kommen müssen«, sagt Naty Revuelta Clews. Offen bleibt, was sie damit meint: die Entwicklung der kubanischen Revolution; ihr privates, öffentliches Leben; die Verwandlung des Hilton zum staatlichen Habana Libre und teilweise zurück in ausländischen Besitz. Oder vielleicht auch all das zusammen.

Peptalk im Hotel. Der Direktor knöpft sich die Angestellten vor. Er berichtet von der großen Konkurrenz in Havanna: Da sind nicht nur die großen, alten Hotels, das Nacional und das Sevilla, die neu hergerichtet wieder um Gäste werben. In der Altstadt sind elegante Designerhotels entstanden, allesamt in der Vier- und Fünfsternekategorie: das Plaza, das Florida, das Ambos Mundos. Man dürfe sich nicht auf der Vorstellung ausruhen, dass das Habana Libre einfach nur wegen seiner Lage und seiner Tradition von den Touristen und Geschäftsleuten als Bleibe gewählt werde, auch wenn man bei den seit dem Jahr 2001 in Kuba wieder zugelassenen amerikanischen Gruppen vielleicht einen Startvorteil habe. Neue Zeiten seien angebrochen: »Wir müssen uns besondere Aktionen einfallen lassen. Der Gast ist König.«

Trinkgelder, denkt Juanita, die ausgebildete Lehrerin ist, aber sehr froh, in einem internationalen Hotel die Betten machen zu dürfen. Sie muss die Großfamilie ihres verstorbenen Bruders mitdurchbringen und wohnt mit ihnen in einem dieser modrigen Häuser am Malecón, die von Salz und Nässe zerfressen sind, ständig vom Einsturz bedroht: die Wäsche auf einem windschiefen Balkon aufgehängt, zwölf alte Matratzen in einem Zimmer ausgelegt, das nur durch Sperrholzplatten von Nachbarn abgetrennt ist. Zu Juanitas Gehalt kommt eine Zuteilung Seife, unbezahlbar in Havanna. Dafür lassen sich auf dem Schwarzmarkt Tomaten oder Tampons eintauschen.

Trinkgelder, denkt auch der Kellner Manolo, der in seinem früheren Leben Diplomingenieur war. Außerdem kann er über die Kollegen im Hotel alles organisieren, beispielsweise »tenderas«, Verlängerungskabel, mit denen er Nachbarn hilft, sich unentgeltlich in das Stromnetz der Nachbarstraße »einzuschalten«. Wofür er als Dank ein Ferkel bekommen hat, das im Badezimmer versteckt ist – vorläufig. Aber dort quiekt es zu laut und einer der Nachbarn könnte ihn bei einem der allgegenwärtigen Straßenkomitees der Partei verpfeifen, schließlich ist Schweinehaltung in Privaträumen verboten. Da heißt es wieder improvisieren: Manolo kennt einen Chirurgen, der ganz scharf ist auf Batterien, die sich über Beziehungen besorgen lassen – und ihm dafür die Stimmbänder des Ferkels durchschneidet, eine nicht ungewöhnliche Operation in diesen Zeiten der wirtschaftlichen Spezialperiode …

So ist das Leben im kommunistischen Jurassic Park Kuba: Man muss an große Wunder glauben und gleichzeitig kleine Wunder organisieren. Todesverachtung statt Sozialismus. Und so brechen die Angestellten des Habana Libre nach den Befehlen ihres Chefs auf, das Hotel zu verschönern, es fast wieder so hinzukriegen, wie es einmal war – Kapitalismus mit den unvermeidlichen revolutionären Einsprengseln. Sie bringen ein neues Schild an, das für Drinks auf der Aussichtsterrasse wirbt: »Kommen Sie zu uns, wo sich die Himmelspforten öffnen.« Sie polieren die in der Lobby aufgehängten schwarzweißen Erinnerungsbilder an die Revolution: Fidels Trupp in der Hotelhalle, ein glücklicher Comandante bei der Pressekonferenz, der unvermeidliche Ché. Direkt daneben wirbt eine teure Boutique mit Minikleidern aus Goldlamé, natürlich »Dollars only«.

In der Kabarettdisco Turquino im fünfundzwanzigsten Stock des Habana Libre soll jetzt samstäglich ein Themenabend stattfinden, mit verkleideten Künstlern, und die Gäste dürfen sich gerne auch furchterregend kostümieren für die Nacht »noche de terror«. Die Angestellten verteilen vor dem Hotel Flugblätter für die Veranstaltung. Kaum einer greift danach. Die Touristen hasten vorbei, auf der Suche nach Sehenswürdigkeiten oder einer Prostituierten für ein Abenteuer. Die Kubaner blicken indigniert zur Seite, als wollten sie sagen: Danke, Tage und Nächte der Angst müssen wir nicht veranstalten. Die haben wir dauernd.

HOTELBEWERTUNG:

NOSTALGIEFAKTOR: ****
LUXUSFAKTOR: ***
WOHLFÜHLFAKTOR: ***
PREIS-LEISTUNGS-FAKTOR: ***
ADRENALINSTOSS-FAKTOR: **

Adresse:
Tryp Habana Libre
Calle »L« entre 23 y 25, Vedado,
Ciudad de La Habana, Cuba
Telefon: 00537-554011
Fax: 00537-333806
E-Mail: reservasl.thl@solmeliacuba.com

Zimmer:
Einzelzimmer ab 120 US-Dollar,
Doppelzimmer ab 140 US-Dollar
inklusive Steuern

Peninsula, Hongkong

Eine Lady für Lust und Laster

Einst auf der »falschen« Seite von Hongkong gebaut, später von japanischen Besatzern verwüstet, immer im Blickpunkt: Das Peninsula symbolisiert Höhen und Tiefen dieser ganz besonderen Stadt und ist eine der ersten Adressen weltweit – die Perle im Maul des roten Drachen.

Die Gäste lassen sich normalerweise mit einem Rolls-Royce aus der größten privaten Flotte der Welt abholen oder kommen hochherrschaftlich mit dem Helikopter vom Flughafen herüber auf den Landeplatz im dreißigsten Stock geflogen. Aber natürlich ist es am schönsten, sich diesem Hotel vom Meer her zu nähern, auf einem stolzen weißen Luxusschiff aus Europa, mit der klapprigen Fähre aus Kanton, mit einer schaukelnden Dschunke aus Macao. Dichter Dunst liegt frühmorgens meist auf den Wellen, nur ab und zu durchbricht das Licht eines Fischerboots die Dämmerung über dem Südchinesischen Meer. Und dann reißt plötzlich die Nebelwand. Im ersten Tageslicht steigt aus dem Wasser Hongkong auf, der »Duftende Hafen« – wie eine Verheißung, ein neues Atlantis.

Kühne Türme aus Beton, Stahl und spiegelndem Glas, granitschwarz, silbrig glänzend, sogar in Gold, recken sich dicht gedrängt gen Himmel, einander beschützend vor dem nächsten Taifun. Wohnblöcke kauern und kleben aneinander wie Waben, ein steinerner Spargelwald bis hinauf zum Peak auf der Insel Victoria, gegen deren grüne Hügel sich weiße Villen abheben wie Lego-Spielzeug. Schon um diese frühe Stunde vibriert die Stadt. Pressluftbohrer fressen sich in Beton, ein Hochhaus wird abgerissen, um einem neuen, noch höheren Platz zu machen. Auf schwankendem Bambus balancieren Bauarbeiter. Unten auf der Erde türmen ihre Kollegen mit entblößten Oberkörpern an den Kais Sand und Schutt zur Landgewinnung auf; Meter um Meter wird so dem Meer abgerungen. Die ersten Geschäftsleute strömen anzugsgrau und ameisengleich zu ihren Büros, fast so schnellen Schrittes wie die Jogger an der Uferpromenade – als hätten sie Angst, irgendjemand könne sie an der Tätigkeit hindern, die Sinn und Seele, Ratio und Religion dieser ganz besonderen Stadt war, ist und immer sein wird: die Vermehrung von Geld.

Es gibt, vom Wasser betrachtet, eindrucksvollere Gebäude als das Hotel Peninsula, das wie der Joggerpfad auf der Festlandseite Hongkongs liegt. Kowloon, »Ort der neun Drachen«, hat längst nicht so eine spektakuläre Skyline wie Victoria. Und das Hotel mit seinem graugrünen Turm, der ein rechteckiges, gleichfalls graugrünes Gebäude mit zwei vorstehenden Flügeln überragt, wirkt von außen eher Achtung einflößend als architektonisch aufregend oder gar ästhetisch bewundernswert. Zwei weiße Löwen bewachen das überdachte Portal. Auf den ersten Blick: ein großer Kasten. Ehrwürdig, vielleicht. Funktional, sicher.

Das Peninsula – ein praktisches, zentral gelegenes Luxushotel wie all die anderen Fünfsternehäuser?

Nicht für uns, und wir können behaupten: Wir haben diese Stadt ganz gut kennen gelernt. Fast fünf Jahre lang lebten wir hier, Mitte der Achtziger. Meine Frau schrieb Reisegeschichten für diverse Magazine, lernte Tai-Chi bei einer alten Chinesin und Akupressur bei einem berühmten Professor, beide vom Festland hierher geflohen und in winzige Wohnungen gepresst; mein Sohn machte Abitur an der Deutsch-Schweizerischen Schule oben am Peak, fuhr Wasserski in der Clear Water Bay und lernte mit einer Schweizerchinesin die Liebe kennen; ich bereiste von Hongkong aus Südostasien und schrieb als Korrespondent gelegentlich auch über die Geschicke dieser besonderen Stadt. Jeden Hongkong-Besucher schleppten wir gleich am ersten Nachmittag ins Peninsula – zum Tee und zum Staunen.

Auch Jan Morris, die berühmte britische Reiseschriftstellerin mit sonst so spitzer Kritikerfeder, widerspricht vehement, wenn man das Peninsula mit den anderen Fünfsternehäusern vergleicht. »Es gibt viele hervorragende und berühmte Hotels auf der Welt, aber so viel ich weiß nur eines, das fast immer mit seinem Spitznamen genannt wird. Erwähnen Sie unter den Weitgereisten aller Kontinente ›The Pen‹ und die werden wissen, was gemeint ist. Mehr noch, ihre Gesichter werden zu strahlen beginnen.« Und selbst die KP-Herren in Peking preisen das Peninsula in einer ihrer offiziellen Reisebroschüren als »einen der Höhepunkte in dieser, unserer bewundernswerten Stadt«. Der greise Hongkong-Chinese Chan Pak, silbrig grau das Haar, zerfurcht das Gesicht, als hätte jede Krise ihre Falte hineingeschnitten, gerät ins Schwärmen: »Mit dem Pen hat es etwas ganz Besonderes auf sich. Das Hotel steht für diese Stadt und ihre Geschichte, zweifellos – aber auch für einen Traum.« Und dabei werden seine Augen tatsächlich feucht. Denn das Pen, das war und ist sein Leben.

Man sagt den Bewohnern Hongkongs, seinen früheren britischen Herrschern und seinen neuen volkschinesischen Bestimmern manches nach – Sentimentalität gehört nicht dazu.

Die Abgesandten Ihrer Majestät waren im 19. Jahrhundert rücksichtslose Opiumdealer, die einem geschwächten und süchtig gemachten Reich der Mitte Handelsrechte und Häfen abpressten: 1841 die Insel Victoria (auf neunundneunzig Jahre gepachtet), 1860 Kowloon, 1898 die New Territories; und auch wenn die Briten ihre Kronkolonie im Allgemeinen fair regierten, Rechtssicherheit schufen und allen eine Chance ließen, so kümmerten sie sich um soziale Belange doch kaum, um die Einführung demokratischer Mitbestimmung erst in ihren allerletzten Regierungsjahren. Die Bosse der Kommunistischen Partei, die am 1. Juli 1997 die blühende Handelsmetropole übernahmen und ihr für die nächsten fünfzig Jahre als »Sonderwirtschaftszone« den Lebensstil und die Wirtschaftsordnung lassen wollten, interessierten von Anfang an vor allem die Devisen aus dem kapitalistischen Big Business. Heim mit Hongkong ins Reich, hieß ihre Devise. Bürgerliche Freiheiten versuchen sie seitdem zu unterhöhlen: eine Stadt, gefragt vor allem als Geldmaschine.

Die Hongkonger, geprägt durch die Traditionen des chinesischen Drachen wie die Innovationen des britischen Löwen, gelten seit jeher als ein besonders pragmatischer Menschenschlag: arbeitsam und zäh, ellbogenstark und rücksichtlos. Sie sind geborene Unternehmer und gelernte Überlebenskünstler, notorisch optimistisch, keiner Macht der Erde vertrauend außer sich selbst und ihren Fähigkeiten, auch unter schwierigsten Bedingungen zu prosperieren. Und ausgestattet mit einem gesundem Menschenverstand. Gingen die Kolonialherren beispielsweise in der schweißtreibenden Hitze einer Beschäftigung nach, die sie Tennis nannten, so wunderten sich Hongkong-Chinesen öffentlich: Wenn die Briten schon Kulis haben, warum lassen sie die denn nicht die Bälle übers Netz jagen? Und als die »Gweilos«, die fremden Teufel, in einem Anflug von Gemeinsinn öffentliche Toiletten einrichteten, blieben clevere Einheimische so lange auf dem Häuschen, bis sie Bestechungsgeld durch die Tür geschoben bekamen.

Die unsentimentalen Einheimischen, die abgebrühten Kommunisten aus Peking und die blasierten Weltbürger von Paris bis Pittsburg und Pretoria: Sie scheinen bei all ihren Differenzen vereint in einer geradezu rührseligen Schwäche für ein Hotel. Das ist ein kleines Wunder – und bis es dazu kam, musste ein langer, dornenreicher Weg zurückgelegt werden.

Nichts ist bei der Planung, nichts beim Bau des Peninsula glatt gegangen. Die ersten Entwürfe werden 1920 gemacht und überraschen viele in Hongkong. Ein neues Luxushotel – das, sagen fast alle damals, ist sicher eine gute Idee; viele Gäste der Kronkolonie in dieser Zeit haben Mühe, irgendwo ein Zimmer zu bekommen. Doch dass die Kadoories, reiche jüdische Kaufleute, die aus Bagdad erst nach Schanghai und dann in die Kronkolonie gekommen sind, sich nicht für die Insel Victoria als Standort entscheiden, befremdet: Kowloon gilt Anfang der Zwanziger als eine eher bescheidene Adresse, Wohnort von Zweitfrauen der reichen Chinesen und unternehmungslustigen, aber nicht besonders betuchten britischen Junggesellen. »Sind Sie verheiratet oder wohnen Sie in Kowloon?«, heißt in jenen Zeiten eine Standardfrage.

Die Kadoories wissen, was sie tun. Das Peninsula soll nahe am Bahnhof an der (damaligen) Wasserfront liegen – mit Zugang zum Schiffsanleger und perfekter Sicht hinüber nach Victoria und zum Peak. Das ist eindrucksvoller, als auf der Insel selbst zu sein. Und die schmale Meerenge durchquert ja schon damals die Star Ferry, das öffentliche Transportschiff. Im Fünfminutentakt schaukelt sie die Passagiere über die Wellen.

Keiner der Peninsula-Planer kann ahnen, welche Gefahr das Grundwasser an der Baustelle darstellt; 1921 müssen die Arbeiten eingestellt, sechshundert zusätzliche teure Stützpfeiler eingezogen werden. Und als das Hotel schon fast fertig ist, spielt die internationale Politik verrückt. Die Briten befürchten im ausbrechenden chinesischen Bürgerkrieg Gefahren für ihren Handelsplatz in Schanghai und ziehen in Hongkong gegen den Nationalistenführer Tschiang Kai-schek Truppen zusammen. Die Militärs nutzen den Rohbau als Barracke für ihre Einheiten, zertrümmern für ihre Waffendepots Badewannen und Schränke. Immerhin zahlen sie für die angerichteten Schäden.

Am 11. Dezember 1928 ist es schließlich so weit: das sechsstöckige Peninsula, »schönstes Hotel östlich von Suez, das mit allen europäischen Häusern mithalten kann« (Hausprospekt), wird mit vielen Reden, Blumen und einer rauschenden Ballnacht eingeweiht.

Chan Pak, heute 87 Jahre alt, erinnert sich. »Mein Vater war zur See gefahren, aber arbeitslos geworden. Er konnte das Schulgeld nicht mehr bezahlen und so lungerte ich jeden

Morgen bei den Rikschafahrern herum, auf der Suche nach einem Job. Einer gab mir den Tipp, es doch in dem neuen Peninsula zu probieren, die suchten noch Pagen.« Der Zwölfjährige wirft sich in sein einziges sauberes Hemd, stellt sich vor und bekommt den Job. Er erhält ein weißes Prince-Charming-Dienstkostüm mit Käppi und einen Vertrag über drei US-Dollar pro Monat. »Mehr noch, ich wurde beauftragt, bei der Eröffnung der Frau des Gouverneurs die Blumen zu überreichen – Chrysanthemen waren es, ich weiß das trotz all der Aufregung noch genau.«

Prachtvolle Kristall-Lüster, dorische Marmorsäulen, plüschige Stühle mit dem drapierten Union Jack und Blumen und Palmen überall: Die riesige Eingangshalle im italienischen Cinquecento-Stil raubt den Gästen den Atem, auch weil sie in so großem Kontrast zu der schlichten Außenfassade steht. Im Roof Garden spielt das Militärorchester der »King's Own Scottish Borderers« auf. Fotografen halten fest, wie die schönsten Frauen Hongkongs in ihren prächtigen Seidenkleidern und Federboas filmstarreif die Hollywoodtreppe hinaufschweben, die Gentlemen sich in der Moorish Bar zum Gin Tonic einfinden. Das Hotel wird über Nacht zum Nummereins-Treff in der Kronkolonie – auch dank der hervorragenden Restaurants, die besonderen Wert auf Hygiene legen, damals eine gute Chance, sich von anderen Etablissements abzuheben. »Nirgendwo können sie so sauber und magenfreundlich essen«, wirbt das Hotel in der örtlichen Presse. Der Afternoon Tea mit Darjeeling, Scones und Marmelade aus Devonshire wird für das schicke Hongkong zur Pflichtveranstaltung.

In der Lobby treffen sich bald Geschäftsleute aus Ost und West, Politiker und Spione, dezent vornehme und provozierend berechnende Damen. Und damit jedermann die »Verfügbaren« von den anderen, gutbürgerlichen, unterscheiden kann, einigen sich die Hongkongerinnen auf eine feste Sitzordnung. Sie ist natürlich inoffiziell, aber hat sich bald herumgesprochen: Die Schönen links vom Eingang sind off limits, die rechts im Ostflügel ansprechbereit. Und so blühen, beschützt von den goldenen Bronze-Engeln auf den Balustraden und angefächelt von den riesigen Ventilatoren, bald die Affären, die zum Hongkonger Stadtgespräch werden. »Frohsinn und Frivolitäten regieren im Peninsula«, dichtet die Tageszeitung *The Post.*

Beispielsweise beim Weihnachtsball 1930. Da erwartet die Gäste eine besondere Überraschung: Mitten im Ballsaal lassen die Organisatoren vier quiekende Schweinchen, blaue Schleifen um ihre Nacken gebunden, auf die Tanzenden los. Erst das Chaos, dann das große Gelächter. Gegen Mitternacht steigt eine leicht bekleidete Dame aus einer riesigen Rose und windet sich verführerisch zu Klarinettenklängen. Dazu wird das Fleisch der schnell geschlachteten und gebratenen Spanferkel gereicht.

Kein Wunder, dass Hongkong zum begehrten Ziel wird. Die Eisenbahnen machen in diesen Jahren große Fortschritte. »Wir bringen Sie blitzschnell via Java von Europa nach Hongkong – in 28 Tagen«, wirbt die China-Japan-Linie 1931. Aber Zugfahrten bleiben beschwerlich. Die wirklich Reichen buchen lieber die luxuriösen Ozeanriesen. »Britannia rules the waves«, heißt die Losung. Nicht nur die Kanonenboote aus London beherrschen die Weltmeere, sondern auch die Kreuzfahrtschiffe. Besuche im »exotischen« Hongkong und im noch leichtlebigeren Sündenbabel Schanghai locken reiche Reisende aus Europa und Amerika. Die Empress of Britain und die Empress of Canada docken 1932 in Hongkong an und spülen die internationale Highsociety ins Hotel Peninsula, das bald für alle nur »The Pen« heißt.

Noch sind die Trommeln des Krieges weit, ihr Echo erreicht Hongkong gedämpft. »Es soll so etwas Ähnliches wie einen Krieg in Nordchina geben, ein Gebiet von der Größe Frankreichs wechselte den Besitzer«, schreibt im April 1933 das Wochenblatt *Tavern Topics* über die Eroberung der Mandschurei durch japanische Truppen. Doch bald kann man in der Kronkolonie nicht mehr so tun, als seien die Nachrichten aus Festland-China Nachrichten aus einer anderen Welt.

Auch das Peninsula ist nicht immun gegenüber den »Drachenwolken«, die sich da zusammenbrauen. Noch einmal profitiert das Hotel – wie die gesamte Kronkolonie – von den Ereignissen. Die Bombardierung Schanghais im Jahr 1937 löst eine Flüchtlingswelle Richtung Hongkong aus. Unternehmer, die Millionen mitbringen, und noch mehr ehrgeizige, aber weitgehend mittellose Studenten strömen in die Stadt, deren Einwohnerzahl zum ersten Mal die Millionengrenze übersteigt. Das immer ausgebuchte Peninsula verbucht 1939 einen Rekordgewinn.

Im Frühjahr 1941 veranstalten die Hotelmanager noch einen der berühmten »Fancy Dress«-Bälle; aber es ist schon ein Tanz auf dem Vulkan. Am Tag nach Pearl Harbour greifen japanische Kampfbomber auch Hongkong aus der Luft an. Am 13. Dezember 1941 verlassen die meisten Angestellten des Peninsula das umkämpfte Kowloon mit der letzten Fähre Richtung Insel, noch am selben Tag fliehen auch die letzten britischen Truppen vom Festland. Mehr als zweitausend Gäste und Flüchtlinge verbarrikadieren sich im Hotel vor dem anstürmenden Mob. Tsui Tim, der chinesische Comprador des Pen ist zurückgeblieben, um den Widerstand zu organisieren und das Hotel vor der Zerstörung zu retten. Er ordnet an, die Eingänge mit Eisenstangen zu befestigen. Als lärmende Eindringlinge näher rücken und mit aller Macht gegen die Türen drängen, lässt Tsui sie von den Balkonen der oberen Stockwerke mit Möbeln bewerfen. Das Haus bleibt weitgehend intakt, der chinesische Mob wird zurückgedrängt. Doch die anstürmenden Japaner sind mit Stühlen und Tischen natürlich nicht zu stoppen.

Am ersten Weihnachtsfeiertag unterzeichnen Hongkong-Gouverneur Sir Mark Young und General C. M. Maltby im Namen der britischen Krone die bedingungslose Kapitulation. Die Zeremonie findet in den Räumen des Peninsula statt. Anschließend wird Young einem brutalen Verhör unterzogen – auch das geschieht im Hotel, in Zimmer 336. Die Japaner machen das Pen vorübergehend zu ihrem Hauptquartier, ziehen das Banner mit der aufgehenden Sonne über der grauen Fassade hoch. Mitte Februar deklariert sich der japanische General Rensuke Isogai zum neuen Hongkong-Gouverneur. Pressekonferenzen hält er in der mit Palmen geschmückten Hotelhalle ab, die auf Befehl der neuen Herrscher den »Touch eines japanischen Gartens« bekommen soll.

Es folgen düstere Jahre für Hongkong und das Pen. Zehntausende werden interniert oder deportiert, viele gefoltert. Die japanischen Geheimdienstleute von der Kempeitai haben überall ihre Spitzel, die Nachrichtenbörse wird zur einzigen blühenden »Industrie« der darniederliegenden Stadt. Chan Pak schlägt sich mehr schlecht als recht durch, heuert für ein paar Schalen Reis als Bootsmaat auf diesem und jenem Seelenverkäufer an. Viele in Hongkong hungern.

Ganz unterkriegen lässt sich diese Stadt auch von diesen brutalen Besatzern nicht, und schon gar nicht das Haus an der Kowlooner Nathan Road. Die Japaner machen es 1942 wieder zu einem Hotel, »Toa« (Ostasien) heißt es und für die vorwiegend japanische Klientel gibt es eine Tempura-Bar. Bewaffneter Widerstand gegen die Okkupanten ist undenkbar, aber auch mit kleinen Nadelstichen lassen sich die Männer des Tenno ärgern. »Es ist schon überraschend, dass es ein wohl bekanntes Hotel in Hongkong wagt, Vergnügungen westlicher Art zu bieten, die stark dem japanischen Bemühen zur Ausschaltung solcher Art von Kultur zuwiderlaufen«, empört sich die (von Japanern kontrollierte) Zeitung *Hongkong News*. Stein des Anstoßes: Das Orchester im Hotel hat Foxtrott gespielt.

Das Kriegsgeschick wendet sich, und wieder wird Weltgeschichte im Peninsula vollzogen. Am 14. August 1945 kapituliert Japan, die Rückgabe der Macht an die Briten wird im Peninsula ausgehandelt. Aus dem Hotel wird monatelang ein Durchgangslager – für die Kowlooner Militärverwaltung und für freigelassene Kriegsgefangene. In den Zimmern hausen bis zu zehn Personen, in den Kellern steht das Wasser. Es sind wilde Zeiten: 1949 erobert Mao Tse-tungs Bauernarmee ganz

Festland-China, ein neuer Flüchtlingsstrom ergießt sich nach Hongkong. Überall entstehen kleine Sweatshops, die Menschen schuften Tag und Nacht, meistens nur für ein paar Schalen Reis.

Doch so wie diese Stadt voller Optimismus und Tatendrang nach vorne blickt, sich immer wieder neu erfindet, flexibel wie der Bambus im Wind, so schafft es auch das Hotel. Schon Anfang der Fünfziger gilt das Peninsula wieder als erste Adresse. Hollywood entdeckt es als Traumkulisse für berühmte Filme wie »Love Is a Many-Splendored Thing«, »World of Suzie Wong« und »Soldiers of Fortune«; Clark Gable, William Holden und Elizabeth Taylor spielen – und leben – im Pen. James Clavell schreibt aus diesem Hotel über dieses Hotel in seinen Hongkong-Romanen »Taipan« und »Noble House«.

Neben den berühmten Gästen aus der Welt von Film und Literatur machten auch Politiker das Pen zu ihrem »home away from home«. Ferdinand und Imelda Marcos feiern in einer Suite wochenlang ihren Honeymoon; das philippinische Powerpaar, das offiziell nicht mehr als fünfzehnhundert Dollar im Staatsdienst verdient, gibt dafür locker das Zehnfache aus. Und dann ist da noch der äthiopische Kaiser Haile Selassie. Der Löwe von Judah mietet für sich und seine Entourage über Wochen den gesamten sechsten Stock, verlangt aber kleinere Umbauarbeiten im sanitären Bereich: Plumpsklos statt dieser komischen Schüsseln. Der Gast ist König (das gilt immer, aber ganz besonders, wenn er Majestät ist und für Hunderttausende Dollar bucht). Man macht es möglich und ändert das Design nach der Abreise wieder diskret.

Nur noch einmal gerät die große alte Dame der Hotellerie in ernsthafte Schwierigkeiten – während der Kulturrevolution 1966, als die von Mao Tse-tung ausgelösten Festlandwirren auf die Kronkolonie überzuschwappen drohen und Rotgardisten buchstäblich vor den Toren des Pen stehen. Chan Pak, damals schon zum Chefkellner im hauseigenen Gourmetrestaurant Gaddi's aufgestiegen, erzählt von den dramatischen

Tagen: »Die Demonstranten schwenkten die roten Mao-Bücher und versuchten das Hotel zu stürmen. Wir waren vorbereitet und konnten sie mit Hilfe der Polizei zurückdrängen. Aber auch einige der Hotelangestellten waren vom Revolutionsfieber infiziert. Dreimal fand man Bomben vor dem Hotel, die Gott sei Dank alle entschärft werden konnten. Und dann war der Spuk so plötzlich vorüber, wie er gekommen war.«

Das Hotel erhält 1967 ein 26-Millionen-Dollar-Facelifting. Doch es ist wie alle kommenden Schönheitsoperationen eine behutsame Prozedur: eher Kosmetik als Chirurgenschnitt. Puristen allerdings sehen schon die Einführung der Klimaanlage in allen Hotelräumen als Sakrileg. Und dann noch die Veränderungen in der Lobby, der Bar, die Eröffnung einer (in den Siebzigern wieder verschwundenen) Discothek! »Es gibt nicht wenige Traditionalisten, denen danach ist, alle Pen-Renovierer zu einem Boxduell aufzufordern«, schreibt die *New York Times*. Doch die Mehrzahl der Gäste goutiert die Veränderungen nicht nur, sondern ist schlicht begeistert. Das Peninsula schafft bei den entsprechenden Wahlen unter Reiseprofis den Sprung unter die fünf besten Hotels der Welt.

1970 kauft das Management unter dem Vorsitz von Michael Kadoorie auf einen Schlag acht grüne Rolls-Royce, der größte Einzelkauf in der Geschichte der Nobelmarke. Der Service zur An- und Abreise in den Karossen wird bei den Gästen so populär, dass sich das Hotel vier Jahre später noch einmal acht Rolls anschafft, diesmal in silbergrau: ein teurer Businessdeal, der bei der besonderen Klientel dieses Hotels wohl Sinn macht. Doch nicht jedes Problem im Pen lässt sich mit Geld lösen. Die Küche des Gaddi's-Restaurants und die hauseigene Konditorei werden von einer Unfallserie heimgesucht. Unerklärlich – wenn man nicht an die Wind-Wasser-Lehre der chinesischen Mystik glaubt. Auf Drängen des chinesischen Personals lassen die Hotelverantwortlichen Feng-Shui-Meister ins Gebäude. Die ehrwürdigen Geomanten empfehlen räumliche Umstellungen sowie das Aufstellen von Buddhafiguren, um »die bösen Drachen zu besänftigen«. Achselzuckend willigt das Schweizer Management ein – und die Unglücksserie reißt ab.

Große Umwälzungen kündigen sich an. Manchmal werden solche weltpolitischen Weichenstellungen mit einem allseits hörbaren Paukenschlag angekündigt, manchmal aber auch durch eine zunächst ganz unscheinbare Rede in einem Hinterzimmer. Deng Xiaoping, der in der Kulturrevolution gedemütigte und dann wieder rehabilitierte Vizeparteichef, hält Ende 1978 in Peking so eine Ansprache, von der man erst heute ahnt, wie sie den Lauf der Geschichte verändert hat. »Reich werden ist herrlich«, heißt es darin. Und: »Es ist egal, ob eine schwarze oder eine weiße Katze Mäuse fängt, Hauptsache, sie tut es.« So beginnt in China die Abwendung von der kommunistischen Ideologie, die wirtschaftliche Liberalisierung durch Leistungsanreize (freilich unter der strengen Aufsicht der KP, ohne politische Demokratisierung). Die Auswirkungen auf die Kronkolonie Hongkong und ihr Traditionshotel sind erheblich.

Die Kapitalistenmetropole mit den niedrigen Steuersätzen und den arbeitgeberfreundlichen Sozialgesetzen beweist wieder einmal ihre Flexibilität: Sie schafft eine neue industrielle Revolution im Zeitraffer. In den fünfziger Jahren waren es die Plastikblumen und billige Spielzeugfiguren, die für »Made in Hongkong« standen; in den siebziger Jahren die elektronischen Uhren und die Computerchips. Jetzt wird die Produktion fast aller Industriegüter ausgelagert – hinüber in die Manchester-kapitalistische Volksrepublik, in das Perlflussdelta mit seinen extrem billigen und extrem willigen Arbeitskräften. Hongkong erfindet sich wieder einmal neu, diesmal als Banken- und Zwischenhandelszentrum, als Stadt des Know-how und der Dienstleistungswirtschaft. Und hat Erfolg: Mitte der Neunziger ist Hongkong endgültig zur Stadt der Superlative aufgestiegen. Die Kronkolonie, Handels-»Nation« Nummer neun auf der Welt, besitzt den umschlagstärksten Containerhafen der Welt, exportiert mehr Quarzuhren und Textilien als jeder andere Staat (vier Fünftel davon werden auf dem chinesischen Festland produziert und in Hongkong allenfalls »verschönert«). Nirgendwo wird so viel französischer Cognac pro Kopf konsumiert, so viel sündhaft teurer Nerz verkauft, so viel Rolls Royce gefahren. Und auch bei den Luxushotels ist man international vorneweg; die neu entstandenen Grand Hyatt, Marriott, Shangri-La und Conrad sind Häuser der Extraklasse. Die meisten schaffen es mit ihren Pools und Jacuzzis und modernen Fitnessanlagen bald unter die Top Twenty der Welt.

Das Peninsula braucht neue Attraktionen. Und bekommt sie, in der denkbar spektakulärsten Form. Am 1. Dezember 1994 wird der Tower eingeweiht, der neue Flügel des Hotels. Wobei der Ausdruck »Flügel« irreführend ist: Mit seinen dreißig Stockwerken überragt der Anbau das Original bei weitem, wirkt mit seinen wuchtigen Formen wie ein Wächter für die alte Dame. Im Pen-Graugrün gehalten, passt sich das neue Gebäude perfekt der Umgebung Kowloons an und wird über Nacht zum neuen Wahrzeichen von Hongkong. Die 132 Räume und Suiten vergrößern die Kapazität im Pen auf dreihundert Gästezimmer; Fitnessräume, Swimmingpool und Sonnenterrasse sind jetzt im Angebot, ein Businesscenter und eine Bar im obersten Stock – sowie die Clipper Lounge, von der aus die Gäste über eine Treppe direkt zum Helikopterlandeplatz gelangen und sich mit einem privaten Fahrstuhl in die Suite zurückziehen können.

Das Einweihungsfest verschlägt selbst den luxusverwöhnten Hongkongern und uns eingeladenen »Gweilos« den Atem: frische Austern, Kaviar, Trüffeln und eine ganze Nacht lang Champagner; verschiedene Musikkapellen auf vier Etagen; als Gäste eingeflogene Hollywoodstars wie Goldie Hawn und königliche Hoheiten wie der Duke of Kent. Chan Pak erlebt noch einmal einen Höhepunkt seiner Karriere, als er wieder, wie schon zur Hoteleröffnung 66 Jahre zuvor, Blumen überreichen darf – diesmal an die Duchess of Kent. Auch sonst ist Nostalgie angesagt. Michael Kadoorie erinnert in einer ergreifenden Rede an seinen verstorbenen Vater und seinen Onkel, in deren Nachfolge er die Hotelgesellschaft weiterführt.

Bis morgens um vier tanzen Hongkongs obere Zehntausend mit den Gästen aus aller Welt, feiern sich, die Kronkolonie, das Hotel. So muss es gewesen sein, als der Kongress in Wien damals getanzt hat: Die Stimmung ist überschäumend, ausgelassen, euphorisch – als wolle man mit all dem zur Schau gestellten und genossenen Luxus manifestieren, dass nun die Spitze erreicht ist: Hongkong und sein Pen, on top of the world. Es ist eine Stimmung, die auch uns mitreißt: Bis in die frühen Morgenstunden tanzen und lachen wir mit Freunden, von Stockwerk zu Stockwerk, wie in Trance.

Hongkong und sein Vorzeigehotel haben alle Zweifler Lügen gestraft. Aus der Liaison zwischen britischem Löwen und chinesischem Drachen ist nun endgültig und für alle Welt sichtbar ein erfolgreicher Bastard geboren: Von einem solchen Höhepunkt droht ein Abstieg. Zumal, wenn der Erfolg ein eingebautes Verfallsdatum hat oder zumindest ein Datum für eine einschneidende Zäsur.

So gern es die Hongkonger verdrängen: Hongkong ist ein Wunder auf geborgtem Platz für geborgte Zeit. Es wurde geschaffen auf einem »nackten Felsen«, wie der britische Außenminister Lord Palmerston 1841 Hongkong genannt hatte – der Mann war damals der Meinung, das Empire hätte etwas Besseres als diesen öden, fast wasserlosen Platz für seine Handelsniederlassung verdient. Victoria und Kowloon waren den Chinesen abgepresst worden, in »ungleichen Verträgen«, die Peking nie akzeptierte. Die New Territories aber hat London 1898 nur für neunundneunzig Jahre gepachtet. Großbritanniens Premierministerin Margaret Thatcher und Deng Xiaoping einigen sich (über die Köpfe der nie befragten Hongkonger hinweg) zwar auf einen vernünftig klingenden Kompromiss: Die Kronkolonie soll mit der Insel Victoria, ganz Kowloon und den New Territories am 1. Juli 1997 wieder an China zurückfallen, als »unveräußerlicher Bestandteil der Volksrepublik« – aber unter besonderen Bedingungen. »Ein Land, zwei Systeme«, heißt die Formel, Hongkong soll fünfzig Jahre lang als Sonderwirtschaftszone »weitgehende

Autonomie« mit eigener Regierung, eigener Währung, eigenem Steuersystem erhalten. »Die Pferde werden weiterrennen, die Tänzer sich weiterdrehen«, hat Deng blumig-beruhigend formuliert.

Aber sind die Kommunisten als Souverän über Hongkong nicht hoffnungslos überfordert? Können die Kader aus Peking, geübt doch eher im Bedienen von Pferdekarren und Panzern, eine Luxuslimousine chauffieren? Bricht mit den Bildern von der patrouillierenden Volksbefreiungsarmee nicht der Tourismus weg – und damit auch das internationale Flair und die Weltläufigkeit des Peninsula?

Das Hotel erlebt noch Anfang 1997 Rekordbelegungsraten um die neunzig Prozent, japanische Touristen müssen sich in einigen Hotelboutiquen in Schlangen anstellen und werden erst nach Wartezeiten zum Kauf der Luxuswaren vorgelassen; Hongkong boomt. Aber je näher der Tag X rückt, desto mehr wird Nervosität spürbar – ausgelöst auch von den Briten. In den letzten Monaten ihrer Regierungszeit, sozusagen beim letzten Wimpernschlag des Empire, versucht die britische Verwaltung unter ihrem letzten, besonders dynamischen Gouverneur Chris Patten die Bevölkerung an den Regierungsgeschäften zu beteiligen, schreibt Wahlen für das Stadtparlament aus, spricht provozierend davon, Hongkong sei die »größte Mitgift seit Kleopatra«. Hauptsächlich wegen seiner westlichen Freiheiten sei der Ort zum Welterfolg geworden. Peking schäumt vor Zorn über die Versuche einer Last-Minute-Demokratie. Die KP-Führung hat sich hinter den Kulissen längst mit den mächtigsten der Hongkong-Tycoons geeinigt und einen in Peking genehmen Wirtschaftsboss als Chef der Hongkonger Sonderzone ausgeguckt: Tung Chee-hwa, einen Reeder, dem die Partei einst über Umwege Kredite für seine Geschäfte zugeschanzt hat.

Würdevoll, wehmütig und mit mehr als einer Träne im Knopfloch ziehen die Briten unter Führung von Prinz Charles und Patten am 30. Juni 1997 den Union Jack über Hongkong ein und verfrachten ihn auf ein Schiff, das bald danach den

Hafen verlässt. In der Nacht der Übergabe knallen im Peninsula noch einmal die Champagnerkorken zur großen Party. Ein gigantisches Feuerwerk erleuchtet die Stadt. Die Börse hat noch einmal einen Höchststand erreicht – ab jetzt rauscht sie in den Keller.

Das erste Jahr unter Pekings Ägide ist ein Annus Horribilis (so würde es wohl die Queen sagen, wenn sie hier noch etwas zu sagen hätte). Zwar taucht die Volksbefreiungsarmee klugerweise kaum irgendwo in der Stadt auf und bleibt in den Barrikaden. Zwar gibt es auch Naturkatastrophen, für die KP-Bosse nicht verantwortlich gemacht werden können: der Ausbruch der Vogelgrippe etwa, der das millionenfache Notschlachten von Hühnern nötig macht. Und regionale Faktoren wie die Asienkrise in Thailand, Indonesien und Südkorea tragen zum Niedergang wesentlich bei. Aber Tung Chee-hwas plumpes und pekinghöriges Taktieren verschlimmert die Situation Tag für Tag.

Minus dreißig Prozent Touristen 1998; von den Japanern bleibt sogar jeder zweite weg. Die Touristen scheinen an dem Hongkong nach der Wende etwas zu vermissen: den aufregenden Frontstadtcharakter, die Einsprengsel des kolonialen britischen Charmes, womöglich auch die Zurschaustellung von Reichtum; eine gewisse mondäne Extravaganz. Die legendäre Multimillionärin Brenda Chau, die den entsprechenden Rolls aus der Garage farblich passend zu ihrer Garderobe auszusuchen pflegte (allzu oft in Rosa), geht im Jahr eins nach den Briten kaum mehr auf Bälle. Nobelboutiquen müssen schließen. Die frechsten Cartoons in der *South China Morning Post* und dem *Hongkong Standard* fallen der journalistischen Selbstzensur zum Opfer. In Hongkong tut man alles, um den Pekinger KP-Bossen zu gefallen – und vergrätzt dabei die Welt.

Das gilt nicht fürs Peninsula. Auch in diesem Hotel fällt die Belegungsrate; aber längst nicht so dramatisch wie in den anderen Fünfsternehäusern. Und ähnlich wie 1998 geht es auch in den kommenden Jahren weiter, da die Peking-Herrschaft zur Gewohnheit und die Wirtschaftskrise permanent wird (mit für diese Stadt der Vollbeschäftigung unerhörten sieben Prozent Arbeitslosen!). Hongkong und sein Traditionshotel beginnen sich auseinander zu entwickeln. Das Pen bleibt Weltklasse, Star einer weiterhin hervorragenden Hotellerie; die Stadt droht im Mittelmaß zu versinken und sogar gegenüber dem aufstrebenden, konkurrierenden Schanghai an Vorsprung zu verlieren.

Wenn der im Jahr 2002 wieder gewählte (heißt von Peking wieder eingesetzte) Tung selbst an der Hongkonger Rechtssicherheit kratzt und von seinem Scheinparlament ein dubioses Seditionsgesetz beschließen lassen will, das jeden Demonstranten vor Gericht bringen kann – was unterscheidet dann Hongkong noch von jeder beliebigen chinesischen Großstadt? Warum soll man nicht direkt in der Volksrepublik investieren statt in ihrer viel teureren Sonderverwaltungsregion?

Nicht nur die ausländischen Gäste halten dem Peninsula die Treue, auch die Hongkonger selbst. Sie kommen meist nicht, um Businessdeals auszuhandeln, sondern zum Vergnügen. Sie essen im vornehmen japanischen Imasa, im exquisiten kantonesischen Spring Moon oder im gemütlichen schweizerischen Chesa. Manche, denen der Gourmet-Tempel Gaddi's zu teuer oder mit seinen handgewebten chinesischen Teppichen und edlen Möbeln zu förmlich ist, buchen den Chef's Table unten in der Küche, in Blicknähe aller im Peninsula gelagerten Köstlichkeiten – eine originelle und relativ preiswerte Art, sich vom Sternekoch Philip Sedgwick in die Speisen einführen und dann nach allen Regeln der Haute Cuisine verwöhnen zu lassen.

Ungebrochen populär ist auch der klassische Afternoon Tea in der goldglänzenden Lobby; wer frisch gebackenen Scones, Millefeuilles und Granitas nichts abzugewinnen vermag, die im Gedeck mit einem Pott Darjeeling gereicht werden, kann sich auch für eine »sinfully rich hot chocolate« entscheiden. Die Musik des Streichorchesters von der Veranda mit ihren Art-déco-Lampen geht auf das Haus. Besonders am Spätnachmittag ist die Lobby ein beliebter Treffpunkt, bei dem Hongkong-Ladys mit europäischen und vor allem japanischen Gästen die letzten Tipps fürs First-Class-Shopping austauschen. Keiner muss weit gehen: Auf drei Pen-Etagen warten über achtzig Luxusläden auf Kunden, vielleicht herrscht hier die größte Designerdichte der Welt; von A(nteprima) bis Z(egna) ist über Chanel, Cartier und Dior alles vertreten, was Rang und Namen hat. Das Pen ist auch gut für Souvenirs, im hauseigenen Shop vermarktet das Hotel ebenso geschickt wie weitgehend geschmackvoll seine eigene Legende, vom Pen-Kalender bis zum Pen-Teddybär.

Um im Alte-Welt-Charme aber wirklich – und im wahrsten Sinn des Wortes – zu baden und die neuesten Hightech-Errungenschaften auszuprobieren, muss man sich ein Zimmer nehmen. Die vierundfünfzig Suiten, aber auch die 246 »normalen« Zimmer haben alle ein Faxgerät mit eigener Nummer, Satelliten-TV, einen Laser-Video-Disc-CD-Player, Kopfhörer am Bett und am Sofa, drei ISDN-Telefone (auch im Badezimmer), schnellen Internetzugang, elektronische Vorhangbedienung, einen persönlichen Safe und Marmorbäder. Eine elektronische Anzeige an der Tür zeigt die Außentemperatur und die Luftfeuchtigkeit; und selbstverständlich gibt es für jeden Gast einen Schirm, drei Zeitungen täglich und einen Schuhputzservice. Für die hochtechnologische Ausrüstung hat sich der Hightech-verliebte Chairman Kadoorie selbst ins Zeug gelegt; anders als in manchen Designerhotels erschließt sie sich aber auch solchen Nichtfachleuten, die normalerweise Mühe haben, einen Videorecorder zu bedienen.

Wichtiger aber als manche dieser Spielereien sind die Gemütlichkeit, die Wärme, die die Gästeräume im Peninsula auszeichnen. Das liegt an den schönen Möbeln, den Teppichen, den Farben; zu Elfenbeintönen ist entweder kräftiges Rot, Blau oder Grün gemischt. Außerdem sind die Zimmer groß, für Hongkong mit seinem normalerweise so gedrängten Platz sogar sehr groß: 41 bis 45 Quadratmeter, die Suiten zwischen 85 und 210 Quadratmeter. Noch einmal fast doppelt so groß ist die »königliche« Peninsula Suite, die sich über zwei Stockwerke erstreckt, über einen eigenen Fitnessraum verfügt und über einen Whirlpool mit Glasfront nach allen Seiten, mit Blick über die Dächer von Kowloon wie über den Hafen mit seinem tiefgrünen Wasser und die Lichter von Victoria. Allerdings kostet die Zimmerflucht fünftausend Euro pro Nacht – ohne Frühstück.

Auch vom Pool im klassisch-römischen Stil lässt sich der Blick auf die Skyline Hongkongs genießen; er liegt im achten Stock des Neubaus. Eine große bewegliche Glasfront jenseits der Sonnenterrasse schirmt die feuchtheiße Luft von draußen ab und erlaubt die ganzjährige Benutzung. Der Service ist unaufdringlich, aber extrem aufmerksam: jedem Gast wird eisgekühltes Mineralwasser mit einem Schuss Zitrone gereicht, ein leicht pfefferminzhaltiges Erfrischungstuch zum Gesichtabtupfen ebenfalls.

Wer sich langweilt, kann – gegen Gebühr – an hoteleigenen Kursen über chinesische Kräutermedizin, kantonesische Küche oder traditionelle Teezubereitung teilnehmen. Die Programme der »Peninsula Academy« beschränken sich nicht auf Vorträge, sondern schließen auch Exkursionen ein. Mit dem Rolls-Royce zum Tai-Chi im Park oder zum Gemüseeinkauf auf die Märkte chauffiert zu werden – das mag anderswo wie ein frivoler Stilbruch wirken, in Hongkong empfinden das die wenigsten so. Das Angebot individueller und sachkundiger Betreuung beim Sport oder Shopping nehmen auch viele Einheimische und Expatriates in Anspruch: das Peninsula, eine Oase jenseits des Alltags.

Peter C. Borer, dynamisch, sportlich, unternehmungslustig, führt seit 1994 das Hotel – der gebürtige Schweizer hat den Job von seinem Landsmann Felix Bieger übernommen. Seit nun schon fast zwanzig Jahren lebt und arbeitet Borer in Hongkong und betrachtet diese Stadt heute als seine Heimat. Für die derzeitige politische Führung findet er kaum freundliche Worte. »Sie tut viel zu wenig für den Tourismus«, sagt der Hotelboss. Provinzialität à la Peking beklagen fast alle westlichen Manager in der Stadt. Weil so viel Wert auf Mandarin gelegt werde, sprächen immer weniger junge Leute ordentliches Englisch. Borer muss es wissen: Wenn er in seiner spärlichen Freizeit nicht über die Hügel von Kowloon und Lantau joggt, hält er Gastvorlesungen an der Chinese University of Hongkong mit Schwerpunkt Hotelmanagement.

Auch das Pen konnte die Furcht vor einer Epidemie nicht einfach wegstecken. In den ersten Monaten 2003 legte die ansteckende Lungenkrankheit SARS praktisch den gesamten Tourismus und einen Großteil des Geschäftslebens in Hongkong lahm. Diese Zeiten sind überwunden. Amerikaner und zunehmend Taiwaner stellen nun wieder das Gros der Gäste. Für die Mehrzahl der Festlandtouristen ist das Pen noch eine Nummer zu groß, sie kommen höchstens zum Tee und zum Staunen; gelegentlich logieren hohe Pekinger Kader im Hotel, mit bündelweise Bargeld im Louis-Vuitton-Handköfferchen. Gelegentlich treffen sie sich mit den einheimischen Tycoons und ausgesuchten Peking-nahen Journalisten. Politbüro-Gäste allerdings fliegen, wie einst Prinzessin Diana und der amerikanische Präsident Bill Clinton, eher mit dem Helikopter ein und ziehen sich nach kurzem Auftritt in der Clipper-Lounge in die Suite zurück, ohne allzu viel Kontakt mit dem gemeinen Volk.

Wer die schicksten Models aus Hongkong, Paris und New York treffen will, wer den heimischen Wirtschaftsbossen und ihren amerikanischen Partnern beim Kaviarkosten und Champagnerschlürfen über die Schulter schauen will, muss ins Felix kommen. Die Bar und das Restaurant im 28. und 29. Stock des Peninsula haben sich zum Treff von Big Business und Jeunesse dorée entwickelt. Der berühmte französische Architekt und Designer Philippe Starck hat die Räume nicht gerade warm und gemütlich gestaltet. Sein Stil: das Supercoole. Stofftischdecken oder frische Blumen haben in diesem Ambiente keinen Platz, dafür Kristallstühle, Kristallteller, Kristallgläser; dazwischen andere Starck-Markenzeichen wie Käsereiben und Zitronenpressen. Ein bisschen hat sich der

Künstler vom Genius Loci inspirieren lassen: die wulstigen »Starck-Hörner« mancher Schüsseln sind orientalisch üppig mit goldenen oder elfenbeinernen Arabesken verziert. Aber auch all diejenigen, denen dieses Felix zu stilisiert vorkommen mag, werden entschädigt: Der Blick auf das pulsierende Treiben ist von hier oben bei Sonnenuntergang wie tief in der Nacht ein Erlebnis – atemberaubend jenseits aller avantgardistischen Postmoderne.

Manchmal kommt auch David Tang hier herauf, nimmt einen Drink, bestellt etwas aus der »euro-asiatischen« Küche, eine Melange auch zum Nachtisch. Der Hongkonger Unternehmer ist schon in jungen Jahren zur legendären Figur in dieser Stadt geworden. Der Mann passt gut ins Felix, er sieht sich selbst als Makler zwischen den Welten. Tang ist ein Hongkonger Weltbürger: Philosoph, Philanthrop und Playboy; ausgebildet in London und Peking; ausgezeichnet unter anderem als »Chevalier de l'Ordre des Arts et des Lettres« in Frankreich. Eine seiner Shanghai-Tang-Boutiquen ist auch in der Designer-Ladenpassage des Peninsula zu finden.

In Hongkong, dieser Stadt der konservativen Business-Elite mit ihren allgegenwärtigen dunklen Boss-Anzügen und Gucci-Krawatten, fällt Tang auf wie ein bunter Hund. Er trägt häufig rote Satinpyjamahosen mit hochgeschlossenen gelben Seidenhemden und schwarzen Baumwollslippern. Fast schon zum Outfit gehört auch die Zigarre: Tang raucht ein Dutzend pro Tag, nur die feinsten kubanischen Cohibas. Seit er Anfang der neunziger Jahre zu Besuch in Havanna war und einen ganzen Abend mit Fidel Castro diskutierte (»der Einzige, der länger am Stück sprechen kann als ich«), besitzt der Superkapitalist auch das Hongkong-Monopol für Havannas – und darf sich Honorarkonsul der Volksrepublik Kuba nennen.

David Tang stammt aus einer wohlhabenden Hongkong-Familie, sein Vater war Busunternehmer. Bis zu seinem dreizehnten Lebensjahr wurde er rein chinesisch erzogen, lernte die Klassiker. Dann schickte ihn die Familie nach England, ohne dass er ein Wort Englisch konnte. Eton hat ihn abgelehnt, aber in Cambridge kam er unter – und sog alles Britische begierig auf: Fußball und Fuchsjagd, Westminster-Demokratie und Wimbledon-Snobismus. Sein Akzent klingt heute distinctively aristokratisch. Er begann seine Karriere in einer bekannten Anwaltskanzlei, machte neben dem juristischen Abschluss auch noch einen in Philosophie, östliche wie westliche Denkschulen kombinierend. In seinen Boutiquen begann er auf den nostalgischen Chic des alten Schanghai und des alten Peking zu setzen und verfremdete frech Mao- und Deng-Memorabilia – beide Herren lässt er von seinen Armbanduhren im Sekundentakt dem Betrachter zuwinken. Tang besitzt eine ganz besondere Gemäldesammlung: Viktorianische Maler, kommunistischen Realismus und volksrepublikanische Avantgarde. Eines seiner Bilder zeigt den Großen Vorsitzenden im Laura-Ashley-Anzug.

Geborgte Motive in dieser Stadt, die auf geborgtem Raum, in geborgter Zeit zu leben gelernt hat – das ist typisch für die Oberflächlichkeit Hongkongs, meinen die einen, womöglich der Beginn einer kulturellen Identität, zusammengesetzt aus verschiedenen ostwestlichen Elementen, meinen die anderen. Was denkt David Tang über die Zukunft Hongkongs, über die Zukunft des Peninsula?

Korruption werde sich in Hongkong weiter schleichend ausbreiten, weil Korruption der Kitt sei, der Chinas Gesellschaft zusammenhalte, hat er mir einmal in einem langen Gespräch gesagt. Mutige Journalisten, die Peking frontal angriffen, müssten um ihre Jobs fürchten. »Natürlich werden die Autoritäten unter dem Vorwand der nationalen Sicherheit die Bürgerrechte weiter einschränken«, meint David Tang. »Aber Hongkong kann das alles immer noch in den Griff kriegen. Es darf seine westlichen Geburtshelfer aber ebenso wenig verleugnen wie seine chinesischen Wurzeln. Es muss die Balance halten – das Peninsula schafft das auf seine Weise doch auch.«

Vielleicht ist das Pen ja wirklich so, wie Hongkong sein müsste und gerne wieder wäre: traditionsbewusst, aber gleichzeitig innovativ, wandlungsfähig, aber nicht angepasst, fast zeitlos und doch immer auf der Höhe der Zeit. »Dieses Hotel hat seiner Stadt viel, fast alles zu verdanken«, sagt Hoteldirektor Borer. Zum fünfundsiebzigsten Geburtstag der alten, reichen Dame am 11. Dezember 2003 will er in ihrem Auftrag ein wenig davon zurückzahlen – jeder Cent der teuren Karten für das große Fest wird an die Ärmsten von Hongkong gehen.

HOTELBEWERTUNG:

NOSTALGIEFAKTOR: *****
LUXUSFAKTOR: *****
WOHLFÜHLFAKTOR: *****
PREIS-LEISTUNGS-FAKTOR: ****
ADRENALINSTOSS-FAKTOR: **

Adresse:
The Peninsula
Salisbury Road, Kowloon,
Hongkong, SAR
Telefon: 00852-2920-2888
Fax: 00852-2722-4170
E-Mail: pen@peninsula.com

Zimmer:
Einzelzimmer ab 390 US-Dollar,
Doppelzimmer ab 390 US-Dollar
plus 13 Prozent Steuern

Green's, Peschawar

Wo der Terror wohnt

Das Green's in Peschawar nahe der pakistanisch-afghanischen Grenze ist wohl weltweit das Hotel mit der größten Dichte von schwer bewaffneten »Freiheitskämpfern« und Spionen, von Reportern und anderen heruntergekommenen Gestalten – preiswert, aber gelegentlich auch tödlich.

»Real action from the real thing«, verspricht das knallrote Werbeplakat über dem mächtigen Fort von Peschawar: »Coca-Cola helps you to keep your city clean.« An den Rändern ist das Poster über und über mit geheimnisvollen Zeichen bemalt, an den Seiten eingerissen; und so flattert die Werbebotschaft aus dem fremden Westen etwas hilflos im Wüstenwind, jeden Augenblick davon bedroht, in den staubigen Straßenschotter zu sinken.

Real action from the real thing. Das heißt in dieser pakistanischen Stadt, keine sechzig Kilometer vom Khyber-Pass und der afghanischen Grenze entfernt, in Wahrheit etwas ganz anderes: blutige Nähe zur Terrororganisation al-Qaida und zu Taliban-Gotteskriegern; Gefahr von Entführung, Mord, Vendetta. Bevorzugt ausgeführt werden diese Taten mit der Kalaschnikow, die hier die meisten Männer lässig über der Schulter baumeln lassen, oder mit dem handlichen Krummsäbel, den sie im Gürtel um ihre »Shalwar Qamiz« tragen, das weite Flattergewand. Manchmal auch schon mit Landminen und Boden-Luft-Raketen.

Und wenn die Einheimischen ihre Stadt säubern wollen, dann sicher nicht vom herkömmlichen Müll, der sich überall türmt. Sondern von den fremden Herren aus dem Westen, die hier so häufig auftauchen, den amerikanischen Militärberatern, den Spionen aus London und Langley, den lästigen Reportern. Auch Politiker aus Islamabad bewegen sich in Peschawar auf gefährlichem Terrain: Die Gründerväter des pakistanischen Staates haben gewusst, warum sie der Region mit den rauen Bergen und tiefen Schluchten weitgehende Autonomie einräumten, die wilden Krieger von vielen Zentralgesetzen befreiten – durch solche Zugeständnisse verhinderten sie die offene Auflehnung. Nicht aber Attentate oder Hinterhalte.

Viele dieser Verbrechen sollen von den Gästen in einem Hotel hier am Ort ausgeheckt werden. Dem Green's, dem »Platz, wo der Terror wohnt«, wie einschlägige Experten formulieren und dann achselzuckend hinzufügen: »Keine Ahnung, was man dagegen machen soll.«

Der stolze Volksstamm der Paschtunen mit seinen insgesamt zwanzig Millionen Menschen legt seit jeher großen Wert auf seine Unabhängigkeit. Er stellt nicht nur hier in Peschawar und den »tribal areas« die Mehrheit, sondern auch »drüben« in Afghanistan. Die meisten Taliban waren und sind zuallererst Paschtunen. Grenzen, so heißt es, hassen sie. Grenzen überwinden sie zu Fuß, zu Pferd, im Jeep. Gastfreundschaft gegenüber Glaubens- und Stammesbrüdern ist ihr oberstes Gesetz – und Gewalt gegen all diejenigen von innen und außen, die ihre Gemeinschaft gefährden.

»Die Einwohner dieser Gegend haben ein finsteres Aussehen und sind von Natur aus böse«, schrieb der venezianische Weltreisende Marco Polo, der hier bei seinen Reisen im 13. Jahrhundert ein misstrauisch beäugter Außenseiter blieb – längst war der sanfte Gandhara-Buddhismus aus der Region verdrängt und ein sich aggressiv ausbreitender Islam verstärkte die rigiden Stammesrituale. Der Mogulkaiser Babur hatte mit diesem Außenposten seines Reiches Anfang des 16. Jahrhunderts mehr Schwierigkeiten als mit allen anderen eroberten Regionen. Später erlebten die Sikhs hier ihren blutigen Alptraum (und rächten sich 1833 bei der Eroberung von Peschawar damit, jeden erreichbaren männlichen Stadtbewohner am Minarett der Mahabat-Khan-Moschee aufzuknüpfen, was die Einheimischen so beeindruckte, dass sie das Hängen am Gotteshaus zur eigenen Tradition machten).

Als die Paschtunen auch die Sikh-Eindringlinge vertrieben hatten, rückten Kolonialherren in die Gegend vor. Die Briten in ihren bunten Uniformen wurden für die vortrefflichen paschtunischen Scharfschützen derart ideale Zielscheiben, dass sich die Militärs der Weltmacht voller Panik entschlossen ihre Truppen nur noch in staubfarbener Khakikleidung kämpfen zu lassen. Nicht dass es viel geholfen hätte. Rudyard Kipling, der Poet des Empire, erzählt von fürchterlichen Gefechten, Verwundungen und grausamen Verstümmelungen. Glücklich war nach seinen Worten, wer dem Feind nicht lebend in die Hände fiel: »An' the women come out to cut up what remains, jest roll to your rifle an' blow out your brains.«

Zweimal versuchten die Briten über den Khyber-Pass das seit Mitte des 18. Jahrhunderts von paschtunischen Herrschern regierte Kabul zu erobern. Sie scheiterten 1839 und 1878 kläglich, geschlagen bis zum buchstäblich letzten Mann. Westliche Beobachter konnten die Niederlage der Weltmacht kaum fassen, unter ihnen ein gewisser Karl Marx, der damals als Korrespondent der New Yorker *Tribune* aus Peschawar berichtete. Die Kolonialisten entschlossen sich das Stammesgebiet zu teilen und aus Afghanistan einen Pufferstaat gegenüber dem konkurrierenden russischen Weltreich zu machen. Peschawar, bis 1893 die Winterhauptstadt Afghanistans, befand sich nun jenseits der so genannten Durand-Linie, auf dem Territorium des britischen Raj. Immer neue Aufstände erschütterten die Garnison; die Briten akzeptierten schließlich schweren Herzens eine De-facto-Selbstregierung der Paschtunen, richteten für sie die »North-West Frontier Province« ein. Nachdem sich die weißen Herren 1947 zurückgezogen hatten und es zur Aufteilung des indischen Subkontinents kam, übernahm der neue Muslimstaat Pakistan wohlweislich die Autonomieregelung.

Die Paschtunen aber fühlten sich nicht primär als pakistanische Staatsbürger, ebenso wenig wie ihre Stammesbrüder jenseits der Staatsgrenze primär als Subjekte Afghanistans. Sie betrachten sich bis heute als die natürlichen Herrscher eines eigenen Reiches von Peschawar bis Kabul. Dass dieser Staat so nicht existiert, schmerzt sie, führt zum verstärkten Zusammenhalt – und zum militanten Widerstand, gegen George W. Bush und Pervez Musharraf, gegen alles Westliche oder vom Westen Beeinflusste. »Busharraf« nennen sie hier den Staatschef wegen seiner Abhängigkeit von Amerika spöttisch und haben bei den Wahlen im Oktober 2002 die Islamisten zur stärksten Fraktion im Regionalparlament gemacht. Neuerdings ist gemeinsamer Schulunterricht für Mädchen und Jungen verboten.

Wer noch nie den amerikanischen Präsidenten oder den pakistanischen General als Puppe brennen sah und dies gerne nachholen möchte, der ist in Peschawar richtig: Das ist Teil jeder Paschtunen-Party. Bei den freitäglichen Kundgebungen in den engen Gässchen um den Chowk Yagdar, den »Platz der Erinnerung«, lodert es immer lichterloh, die Fäuste werden geballt, Schmähungen und Todesdrohungen laut hinausgebrüllt. »Osama Bin Laden ist unser Held, wir sind an seiner Seite! Unser Heiliger Krieg wird alle Ungläubigen zerstören, alle ihre großen, arroganten Türme niederreißen!« Und die Polizei wagt nicht einzugreifen.

Was für ein Ort ist dieses Peschawar, das schon Alexander der Große, Mogulkaiser Akbar und Lawrence von Arabien gesehen und erschaudernd bewundert haben! Fast eine Million Menschen leben heute zwischen Waziri Bagh und Shahi Bagh, Zaryab Colony und dem Cantonment, die nahen Flüchtlingslager mit ihren Zehntausenden Gestrandeten ebenso wenig mitgezählt wie die Bewohner der neuen Apartmentblocks und alten Schmugglerfestungen auf dem Weg hinauf zum Khyber-Pass.

Der Altstadtbasar ist auf den ersten Blick ein einziges Chaos. Fluchend bahnen sich Rikschafahrer einen Weg durch die engen Gässchen, Passanten drängen sich kalaschnikowschwingend und mit ausgefahrenen Ellbogen vorbei, voll bepackte Mulis jaulen getroffen auf und trotten dann stoisch weiter. Greise mit eisgrauen Bärten lungern in düsteren Toreinfahrten und brüllen nach den flinken Jungs, die auf Kupfertabletts Teetassen balancieren. »Achtung Afghanistan, Achtung Khyber-Pass«, dröhnt es aus Lautsprechern. Minibusse rollen an, grotesk mit Gepäck überladen und überquellend von Passagieren, die sich ans Dach und die Türen klammern. Lebensgefährlich sieht das aus. Doch irgendwie löst sich jedes Knäuel: Im Chaos herrscht eine höhere Ordnung.

Auf den Märkten und in den Läden werden angeboten: handgefertigte dritte Zähne, Potenzmittel aus Schlangengift, Ohrenstöpsel, Opium; außerdem Antiquitäten aus den geplünderten Kabuler Kunstmuseen, Waffen jeder Art; ferner heilige Schriften, Korane, Bin-Laden-Traktate. In zahlreichen Peschawar-Medressen hämmern feurige Prediger schon kleinen Knaben islamistisches Gedankengut ein.

Verkäufer und Kunden auf den Märkten der Altstadt tragen ihre traditionellen »Shalwar«-Überhänge in verschiedenen Farbschattierungen – gedecktes Blau, Beige, Dunkelbraun. Es nimmt dieser Männerwelt wenig von ihrer Einförmigkeit. Frauen sind nur für Augenblicke wahrzunehmen, flüchtige schwarze Schatten in Hauseingängen, tiefverschleiert, als müssten sie sich unsichtbar machen, um Unheil abzuhalten. Frauen haben auch nichts zu suchen in der »Qissa Kahani«, der alten Straße der Geschichtenerzähler, wo sich früher die Reisenden trafen, um erlebte oder erfundene Storys auszutauschen: ein Basar der Nachrichtenhändler und Spione. Doch längst schon werden in der »Qissa Kahani« mehr Geschäfte gemacht als Informationen gehandelt. Die Agenten, Militärberater, Menschenrechtler, Waffenhändler, Söldner und Journalisten (die oft ein bisschen von alldem sind) treffen sich allerdings weiterhin – an anderer Stelle.

Eine geheimnisvolle, wilde Frontstadt wie dieses Peschawar hat einen geheimnisvollen, wilden Treffpunkt verdient.

Manche denken, es sei das Pearl Continental. Das beste Hotel am Platze steht nahe am Polofeld etwas außerhalb der Stadt und wird für zweihundert Dollar pro Nacht von CNN- und CIA-Spesenrittern frequentiert: Ein westlicher Fremdkörper im staubigen Grau mit seinem grün gesprenkelten Rasen, dem gepflegten Swimmingpool und den vierundzwanzig Stunden am Tag von den Geheimdiensten überwachten Telefonen. Auch der »Peschawar American Club – Members only« an der Sir Syed Road ist eher etwas für höhere Pentagon-Chargen, die in Hinterzimmern über riesige Karten gebeugt, und mit Whiskygläsern in der Hand, die nächste »Säuberungsaktion« im afghanischen Kandahar oder pakistanischen Karatschi planen.

Kein Paschtune, der etwas auf sich hält, wird dahin kommen. Aber dafür ins Hotel Green's, in den Treffpunkt der paschtunischen Akteure. Da haben Männer mit al-Qaida-Connections, Taliban-Kämpfer und Stammesgrößen ein Heimspiel. Mit Leuten, die in ihre Welt einzutauchen bereit sind, tauschen sie Informationen – was für beide Seiten gefährlich werden kann, manchmal sogar tödlich.

Einer dieser erstickend heißen Tage in Peschawar, und im Green's ist wieder einmal das Airconditioning ausgefallen. Ich warte auf den »Piraten«. So haben die internationalen Journalisten den Dolmetscher der früheren Talibanregierung genannt. Mit seiner Augenklappe, seiner künstlichen linken Hand und den Stummeln der von einer Granate abgerissenen drei Finger der rechten wirkte er bei seinen fast täglichen Pressekonferenzen an der Seite des Talibanbotschafters in Islamabad im September 2001 wie eine Mischung aus Käpt'n Hook und dem Freibeuter von der »Schatzinsel«. Längst ist der Diplomat Abdul Salam Saif von der Bildfläche verschwunden, es heißt, er werde wegen vermuteter al-Qaida-Kontakte in Guantanamo von den Amerikanern vernommen und festgehalten. Die Taliban sind entmachtet und im Untergrund. Aber der Dolmetscher, der seinem Chef bei den gemeinsamen Auftritten immer die Sätze einzuflüstern schien, ist frei. Der Pirat und ich sind, wie ich bei den ersten Fernsehbildern seiner CNN-Auftritte äußerst verblüfft registrierte, alte Bekannte.

Ich habe mich in den Innenhof des Green's gesetzt, in dem es etwas luftiger ist und von dem man die Rezeption und den Eingang gut im Blick hat. Grüne Schlingpflanzen ranken sich hier drei Stockwerke zu den billigeren Zimmern hoch, die nicht zur Straße hinausgehen. Klein sind die Räume im Green's allesamt, bedrohlich für klaustrophobische Naturen: Bett, Waschbecken, Stuhl – nichts für Vergnügungssüchtige oder Bequemlichkeitsfanatiker. Hier heißt die Hotelmaxime offensichtlich: Reduzierung aufs Nötigste. Aussicht auf den Innenhof oder schräg auf die Straße mit ihrem Gewirr von Schildern und Schatten. Alles im Green's wirkt düster, dunkel. Da ist das Atrium mit seinen Korbstühlen im wahrsten Sinn des Wortes ein Lichtblick.

Aus dem Restaurant im hinteren Teil des Gebäudes bringt ein Angestellter Tee. Der Duft von frischem Gewürzkuchen dringt aus der Bäckerei herüber, die an das Hotel grenzt und einen Teil seiner unscheinbaren Vorderfassade ausmacht. Das Green's ist nicht leicht zu finden. Es liegt etwas außerhalb der Altstadt nahe dem Bahnhof. Keine ganz feine Gegend, aber eine lebhafte. Vor dem Hotel verkaufen Kinder an einem Stand pakistanische Zeitungen und Magazine. Die Pressevielfalt ist erstaunlich, wobei allerdings die Peschawar-Zeitung *The Frontier Post* bevorzugt islamische Fundamentalisten kommentieren lässt.

Von einer der zahlreichen Moscheen ruft der Muezzin zum Gebet; die jungen Händler werfen sich auf ausgebreitete Teppiche, verneigen sich Richtung Mekka. Der gesamte Verkehr stockt, auch ein Ambulanzwagen hält an. Direkt nach Gebetsende jagt er mit Blaulicht am Green's vorbei, wahrscheinlich zum Cantonment Hospital. Dass das Krankenhaus so nahe ist, hat schon manchen Hotelgästen geholfen: Über die Jahre explodierten immer mal wieder Bomben vor dem Green's und im Hotel gab es Messerstechereien. Die Kalaschnikows muss man hier nicht wie in manchen anderen pakistanischen Hotels am Eingang abgeben. An der Rezeption hängt lediglich ein Schild mit kryptischer Botschaft: »Das Management behält sich vor, unerwünschten Personen den Zutritt zu verweigern.« Wer könnte hier unerwünscht sein – al-Qaida-Terroristen, Amerikaner, pakistanische Militärs, allzu neugierige Reporter?

Keine Spur vom Piraten.

Der Innenhof ist um die Nachmittagszeit ziemlich leer. Drei ältere Männer mit fein geschnittenen Gesichtern und gepflegten langen Bärten kommen durch den Hoteleingang, setzen sich gegenüber an den nächsten Tisch. Legen lässig ihre AK 47 über den letzten verbliebenen Stuhl, griffbereit. Grüßen mit einem leichten Kopfnicken.

Einen Augenblick bin ich fast sicher, einen der Männer erkannt zu haben – und erschrecke. Doch als der Gast seinen Turban abnimmt, sehe ich, dass er fast keine Haare mehr hat und ein auffälliges Furunkel. Es ist nicht Gulbuddin Hekmatyar. Wäre auch ein Wunder, wenn sich der Fundamentalistenchef hier zeigen würde: Die Amerikaner suchen ihn, weil er mit seinen Anhängern heimlich über die afghanische Grenze gedrungen sein soll und angeblich US-Soldaten wie Angehörige der Karzai-Regierung ermordet hat. Irgendjemand verriet erst kürzlich seinen Aufenthaltsort in der Nähe von Kunduz. Gezielte Raketen der US-Luftwaffe verfehlten Hekmatyar nur um Haaresbreite. Der Mann steht auf der Liste der meistgesuchten Terroristen ganz oben.

Washington hatte ganz anders über den Paschtunen Hekmatyar gedacht, als ich ihn Mitte und Ende der achtziger Jahre mehrmals im Green's traf: Da war der Mudschaheddin-Führer die große Hoffnung des Westens und wurde von der CIA mit Waffen aller Art großzügigst versorgt. Es ging gegen die Russen, die im Dezember 1979 in Afghanistan einmarschiert waren. »Ich bekomme mit meiner Rebellenorganisation Hezb-i-Islamye mehr als vierzig Prozent aller Rüstungsgüter, die von den Amerikanern verteilt werden, weit mehr als Führer der anderen Mudschaheddin-Milizen«, hatte Hekmatyar bei einer

Tasse Tee im Hotelrestaurant (das damals noch, attentatsübersichtlicher, zur Straßenseite ging) stolz erzählt. »Und zwar, weil ich die schlagkräftigsten und grausamsten Kämpfer gegen die Russen stelle.«

Der Mann mit der Adlernase und den kalten Augen hatte als Student in Kabul – noch in Zeiten des Königs Zahir Schah – westlich gekleideten Kommilitoninnen Säure ins Gesicht geschüttet und war für diese Tat neun Monate inhaftiert worden; er machte nie ein Hehl aus seinen fundamentalistischen Ansichten, aus seinen Plänen für einen rigiden Gottesstaat. »Natürlich hasse ich die russischen Besatzer, aber genauso fremd sind mir die gottlosen Amerikaner, die es nach der Vertreibung der Kommunisten zu bekämpfen gilt«, sagte mir Hekmatyar 1988 bei unserem letzten Gespräch im Green's. Schon damals ließ sein Zynismus frösteln. »Wir werden aus Afghanistan eine strenggläubige islamische Republik machen und keine westlichen Marionetten dabei dulden. Der vertriebene König etwa kann nach meiner Regierungsübernahme nur unter einer Bedingung nach Kabul zurückkehren – wenn er im Sarg kommt.«

Es lief dann etwas anders. Zwar haben die Russen, schmählich geschlagen, im Februar 1989 ihre letzten Truppen aus Afghanistan abgezogen. Die amerikanischen und pakistanischen Geheimdienstler jubelten: Sie sahen nur die Demütigung der verfeindeten Weltmacht, nicht die kommenden, von ihnen selbst mitgeschaffenen Probleme. Afghanistan verschwand von der Prioritätenliste Washingtons – und versank im Chaos. Die Gotteskrieger bekämpften einander bis aufs Blut. Hekmatyar, dessen Mudschaheddin vermutlich mehr Russen umgebracht hat als jede andere, wurde nun zum Schlächter der afghanischen Zivilbevölkerung. Beim Kampf um Kabul legte sich der Paschtune nicht nur mit den tadschikischen »Freiheitskämpfern« an, sondern terrorisierte auch Frauen, Kinder und Greise.

Die Hauptstadt war schon weitgehend in Schutt und Asche gelegt, das Land vom Bürgerkrieg zerrissen, als Hekmatyar mit seinem Hauptrivalen Burhanuddin Rabbani Frieden schloss und im Juni 1996 das Amt des Ministerpräsidenten übernahm. Seine Regierungszeit wurde ein kurzes Zwischenspiel, denn nur wenige Wochen später vertrieben ihn die Taliban. Vor allem Pakistans Geheimdienst hatte, anfangs noch durchaus mit dem Wohlwollen Washingtons, die »Koranstudenten« ausgebildet und mit Waffen versorgt – als stabilisierende Kraft. Die Taliban, so glaubten Pakistaner wie Amerikaner, würden das Land befrieden und mit ihrer Hilfe ließen sich auch lukrative Erdöl- und Erdgasleitungen durch die zerklüftete Bergregion legen. Hekmatyar sagte die islamistische Ideologie der Taliban durchaus zu, aber sie waren seine Konkurrenten um die Macht. Er floh ins Exil nach Teheran. Dort knüpfte er, fünf Jahre lang von den iranischen Herrschern geduldet, geheime Kontakte in die Nachbarländer und auch in die alte Heimat.

Im Oktober 2001 kündigte er mir bei einem Interview in seinem erstaunlich bequemen Exil dann die Rückkehr aufs Schlachtfeld an: »Lassen Sie sich von der Stärke meiner Truppe überraschen.« Auch eine Allianz mit seinen früheren Bezwingern, den Taliban, wollte der wendige Opportunist nicht ausschließen: »Wenn Bomben auf Afghanistan fallen, dann sind wir alle Antiamerikaner. Und nebenbei – ich kenne und schätze Osama Bin Laden, er war schon immer ein guter Kumpel und Finanzier unserer gemeinsamen Sache.« Einige Monate später war Hekmatyar aus Teheran verschwunden. Amerikanische Experten identifizierten ihn im Frühjahr 2002 als Organisator mehrerer Terrorüberfälle in Kabul und Kandahar. Hat der Paschtune Hekmatyar tatsächlich den Schulterschluss mit al-Qaida-Terroristen und untergetauchten Taliban gewagt, agiert er auf eigene Faust – womöglich auch aus der Grenzstadt Peschawar?

Nein, das Green's ist für den berühmt-berüchtigten Mudschahed wohl zu riskant. In seinen bevorzugten Treffpunkt von Peschawar dürfte Gulbuddin Hekmatyar kaum zurückkehren; dabei kennt er in dieser Stadt, in der er seine islamischen Studien abschloss, seine Kommilitonen aufhetzte und den Trupp Hezb-i-Islamye zusammenstellte, jeden Winkel. Aber vielleicht schickt Hekmatyar Leute von hier los. CIA und FBI haben jetzt begonnen, im Kampf gegen al-Qaida-Chefs intensiv mit den pakistanischen Behörden zusammenzuarbeiten und konnten in den Städten Karatschi, Lahore und Faisalabad Spitzenleute des Terrornetzwerkes abfangen. In die North-West Frontier Province und deren Hauptstadt Peschawar allerdings wagen sich nach wie vor wenige amerikanische Agenten – Experten halten das für einen Fehler. Denn hier laufen nach wie vor viele Fäden zusammen.

»Geheimdienstoperationen gegen Bin Laden und al-Qaida ohne den Standort Peschawar sind wenig durchschlagend«, sagt der ehemalige CIA-Mann und Counterterrorist Operative Marc Gerecht. »Ich sehe allerdings nicht, wie wir in dieser zentralasiatischen Dodge City wirksam operieren könnten. Unternehmungen, bei denen Frauen monatelang außer Reichweite sind und täglich Diarrhö droht, scheitern bei uns regelmäßig. Die wenigen CIA-Agenten, die Paschtu sprechen, machen es sich lieber in der Zentrale von Langley bei Kaffee und Kuchen bequem.«

Immer noch ist von meiner Verabredung nichts zu sehen: Der Pirat glänzt durch Abwesenheit.

Stattdessen schlendern einige abgerissen aussehende Journalisten ins Hotel. Alle noch keine dreißig, speckige Fotografenjäckchen mit vielen Taschen, gut sichtbar herauslugende Notizbücher: Greenhorns im Green's. Als Freelancer haben sie wenig Geld, aber oft viel Wagemut, manchmal zu viel für diese Weltgegend. Sie unterhalten sich angeregt, Gesprächsfetzen dringen vom Nachbartisch herüber. »Hast du schon gehört, im Grenzgebiet sollen wieder Bin-Laden-Anhänger gefasst worden sein … Wahrscheinlich ist der große Boss auch noch hier irgendwo – oder wieder in der Heimat, an der saudisch-jemenitischen Grenze, sagen meine Quellen … In Peschawar gibt's demnächst wieder Terror, der Mann, den sie Chamäleon nennen, soll ausgebrochen sein, der legt Bomben immer in Eselskarren und jagt sie auf Märkten hoch ... In der Opiumhöhle am Banjara-Basar sollen die Händler jetzt unsauberen Stoff verkaufen, um vor allem die Ausländer reinzulegen. Passt bloß auf, denkt an Carlos ...«

Carlos, sie meinen Carlos Mavroleon: Ich habe ihn gekannt. Er war keiner von diesen unerfahrenen Journalisten, die sich gelegentlich in Peschawar und im Green's herumtreiben. Ganz im Gegenteil. Er war das, was man im angelsächsischen Journalismus einen »shithole specialist« nennt, er ging überall dahin, wo es brannte und besonders unerfreulich werden konnte. Sein bevorzugtes shithole war Afghanistan – und gelegentlich wechselte er auch die Seiten, wurde vom Beobachter zum Mitkämpfer. Carlos war ein Enthusiast für vernachlässigte Minderheiten, ein Anwalt der Unterdrückten, ein nach der wahren, guten Sache Suchender. Ein Idealist, zu allem bereit. Das war sein Leben – und wahrscheinlich auch sein Todesurteil.

Im Greene's war Carlos Stammgast. Er mochte, dass die Angestellten im Hotel keine Fragen stellten. Meist hielt sich der Mann mit dem Aussehen eines Filmstars – schwarze, lockige Haare, groß, schlank – auch von Kollegen fern, ein Einzelgänger, der sich selten, und dann nur berauscht, anderen öffnete. Dabei konnte er von einer ganz und gar erstaunlichen Karriere berichten: Carlos Mavroleon, Jahrgang 1958, Sohn eines griechischen Reeders und eines britischen Models, war Erbe eines Zweihundert-Millionen-Dollar-Vermögens und Eton-Zögling. Er war Kriegskorrespondent und aktiver Mudschaheddin-Kämpfer, Wall-Street-Broker und Liebling der Londoner Highsociety, Freund des Kennedy-Clans und Bodyguard eines paschtunischen Stammesältesten.

Anfang August 1998 hatten Terroristen die amerikanischen Botschaften in Kenia und Tansania angegriffen; über 250 Menschen kamen ums Leben. Nachdem CIA-Experten Terroristen aus den al-Qaida-Lagern Afghanistans als Tatverdächtige ausgemacht hatten, ordnete US-Präsident Bill Clinton Raketenangriffe auf die Bin-Laden-Stützpunkte an. Das shithole Afghanistan rückte nach Jahren des Schattendaseins wieder in das Blickfeld der Weltpresse. Experte Carlos, nicht gerade von Aufträgen verwöhnt, wurde von mehreren Zeitschriften und TV-Sendern um eine Exklusivreportage gebeten. Er entschied sich für das Angebot der amerikanischen Fernsehstation CBS, flog mit der Emirates First Class über London und Dubai nach Peschawar. Nach Recherchen seines Freundes Jason Burke vom Londoner *Observer* checkte Carlos am Sonntag, dem 23. August 1998 in seinem Lieblingshotel ein. Da hatte er noch vier Tage zu leben.

Alle Kollegen wussten, dass Carlos an Drogen nahm, was er in die Finger kriegen konnte: Speed und Ecstasy, Hasch und Opium. Aber seine besten Kumpels wie Burke waren fest davon überzeugt, dass Carlos seine Sucht kontrollieren konnte und schon aus reiner Lebenslust und beruflichem Ehrgeiz nie in die Gefahr geraten würde, eine Überdosis zu nehmen oder sich gar den goldenen Schuss zu setzen. Andererseits glaubten auch einige seiner Kollegen, die ihn zuletzt im Greene's sahen, dass er den CBS-Auftrag als eine letzte Chance sah, sich einen großen Namen im Journalismus zu machen – und dass er an seinen eigenen Anforderungen dann zerbrach. Oder fiel er doch einem Mordanschlag zum Opfer?

Carlos kannte in Peschawar eine ganze Reihe wichtiger Paschtunen-Führer, auch solche mit guten al-Qaida-Connections. Und er konnte Paschtu sprechen. Als der britische Journalist nach einer Reportage im Kollegenkreis ein Jahrzehnt zuvor seinen Entschluss verkündet hatte, aktiv bei den Mudschaheddin mitzumachen, lachten die meisten nur: eine neue Marotte des flamboyanten »Bluey«, wie sie ihn nannten. Doch Bluey meinte es verdammt ernst. Er war 1988 für Monate untergetaucht, die AK 47 geschultert; einmal hatte ihn ein Fernsehteam in den afghanischen Bergen gefilmt. »Mein Name ist jetzt Karimullah«, sagte Carlos damals in die Kameras. »Alle Kommandanten sind zusammengekommen, wir planen einen Angriff auf die Stadt Dschalalabad. Ich bin stolz darauf, mit meinen Brüdern als Mudschahed zu kämpfen. In London habe ich gegen die russischen Besatzer angeschrieben, nun habe ich die Feder gegen das Schwert getauscht. Allahu Akbar, Gott ist groß.«

Wie so vieles in seinem Leben, blieb der Kampf für Carlos nur eine Episode. Er hatte sich bald wieder rastlos aufgemacht zu neuen Ufern. Tauchte von neuem ein in die Welt des geliebt-gehassten Jetset. Wechselte Freundinnen wie Hemden und Autos wie Spielzeug. Mal wurde er im Pierre an der Seite einer Kennedy-Verwandten gesehen – New York war seine Stadt, seit er als junger Börsenmakler seine ersten Geschäftserfolge gefeiert und seine erste Nase Kokain geschnupft hatte. Mal hielt er im Claridge's die Hand eines Starlets – London war seine Stadt, seit er die Fleet Street und die Fleet Street ihn entdeckt hatte. Freunde sagen, er sei danach immer auf der Jagd nach dem großen Scoop gewesen, nach der totalen Selbstbestätigung. Als Beduine verkleidet versuchte er 1991 beim »Desert Storm« über die kuweitische Grenze in den Irak einzudringen, was scheiterte und zu seiner vorübergehenden Inhaftierung führte. Später schaffte er es, unter Lebensgefahr aus Somalia zu berichten, aus dem Sudan, aus Ruanda: ein Fachmann für Völkermord.

Doch Carlos fand es immer schwieriger, seine Geschichten als Freelancer an den Mann zu bringen – was der Weltpresse oder vielmehr ihren Chefredakteuren fehlte, waren nicht sensible Frontberichte, sondern spektakuläre Exklusivmeldungen. Beispielsweise von einem Treffen mit Osama Bin Laden, den die Amerikaner nach den Botschaftsattentaten 1998 zum Chefterroristen der Welt erklärt hatten.

Burke vom *Observer*, der Carlos' letzte Tage in Peschawar recherchiert hat, berichtet von Telefongesprächen des Freundes mit seiner neuen Verlobten, einer 26-jährigen Londonerin, und mit seinem Vater, beschwichtigenden letzten Worten: »Macht euch keine Sorgen.« Es gibt wenig Zweifel, dass Carlos versucht hat, über seine alten Mudschaheddin-Kontakte an Bin Laden heranzukommen. Am Tag nach seiner Ankunft im Green's mietete er einen Toyota Pick-up und fuhr über Umwege durch Stammesland in zwei Tagen nach Miram Shah unmittelbar an der afghanischen Grenze. Dort hielten sich, wie er wusste, viele Taliban versteckt, wohl auch Bin Ladens Vertraute. Sie sollten ihn hinüber nach Afghanistan schleusen, zu den bombardierten Lagern, möglichst zum Qaida-Chef selbst.

Ob ihn ein alter Freund verraten hat oder ob er den Agenten des pakistanischen Geheimdienstes durch seine vielen Fragen auffiel, wird wohl immer unklar bleiben. Jedenfalls wurde Carlos festgenommen, stundenlang verhört, in das verrottete Gefängnis des Grenzorts gesperrt. Sein Mietwagen wurde beschlagnahmt. Sie steckten ihn nach einer harten Nacht in einen Bus Richtung Peschawar, warnten ihn vor neuen Recherchen.

Am 27. August 1998 checkte Carlos Mavroleon wieder ein im Green's. Er muss deprimiert gewesen sein: keine Chance mehr auf einen Scoop. Ob er so verzweifelt war, dass er sich deshalb mit Selbstmordgedanken trug, ob er seinen Rauschgiftkonsum in dieser Nacht nicht mehr richtig einschätzen konnte, das alles bleibt wohl für immer unklar. Jedenfalls wurde der britische Journalist noch einmal am späten Abend von Kollegen auf der Straße gesehen, die ihn »als ziemlich zugedröhnt« beschrieben. Offensichtlich unter Drogen prahlte er mit seinen Abenteuern im Knast und mochte sich über seine Erlebnisse ausschütten vor Lachen. Dabei zeigte Carlos den Ausschnitt einer lokalen Zeitung vor, die ihn als »britischen Spion« beschrieben hatte. Dann ging er ein letztes Mal in Richtung Green's.

Tags darauf versuchten seine Auftraggeber von CBS Carlos zu erreichen, besorgt darüber, dass er sich nicht gemeldet hatte und auf seinem Satellitentelefon nicht erreichbar war. Sein Zimmer wurde aufgebrochen: Carlos Mavroleon saß leblos auf dem Bett, Oberkörper nackt, die Heroinspritze noch in den Adern. Die nahe Polizeistation an der Saddar Street stellte schnell den Totenschein aus: »Überdosis (selbst zugefügt)«, stand darauf.

War wohl so, sagten die meisten Journalisten, die Carlos kannten. Er wusste, wo er sich das Zeug in Peschawar besorgen konnte, er brauchte in dieser Nacht wohl den alles vergessen machenden Kick. Kann nicht so gewesen sein, meinten andere. Carlos konnte mit Drogen umgehen und wurde in Peschawar nach seiner Rückkehr von der Grenze sicher von pakistanischen Agenten, von Bin-Laden-Leuten, von paschtunischen Stammesältesten überwacht: Hätten sie ihn nicht beim illegalen Drogenkauf verhaftet? Könnte nicht einer von denen ins Hotel eingedrungen sein, dem schlafenden Reporter das Zeug gespritzt haben, Mord statt Selbstmord? Und wenn ja, was wusste Carlos so Wichtiges?

Konspirationstheorien blühen in kaum einem Ort der Welt so wie in Peschawar, in kaum einem Hotel so wie im Green's. Die Angestellten wurden nach dem Todesfall im Sommer 1998 wieder und wieder von den Polizeibehörden verhört und dann noch einmal vom Geheimdienst. In Sachen Carlos sind alle eingeschüchtert und wollen keine Auskunft geben. »Die Akte ist geschlossen«, hat mir Ahmed erst gestern gesagt, der Kellner, der am längsten im Haus ist. »Ich kann nur allen raten, die Geschichte ruhen zu lassen. Man soll nicht die falschen Geister wecken.«

Die Journalisten am Nebentisch sind gegangen, auch die Versammlung der Paschtunen-Älteren im Hof des Green's ist aufgelöst. Wo bleibt der Pirat? Mein Gesprächspartner scheint mich versetzen zu wollen.

Noch immer ist die Luft heiß und trocken. Vielleicht könnte mir Ahmed ein Bier besorgen, jetzt, da wir allein sind, im unauffälligen Dunkel des Restaurants servieren. Der Kellner bedauert. »Die Sitten im Green's sind strenger geworden«, sagt er. Also werde ich ins luxuriöse Pearl Continental gehen und unter Vorlage meines Passes einen Schein ausfüllen müssen, bestätigen, dass ich kein Muslim bin, bevor mir für sechs Dollar eine Flasche Beck's gereicht wird. Oder in den sterilen Amerikanischen Club. Nicht an jede Droge kommt man in Peschawar so leicht heran wie an Heroin.

Als Ahmed Tee nachschenkt und sichergestellt hat, dass uns keiner beobachtet, flüstert er: »Auf der anderen Straßenseite gegenüber dem Green's steht ein Mann an einem Eselskarren und verkauft Limonade. Der stand da bisher nie. Achten Sie auf Eselskarren, ein Mann namens Chamäleon soll da Bomben verstecken.« Gerüchte machen hier offensichtlich schnell die Runde; ebenso wie vage Warnungen – diese haben schon die Kollegen kolportiert. Der Stadtrat von Peschawar hat jetzt übrigens überall in den Hotels, auch am Eingang des Green's, ein Schild anbringen lassen, auf dem Journalisten vor »unbewachten Ausflügen in die Umgebung, aber auch in die Altstadt von Peschawar« gewarnt werden. Diese fänden »auf eigene Gefahr« statt. Als ob es je anders gewesen wäre.

Weiter warten auf den Piraten. Ich blättere in meinen mitgebrachten, schon leicht zerfledderten Büchern. In seiner »Story of the Malakand Field Force« hat Winston Churchill 1898 geschrieben: »Die Paschtunen-Stämme sind immer in öffentliche und private Kriege verwickelt. Jeder Mann ist ein Krieger, ein Politiker, ein Theologe. Jede Familie pflegt ihre Vendetta, jeder Clan seinen Rachefeldzug. Nichts wird jemals vergessen, und sehr wenige Schulden bleiben unbeglichen.«

In einem anderen Buch schildert die amerikanische Anthropologin Cherry Lindholm (»Frontier Perspectives«) ihre jetzigen neunmonatigen Erfahrungen bei einer Paschtunenfamilie. Sie lesen sich erstaunlich ähnlich. »Es geht um drei Dinge, die auf Paschtu alle mit dem gleichen Buchstaben beginnen: um ›zan, zar, zamin‹ – Frauen, Gold und Land. Bei dem permanenten und oft gewalttätigen Kampf um Macht werden nur zwei Typen unterschieden, die Schwachen und die Starken. Die Starken verschaffen sich Macht und Prestige durch Aggression, Stolz, Mut und Selbstbezogenheit, sie müssen die Kunst der Manipulation und der Intrige beherrschen – vor allem aber dürfen sie keinem vertrauen.« Ehemänner, die ihre Frauen nicht verprügelten, würden als »Männer ohne Schwanz« abgestempelt, berichtet die Wissenschaftlerin aus ihrer Erfahrung im Dorf. Und das wolle sich keiner nachsagen lassen.

»Es tut mir Leid, dass ich mich verspätet habe«, sagt Ahmed Ratib Popal alias der Pirat. Er ist so leise ins Hotel hereingekommen, dass ich als Erstes seine Stimme höre.

Wir umarmen uns, wie es Landessitte ist. Er setzt sich, die Green's-Angestellten bringen schnell und geradezu ehrfürchtig Tee und Süßigkeiten; entweder kennen sie ihn oder sie achten ihn wegen seiner Kriegsverletzungen (die zählen hier als Ritterschlag, gleichgültig, unter welchen Umständen sie zustande gekommen sind). Wie aus einem Spionagethriller oder Hollywood-Gruselfilm entsprungen wirkt der Pirat. Schwarze Klappe über dem Auge, verstümmelte Finger rechts, fleischfarbene Handprothese links. Schwarz ist der lange Bart, eine runde, braune Kappe bedeckt den kantigen Schädel, ein weiter Umhang spannt sich über den starken, massigen Körper. Ein bisschen was hat er von Dr. No, ein wenig von Mosche Dajan – und wirklich viel von einem Freibeuter.

Eine merkwürdige Vorgeschichte verbindet uns, ereignet hat sie sich in Aschgabad, Hauptstadt des Afghanistan-Nachbarlands Turkmenistan. Als ich dort im Dezember 2000 im Sheraton-Hotel auf ein Interview mit dem Präsidenten wartete, hatte mich nachts ein mysteriöser Anruf eines Kontaktmanns erreicht – ob ich nicht einen besonders intimen Kenner der Taliban-Führung treffen wolle. Eine Fahrt durch die Nacht. Ein anderes Hotelzimmer. Ein geheimnisvoller Gastgeber: der Pirat.

Er zog damals, wie ich staunend beobachtete, sehr geschickt mit seinen zwei funktionierenden Fingern eine Visitenkarte aus der Tasche: »Ahmed Ratib Popal, Präsident der Emaan Trading and Consulting«, Geschäftsadressen in Aschgabad und Kabul. Nun war der Handel von Afghanistan mit Turkmenistan in Taliban-Zeiten auf ein Minimum geschrumpft, von florierenden illegalen Drogendeals einmal abgesehen. Wo lagen also Herrn Popals Interessen? Er erzählte damals vage von einer Düngemittelfabrik in Aschgabad und von einem Metallbetrieb in Kabul, die sich in Familienbesitz befänden und expandieren wollten. Er sei in Turkmenistan aber primär in Sachen »Consulting« unterwegs, als politischer Berater. Vertreter der Taliban und der Nordallianz versuchten bei einem letzten inoffiziellen Treffen unter Vermittlung der UNO Kompromisse zu finden, Gemeinsamkeiten auszuloten.

Popal hatte damals von einem Misserfolg gesprochen. Die Taliban verstünden die Welt nicht, die Welt verstünde die Taliban nicht. Manche in Kabul seien in der Tat unverbesserliche Religionsfanatiker, aber andere in der Regierung seien moderat, »gute Freunde von mir, ich könnte ein Treffen mit ihnen arrangieren«. Und dann hatte er noch einen Minister in seinen Zwanzigern erwähnt, wie so viele ein ungebildeter Dörfler; dem bringe er gerade erfolgreich Computerkenntnisse bei, »und jetzt surft der Tag und Nacht im Netz«. Einem anderen Minister gebe er Englischstunden. »Manche Taliban-Führer sind lernfähig und durchaus aufgeschlossen für den Westen«, hatte Popal im Dezember 2000 in Aschgabad gemeint und mir in seinem Hotelzimmer ein Bier bestellt. »Die Bewegung der Koranstudenten ist kein monolithischer Block, und ob sich die Fundamentalisten auf die Dauer durchsetzen, ist noch keineswegs ausgemacht.«

Mehrfach hatte ich dann versucht, den mysteriösen Politikberater zu kontaktieren. Monatelang aus Kabul keine Antwort; aus Aschgabad nur Vertröstendes: »Ratib Popal ist immer unterwegs. Aber wenn er es versprochen hat, wird er sich bestimmt bei Ihnen melden.« Der Kontakt war abgerissen. Erst nach den Terroranschlägen vom 11. September 2001 tauchte der Geheimnisvolle wieder auf – weltweit sichtbar auf allen Fernsehschirmen. Er dolmetschte vor laufenden Kameras in Islamabad für den Botschafter der Taliban-Regierung. Da Pakistan in diesen Wochen der einzige Staat war, der die Mannschaft um Mullah Omar als Vertretung Afghanistans anerkannte, kam den Pressekonferenzen besondere Bedeutung zu: Diplomat Abdul Salam Saif und der einäugige Mann an seiner Seite, der viele Antworten vorzugeben schien, waren der Kontakt der Taliban zur Außenwelt.

Als die selbst ernannten Gotteskrieger dann gestürzt waren, blieb nur der Pirat übrig. Er hatte den Journalisten, die sich für die kriegsgezeichnete Gestalt neben dem blassen Botschafter natürlich besonders interessierten, nie Auskünfte zu seiner Person gegeben. Man sah ihn noch hier und da, in Islamabad und Peschawar – stets schweigend. Wir verabredeten uns, als ich auf Umwegen seine Handynummer bekam. »Alten Bekannten darf kein Paschtune etwas abschlagen«, sagte er. Bei diesem Interview im November 2001 hatte Popal, der Taliban-Vertreter, in einer verblüffenden Kehrtwendung verkündet, es gebe nur einen, der Afghanistan retten könne: Hamid Karzai. Erst später fiel der Name auch im Westen; Karzai kam mit Unterstützung der USA ins Amt, wurde später von der Stammesältestenversammlung Loya Dschirga als Präsident bestätigt. Ein Taliban-Sprecher als Königsmacher im prowestlichen Afghanistan?

Wenn es nach der in London erscheinenden arabischen Zeitung *Al-Schark al-Ausat* geht, ist der Mann, der sich Popal nennt, etwas ganz anderes als ein Königsmacher: ein Terrorist. Der Mann mit der Augenklappe sei enttarnt, schreibt das Blatt, es handle sich um den Ägypter Mussa al-Jamal, geboren in Kuweisna, sechzig Kilometer nördlich von Kairo. Er sei vor sechzehn Jahren aus Ägypten geflohen, nachdem er eine Gefängnisstrafe wegen Beteiligung an der Ermordung des Staatspräsidenten Anwar al-Sadat abgesessen habe. In Afghanistan habe er gegen die Russen gekämpft und sich nach dem Sieg der Mudschaheddin den arabischen Kämpfern angeschlossen, die im Land blieben. Der angebliche Dolmetscher sei bis heute »einer der wichtigsten Männer um Osama Bin Laden«. Als Quelle dieser Anschuldigungen nennt das arabische Blatt ehemalige Nachbarn in Ägypten und einen Kommilitonen, der ihn »ganz sicher« auf dem Bildschirm identifiziert habe.

Ich reiche dem Piraten eine Kopie des Artikels. Er zeigt keine Regung. Aufmerksam studiert er das Papier, dreht es um, hält es gegen das Licht, als wolle er verborgene Wasserzeichen erkennen oder sonst eine geheimdienstliche Überprüfung vornehmen. Dann lässt er das Blatt sinken und seufzt. »So ein Unsinn«, sagt er. Dann stimmt auch nicht, was die Kollegen der Nachrichtenagentur Reuters erzählen, die ihn bei einem Essen mit dem ägyptischen Bin-Laden-Stellvertreter Aiman al-Zawahiri in Dschalalabad gesehen haben wollen? »Ich habe Zawahiri zweimal getroffen: Er stellte sich mir als Arzt vor, von seiner Funktion bei der Qaida und seiner Nähe zu Bin Laden wusste ich nichts«, sagt der Pirat – und fängt nun an von seinem »wirklichen« Leben zu erzählen.

Er sagt, er stamme aus dem Paschtunen-Geschlecht der Popalzai, gebürtig aus Kandahar. Er sei in Kabul aufgewachsen, beim Kampf gegen die sowjetischen Besatzer habe er sich die Kriegsverletzungen geholt und bei deutschen Ärzten in Hamburg (wo Verwandte leben) behandeln lassen. Zehn Jahre habe er dann in den USA gewohnt, hauptsächlich in New York. Die Ehe mit einer Amerikanerin sei gescheitert. Seine Rückkehr nach Afghanistan sei eine »Herzenssache« gewesen, als Geschäftsmann habe er manche Taliban-Minister gut kennen und einige auch schätzen gelernt.

Wie kam er zu dem Dolmetscherjob in Pakistan, warum entstand bei so vielen Kollegen wie auch bei mir der Eindruck, der Übersetzer hätte mehr zu sagen gehabt als der Taliban-Diplomat?

»Sie verstehen die Loyalitäten bei uns Paschtunen nicht, das, was wir ›Paschtunwali‹ nennen. Es bedeutet Recht auf Gastfreundschaft und Recht auf Rache, aber auch Verpflichtung gegenüber den Brüdern. Mich hat ein guter Stammesfreund aus der Taliban-Regierung gebeten, den Übersetzer zu spielen. Ich musste ihm den Gefallen tun, aber das heißt doch nicht, sich für alle Zeiten abhängig zu machen.« Und natürlich habe er, wo er konnte, mäßigend eingegriffen. Popal will immer wieder beim Taliban-Chef Mullah Omar interveniert, ihm dringend geraten haben, die »arabischen Scharfmacher um Osama Bin Laden« aus dem Land zu werfen. Aber Mullah Omar sei wie verhext vom Fanatismus seines saudi-arabischen Mentors gewesen.

Warum hat ausgerechnet er den ideologischen Taliban-Todfeind und Amerikanerfreund Hamid Karzai als neuen Regierungschef vorgeschlagen? »Ich vertraute ihm, weil er ein Paschtune ist und außerdem ein Angehöriger des Popalzai-Clans aus der Kandahar-Region. Meine und seine Familie kennen sich seit Generationen, Karzai ist mein Cousin.« Ein Freibrief für Karzai sei das nicht. Popal der Pirat macht kein Hehl daraus, dass er enttäuscht ist von den ersten Regierungsmonaten nach dem Sturz der Taliban. Er glaubt, dass Karzai Gefahr läuft, sich bei den Amerikanern anzubiedern und seine wahren Bindungen zum Volk der Paschtunen zu vernachlässigen. »Karzai hat sich von den Tadschiken der Nordallianz und dem Westen über den Tisch ziehen lassen. Die Paschtunen mit einem Bevölkerungsanteil von gut vierzig Prozent in Afghanistan sind innerhalb der Regierung klar unterrepräsentiert.«

Popal erzählt, er komme gerade aus Kabul zurück. Er habe Karzai getroffen und ihm in einer nächtlichen Diskussion von seinen Bedenken erzählt. Sein Cousin habe aufmerksam zugehört. »Aber möglicherweise fehlt ihm die Kraft, sich durchzusetzen. Dann allerdings ...« Er beendet den Satz nicht, nippt an seinem Tee. Neue Frontenwechsel sind offensichtlich nicht ausgeschlossen.

Geheimdienstkenner vermuten, dass der Pirat nur mit Hilfe der Amerikaner so frei zwischen Peschawar und Kabul reisen könne, dass er auch mit Washington seine Deals mache. Andere sagen, die Terrorkontakte des Geheimnisvollen seien nie abgerissen. Popal sei wirklich ein hoher al-Qaida-Mann, den die Amerikaner nur noch nicht gegriffen hätten, weil sie sich durch ihn mehr Informationen Richtung Bin Laden versprächen. »Aber ich will doch nur Geschäfte machen und sehen, dass meine Heimat wieder auf die Beine kommt«, sagt er geheimnisvoll lächelnd, als ich ihn mit solchen Theorien konfrontiere.

Wer ist der Pirat? Hat er das sinkende Taliban-Schiff verlassen und die Mullah-Omar-Connection gegen eine CIA-Connection eingetauscht? Oder schmiedet er im Green's Hotel hinter den Kulissen schon neue Ränke gegen den »Cousin« Karzai?

An manchen Plätzen der Welt ist es wohl besser, nicht nur eine Identität zu haben. Sondern, wenn nötig, in eine andere schlüpfen zu können – und wieder zurück. Überlebenswichtig allerdings ist zu wissen, wo und wie man welche Rolle spielt. Ständig auf der Hut sein, bereit für neue Allianzen und Loyalitäten, beobachten, belauern, gegebenenfalls zuschlagen: So ein Ort ist dieses Peschawar, so ein Hotel ist das Green's. Wenn es denn einen Traumplatz für Journalisten gibt, dann liegt er sicher hier.

Ob in dieser Weltgegend das Stimmungsbarometer auf Sturm steht, lässt sich beispielsweise bei den Geldwechslern auf dem Basar austesten. Bei Mustafa Hadsch etwa, dem einäugigen Greis und dreifachen Mekka-Pilger. Wenn sich der Kurs der afghanischen Währung bei ihm festigt, darf man für Karzai und Co. optimistisch sein; geht der Afghani-Wert in den Keller und die Scheine im Tausch für einen Dollar werden zu immer größeren Bündeln zusammengeschnürt, drohen große Probleme. Mustafa Hadsch ist übrigens bedingungslos für den Heiligen Krieg; sein Weltbild stammt aus der Zeit Mohammeds, aber er ist jederzeit über sein Motorola-Handy erreichbar.

Mal fällt in Peschawar die Elektrizität aus, mal stoppt das fließende Wasser, mal bricht nach einer gewalttätigen Demonstration die öffentliche Ordnung zusammen und es wird eine Ausgangssperre verhängt. Manchmal mögen auch einige Waren knapp werden. Nur an einer Ware herrscht nie Mangel: an Geschichten. Die meisten Storys aus der Peschawar-»Straße der Märchenerzähler« handeln vom Krieg und Tod und sind traurig. Manche handeln von Triumphen oder Schelmenstücken und sind lustig. Gelegentlich reicht der Humor bis zum Grab – so zu besichtigen auf dem Christlichen Friedhof an der Jamrud Road, wo auf einem überwachsenen Stein die Inschrift steht: »Hier ruht Captain Ernest Bloomfield. Vom Adjutanten versehentlich erschossen am 2. März 1879. Gut gemacht, treuer Diener.«

Das unscheinbare Green's Hotel werden auch in Zukunft alle besuchen, die hier am Schnittpunkt zwischen dem indischen Subkontinent und Afghanistan etwas ausrichten wollen: Spione und Söldner, Schmuggler und Stammesfürsten; Militärberater und Menschenrechtler; Diplomaten und Dichter. Sie werden lauschen und herauszukriegen versuchen: Künden die Gewehrsalven von dem Freudenfest einer Hochzeit – oder sind sie Vorboten einer blutigen Auseinandersetzung? Manche werden sich auch nur in die Nähe des Peschawar-Treffpunkts begeben, das Green's aufmerksam überwachen, wie einen Seismografen. Der Dinge harren, die da passieren, die Menschen im Auge behalten, die sich da herumtreiben.

Der Mann, den sie Chamäleon nannten und der seinen Eselskarren so auffällig gegenüber dem Hoteleingang geparkt hatte, dürfte für eine Weile nicht mehr dabei sein. Er ist verschwunden. Am Tag nach meinem Rendezvous mit dem Piraten und den Warnungen der Journalisten wie des Hotelpersonals ging beim Green's eine Bombe hoch. Der lokalen Presse war es nur ein paar Zeilen wert, drei Leichtverletzte durch herumfliegende Glassplitter. »Vermutlich galt der Anschlag einem paschtunischen Verräter«, hieß es lapidar im Polizeireport. Und: »Der Sprengsatz war in einem Eselskarren versteckt.«

HOTELBEWERTUNG:

NOSTALGIEFAKTOR: *
LUXUSFAKTOR: *
WOHLFÜHLFAKTOR: **
PREIS-LEISTUNGS-FAKTOR: ****
ADRENALINSTOSS-FAKTOR: *****

Adresse:
Green's Hotel
Saddar Road,
Peschawar, Pakistan
Telefon: 009291-270182/3
Fax: 009291-276088
E-Mail: peshawar@mmdk.com.pk

Zimmer:
Einzelzimmer ab 20 US-Dollar,
Doppelzimmer ab 30 US-Dollar
inklusive Steuern und Frühstück

Adlon, Berlin

Des Kaisers gute Stube

Mit dem Adlon am Brandenburger Tor bekam Berlin 1907 sein erstes Grandhotel und feierte den Aufstieg zur »Weltstadt«. Mit den Nazis kam der Untergang. Was die DDR nicht schaffte, gelang nach der Wiedervereinigung: ein prächtiger Hotel-Neuaufbau im alten Stil. Zu viel der Nostalgie?

»Sichern Sie sich jetzt Ihren persönlichen Anteil an diesem prominenten Stück Deutschland«, heißt es in der Zeitungsanzeige der Fundus Fonds-Verwaltungen GmbH. »Noch können Sie Miteigentümer am Hotel Adlon werden, diesem Immobilien-Juwel in bester Hauptstadtlage, dieser Legende, die an ihre traditionsreiche Erfolgsgeschichte anknüpft!«

Auf Anfrage erhalte ich ein freundliches Schreiben von Anno August Jagdfeld, dem Kölner Fundus-Geschäftsführer. Er verweist mich an Siegmund Freiherr von Schleinitz, seinen regionalen Vertreter, der mich in allen Fragen zur Adlon-Investition beraten werde. Der Repräsentant bietet sogar an, in meine Wohnung zu kommen – ein Freiherr frei Haus, sozusagen –, aber das will ich dann doch nicht. So treffen wir uns in einem Hamburger Café, wo der Fundus-Mann seine Prospekte ausbreitet.

Herr von Schleinitz erweist sich als ein kompetenter und geschickter Sachwalter des »prominenten Stück Deutschlands«. Er ist keiner, der anderen etwas aufschwatzt. Er ist von der Qualität seines Produkts überzeugt. Er sagt, dass man die Investition ins Adlon unter mehreren Gesichtspunkten sehen könne. Einmal unter rein geschäftlichen, da sei eben ein

Immobilienbesitz in diesen Zeiten eine der wenigen sicheren Anlagen. Die renommierte Kempinski-Hotelgruppe betreibe das Hotel auf der Basis eines Pachtvertrags (festgelegt bis Ende 2017), die Eigenkapitalquote betrage stolze siebzig Prozent, mehr als viertausend Einzelpersonen hätten sich schon ihren Hotelanteil gesichert; die meisten in der ersten Tranche vor sechs Jahren, aber auch die zweite und letzte aus dem Jahr 2002, zur Hotelerweiterung genutzt, sei nun schon fast ausverkauft. »Solide Rentabilität und beste Aussichten auf Wertzuwachs«, verspricht der Freiherr bei einer Mindestanlage von 25.000 Euro plus fünf Prozent Agio. Was ihn besonders optimistisch mache, sei die einmalige Lage des Adlon am Brandenburger Tor. »Das Holocaust-Memorial in unmittelbarer Nachbarschaft wird nach seiner Fertigstellung noch eine zusätzliche Touristenattraktion werden und Leute ins nahe Hotel ziehen«, sagt der Geschäftsmann. »Man muss das mal ganz nüchtern sehen.«

Und dann ist da noch der »emotionale Wert, der Nostalgiefaktor«. Schließlich hat kein anderer als Kaiser Wilhelm II. 1907 das Hotel eröffnet, legendär sind Hotelgäste wie Marlene Dietrich, Charlie Chaplin und Thomas Mann, die berühmten Tanztees und die rauschenden Feste in den Räumlichkeiten, die als »Empfangssalon Berlins« galten. Für mindestens die Hälfte der Kunden spielt dieser Gesichtspunkt nach Einschätzung des Freiherrn von Schleinitz eine Rolle. Seine noble Klientel wisse sehr wohl um die besondere Bedeutung des Hauses in der Geschichte Deutschlands. Sie nutze das Hotel, »ihr« Hotel, auch immer wieder zu privaten Besuchen, um den nostalgischen Touch und den Luxus (nebst der kleinen Eigentümerprivilegien wie einem Zimmer-Upgrade nach Verfügbarkeit) ihrer Trophy-Immobilie zu genießen. Und um die Einhaltung der hohen Standards im »unumstrittenen deutschen Hotel Nummer eins« zu überprüfen, in dem erst jüngst die beiden amerikanischen Präsidenten Bill Clinton und George W. Bush sowie die Königlichen Hoheiten Silvia und Karl Gustav von Schweden und der Kaiserliche Prinz von Japan gewohnt haben.

Adel verpflichtet. Adlon verpflichtet. So war das schon immer. Nicht immer aber hatte das für alle die gleiche Bedeutung.

Die Roaring Twenties – waren die angeblich so goldenen Zwanziger in Wahrheit nicht unbeschwerte Glanzzeit für nur extrem wenige, verband sich mit dem Luxushotel nicht bereits vor dem Ersten Weltkrieg deutsche Großmannssucht? Die dreißiger Jahre – hatte nicht auch dieses bei den Nazis wenig beliebte Hotel die Hakenkreuzflagge gehisst, SS-Führer in seinen Hallen willkommen geheißen? Der Untergang im Krieg, das dürftige DDR-Dasein des einen, nicht abgebrannten Flügels als VEB Hotel Adlon garni – war das alles nicht weit mehr als nur eine nach der Wiedervereingung weggewischte Episode?

Als das berühmte Grandhotel von Berlin dann in altem Glanz wieder aufgebaut und am 23. August 1997 von Bundespräsident Roman Herzog neu eröffnet wurde, da klagten manche Kritiker, das neue Adlon lehne sich mit seiner Architektur gar zu sehr an das alte an statt einen radikalen Neuanfang zu wagen. So viel Nostalgie, so viel Kontinuität, so viel fortgeschriebene Legende vertrage das neue Deutschland nicht, schon gar nicht an dem von düsterster deutscher Geschichte geprägten Pariser Platz. Von »restaurativem Geist« und einem »gespenstischen Wiedergänger« war die Rede.

In der warmen Sommernacht im Juni 2003, als wir unseren bisher letzten Adlon-Besuch starten, ist allerdings rein gar nichts von bleierner historischer Schwere oder der sprichwörtlichen Berliner Übellaunigkeit zu spüren. Skateboarder veranstalten am Prachtboulevard Unter den Linden ihre atemberaubenden Rennen, junge Damen jauchzen, junge Männer jubeln, wenn sie abheben und förmlich über den Platz zu schweben scheinen. Durch das Brandenburger Tor, für den Autoverkehr gesperrt, bummeln Fußgänger. Bei Tucher schräg gegenüber dem Hotel sitzen die Gäste draußen und schlürfen – wie beim billigeren Starbucks einige Häuser weiter – ihren Eiskaffee. Auch in der neu eröffneten französischen Botschaft mit ihren seltsamen Fenstern scheint ein Fest stattzufinden. Berlin: ausgelassen, unbeschwert, fröhlich. So als wolle es sein Recht einfordern, eine Stadt zu sein wie jede andere.

Unter den Linden 1, lautete früher die Adresse des Adlon; durch postalische Neuregelungen hat das Hotel an derselben Stelle nun die Hausnummer 77. Im wiedervereinigten Deutschland aber hat die Umgebung an Bedeutung eher noch gewonnen: Die britische Botschaft ist praktisch in den Adlon-Gebäudekomplex integriert und wird von den gerade erst eröffneten Hotelerweiterungsbauten Residenz und Palais eingerahmt. Die neue amerikanische Botschaft dürfte bald nebenan entstehen, neben der DZ-Bank und der Akademie der Künste. Und vom Eingang des Adlon aus, wie von vielen Zimmern, hat der Gast einen eindrucksvollen Blick hinüber zum Reichstag.

Im Sommer stellt auch das Adlon Tische nach draußen, erweitert sein Restaurant Quarré durch einen Service auf der Terrasse. So kann, wer ankommt und über den roten Teppich – zwangsläufig wie ein Staatsgast – durch die Eingangstür schreitet, schon einmal einen Blick auf die angebotenen Spezialitäten von der Ente à la Adlon bis zum speziellen Adlon-Kaiser-Cup-Cocktail (Gin, Cointreau, Grenadine und Zitrone) werfen. Das sechsstöckige Haus, das mit seiner gelblichen Fassade und dem kupfergrünen Dach von außen eher schlicht wirkt, überwältigt dann im Inneren mit seiner prachtvollen Lobby und der angeschlossenen plüschigen Bar. »Geschüttelt oder gerührt« – die Alternative gilt für den Drink wie für den Gemütszustand des Gastes nach seinem ersten Rundblick.

Während die einen von den eleganten Säulen, den Pendelleuchten aus Alabaster, den kunstvoll mit blattgoldenen Intarsien ausgelegten Kassettendecken schwärmen und das Royalblau der großen Glaskuppel preisen, finden andere die Eingangshalle ein wenig überladen. Womöglich ist der Brunnen mit seinen Elefantendekorationen und dem angedeuteten chinesischen Dach in der Mitte der Halle der berühmte Tick zu viel – aber gerade dieser Brunnen hat eine besondere Tradition: Er stand ganz ähnlich im Goethehof des alten Hauses. Einige Teile wurden bei den Fundamentarbeiten gefunden und nun nach alten Bildern zum Ganzen restauriert.

Keine Diskussionen gibt es über die Wintergärten, auch sie ein Markenzeichen des Ur-Adlon: Die Wintergärten mögen alle. Mit ihren Carréfußböden aus schwarzem Schiefer und weißem Marmor, den Palmen und Korbsesseln erinnern sie bei einfallendem Sonnenlicht mit ihrem Charme und ihrer Leichtigkeit an Palasträume am Mittelmeer. Ebensowenig Kritik ist über die Restaurants zu hören, von den relativ preiswerten Adlon Stuben mit ihren Bouletten bis zum Gourmetrestaurant Lorenz Adlon. Und in den 336 lichten, großzügig geschnittenen und eingerichteten Zimmern des Hauses ist vom Faxgerät über bequeme Zusatzkissen (zur Auswahl auch Rosshaar und Dinkel) alles vorhanden, was man von einem Fünfsternehaus erwarten darf. Besonders von einem, das mehrfach zu den besten der Welt und vom amerikanischen *Time Magazine* im Jahr 2000 gar zum »Hotel des Jahrhunderts« gewählt wurde.

Nicht nur in der Architektur und im Ambiente weckt das Adlon – bei aller Modernität seiner technischen Einrichtungen – ständig Reminiszenzen an seine eigene Vergangenheit. Im Foyer sind zu kaufen: eine Tanztee-CD mit Adlon-Liedern aus den zwanziger Jahren, ein Video zur Hotelgeschichte vom Gründerurenkel Percy Adlon (dessen anderer Streifen »Out of Rosenheim« zum Kultfilm wurde), ein Buch der Vorkriegs-Hausherrin Hedda Adlon aus dem Jahr 1955 (Untertitel: »Das Berliner Hotel, in dem die Welt zu Gast war«), ein Adlon-Kochbuch mit alten Rezepten und einer hochinteressanten geschichtlichen Abhandlung des Historikers Diethelm Kaiser; ferner Adlon-Zigarren, Adlon-Schokolade, Adlon-Kaffee, Adlon-Tee, Adlon-Fruchtbonbons, Adlon-Aschenbecher, Adlon-Stift, Adlon-Kleidersack, Adlon-Stoffbär – alles mit dem alten Logo.

Lediglich die Adlon-Vereinigungsmassage ist unverdächtig, aus Gründerzeiten Kapital zu schlagen: Sie feiert jeweils den

3. Oktober, den Tag der deutschen Einheit, und ist dann den ganzen Monat verfügbar. Die Massage vereinigt – nun jedenfalls nicht das, was man sich denken könnte: nackte Ossis und Wessis, in einem Raum, schwitzend. Sondern laut Hotelbroschüre »Körper, Geist und Seele durch die Unterstützung einer wohltuenden ayurvedischen Behandlung«; Kostenpunkt 112 Euro, verabreicht in dem kleinen, aber feinen Spa (mit Swimmingpool und Sauna) im Untergeschoss des Hotels.

Lebt das Adlon zu viel in der Vergangenheit, durch die Vergangenheit? Könnte durch die Nostalgieversessenheit womöglich eine fatale politische Kontinuität transportiert werden? Der heutige Direktor jedenfalls ist so international, dass man sich im Hotel nicht einmal darauf einigen kann, ob sein Vorname italienisch oder doch eher französisch klingen soll: »Gianni« steht auf der Visitenkarte, »Jean« im Hotelprospekt. Herr Gianni-Jean K. van Daalen ist seit der Wiedereröffnung des Adlon im Jahr 1997 Hotelchef. Er sieht den schmalen Grat zwischen Rückbesinnung und Neuanfang, auf dem er wandeln muss. »Natürlich sind wir uns bewusst, eine Legende fortzuschreiben. Aber das heißt nicht, dass wir in Nostalgie verharren. Unser Adlon soll ein Schaufenster des heutigen Berlin sein und auch neue Traditionen begründen.«

Der gebürtige Mailänder mit deutschem Pass – und einer amerikanischen Ehefrau – hat an den US-Eliteuniversitäten Stanford und Cornell studiert, im Cavalieri von Rom als Trainee angefangen, im Mainzer Hilton als Direktionsassistent wichtige Erfahrungen gesammelt, dann in seinem ersten Chefposten den Nassauer Hof in Wiesbaden in die Spitzenklasse der deutschen Hotels geführt. »Zu neunzig Prozent« habe er das Adlon nach eigenen Wünschen geformt, sagt der resolute van Daalen, das seien »zehn Prozent zu wenig«. Der Topmanager ist ein Typ, der Fehler auf Meilenabstand erkennt und – sagen respektvoll seine Mitarbeiter – gerecht bis zur Gnadenlosigkeit auch ahndet; einer, den sicher viele gern als Kumpel hätten, vielleicht auch als Ratgeber. Nicht unbedingt als Chef, weil sie ahnen, dass er alles besser weiß.

So ein Typ muss auch der Hotelgründer Lorenz Adlon gewesen sein, den noch etwas mit dem heutigen Boss verbindet: Mainz hat beide in jungen Jahren beeinflusst – und wurde ihnen zu eng.

Für Lorenz, als sechstes Kind eines Schuhmachers 1849 in Mainz geboren, war es allerdings viel schwieriger, den Absprung in die große Welt zu finden. Zunächst einmal hieß es für den ehrgeizigen Jungen, im Pfälzischen einen Arbeitgeber von internationalem Ruf zu finden. Da kam eigentlich nur die Möbelfirma Bembé in Frage, die immerhin für die Inneneinrichtung des Berliner Reichstagsgebäudes (und später auch für die Möblierung des Luxusliners Titanic, einschließlich der Deckstühle) verantwortlich war. Lorenz absolvierte also eine Tischlerlehre. Er beteiligte sich danach an der Ausrichtung des Mainzer Karnevals, restaurierte Möbel für Herrenhäuser und bestückte das Ausflugslokal Raimundigarten am Rhein. Der Selfmademan interessierte sich besonders für die Gastronomie; da, erkannte er, lag das große Geld. Und wenn er konnte, verband er seine Interessengebiete. Bei der Weltausstellung in Amsterdam 1883 baute Lorenz Adlon das deutsche Restaurant und das internationale Weinhaus auf, so pünktlich wie fantasievoll. Er erhielt dafür in der Presse Lob als »kulinarisches Feldherrentalent«.

Er pachtete ein Hotel in Amsterdam, zog dann nach Berlin und kaufte das Restaurant Hiller, zentral gelegen am Boulevard Unter den Linden. Obwohl die Berliner eher an biedere Hausmannskost gewöhnt waren, wurde das französisch angehauchte Gourmetlokal schnell zu einem großen Erfolg. Lorenz Adlon war damit noch nicht zufrieden, mietete das Restaurantgelände am Zoologischen Garten, laut Historiker Kaiser seine nächste »Goldgrube«; mit einer »Samoa-Bombe auf Bismarck-Art« durfte sich das Publikum das neue koloniale Selbstbewusstsein des Deutschen Reichs sozusagen auf der Zunge zergehen lassen.

Um die Jahrhundertwende war Lorenz Adlon, der inzwischen auch noch eine Weingroßhandlung eröffnet hatte, in der

Reichshauptstadt als einer der erfolgreichsten Geschäftsmänner etabliert. Doch der Mainzer Schustersohn hatte noch ganz andere, hochfliegende Pläne: Er wollte erster Hotelier am Platze werden, Gründer und Chef eines Berliner Grandhotels. Zwischenzeitlich übte Adlon das Hotelgewerbe im gepachteten Berliner Hotel Continental am Bahnhof Friedrichstraße. Ort für sein »Adlon« aber konnte nur das Berliner Zentrum sein, der Pariser Platz am Brandenburger Tor. Ein Platz, der – trotz seines Namens – der preußischste, der deutscheste ist von allen.

Friedrich Wilhelm I. hat den Ausbau der Friedrichs- und Dorotheenvorstadt von Berlin um das Jahr 1730 mit großem Elan vorangetrieben. Doch mehr als zwei Drittel des preußischen Etats verschlangen allein die Kosten für sein Heer, die Kassen waren leer. So verfolgte der Soldatenkönig die Erweiterung seiner Residenzstadt »in recht eigenwilliger Manier«, wie der Historiker Eckhard Gruber schreibt. Er ließ eine Liste einigermaßen flüssiger »Baubewerber« zusammenstellen. Ihnen wies die Obrigkeit Grundstücke zu mit der Order, möglichst schnell darauf Häuser zu errichten. »Der Kerrl hat Geld, sol er bauen«, hieß der Leitsatz des Kaisers. Die meisten neuen Bauherren verschuldeten sich; das Gelände südlich und westlich des Stadtkerns war sumpfig, die Sicherstellung der Gebäude verschlang Unsummen. Dementsprechend schlicht fiel die Architektur aus – da waren keine Mittel mehr vorhanden für Giebelskulpturen und Kapitelle, wie sie bei den Barockbauten in süddeutschen Residenzen längst üblich waren.

Ein Ort allerdings durfte auf des Königs Wunsch keinesfalls in provinzieller Schlichtheit verkümmern: das »Quarré« (das 1814 zum Ruhme der gegen Napoleon siegreichen preußischen Truppen dann zum »Pariser Platz« umgetauft wurde). Es sollte zum Aushängeschild Berlins werden. Das Quarré bildete den Höhepunkt der mit Linden bepflanzten Hauptachse, die vom Stadtschloss, dem Zentrum des barocken Berlin, nach Westen hin verlängert wurde. Friedrich Wilhelm I. wollte, dass sich die Elite des preußischen Staates an dem viereckigen Platz ansiedelte. Auch diese Topmilitärs, Adeligen und Diplomaten wurden vom König unter Druck gesetzt. Aber sie erhielten nicht nur die Grundstücke umsonst, sondern bekamen noch großzügige Bauzuschüsse.

Es entstand ein architektonisch eindrucksvolles Ensemble von meist zweigeschossigen Barockhäusern. Ergänzt wurde es 1788 durch ein klassizistisches Bauwerk, das zum Symbol deutscher Geschichte werden sollte: das Brandenburger Tor. »Seine Lage ist ohnstreitig die schönste von der ganzen Welt«, schrieb sein Baumeister Carl Gotthard Langhans – und ließ damit schon einen Hauch dieses Größenwahns spüren, der später so verhängnisvolle Ausmaße annehmen sollte.

Das wohl schönste Anwesen am Platz war das Palais Kameke. 1798 übernahm Graf Wilhelm Jacob Moritz von Redern, der königliche Kammerherr des Prinzen Heinrich von Preußen, diesen Besitz. Gemeinsam mit seinem Bruder ließ er ihn vom berühmten Schauspielhaus-Architekten Karl Friedrich Schinkel nach dem Modell Florentinischer Stadtpaläste mit Renaissancemotiven umbauen. War es dieses Gebäude, das Lorenz Adlon bei seinen Spaziergängen durch Berlin inspirierte, oder nur seine ideale Lage? Wenig ist bekannt, wie der selbstbewusste Hotelier zu seiner Entscheidung fand – aber irgendwann, im ersten oder zweiten Jahr des 20. Jahrhunderts muss sie gefallen sein: sein Grandhotel Adlon, an dieser Stelle sollte es entstehen.

Bei all dem, was sich gegen das militaristische und oft so spießige Preußen sagen lässt: Der Pariser Platz war in seiner Geschichte nicht nur Domizil von Ministern und Militärs, sondern auch von Schriftstellern, Malern und Komponisten. Achim von Arnim schrieb am Platz seine romantischen Gedichte (in dem Haus, in das über ein Jahrhundert später die Akademie der Künste einziehen sollte), Giacomo Meyerbeer komponierte und lebte jahrelang in einem Palais an der Nordseite des Platzes, Max Liebermann malte in einem Anwesen direkt am Brandenburger Tor impressionischte Meisterwerke. Das Quarré strahlte Anfang des 20. Jahrhunderts einen Hauch von Liberalität und Lebensart aus; dabei half sicher, dass Franzosen, Russen und Engländer direkt am Platz oder in seiner unmittelbaren Nachbarschaft ihre Botschaften einrichteten. Nur eines bedeutete dieser Schuss von Kunst und Kosmopolitischem mit Sicherheit nicht: dass Berlin damals eine Weltstadt gewesen wäre.

In Paris, London und Amsterdam hatte, begünstigt durch die Weltausstellungen, ein regelrechter Boom für Luxushotels eingesetzt und die ohnehin schon vorhandene internationale Atmosphäre noch verstärkt. Für Berlin aber galt auch noch nach der Reichsgründung 1871, was der Dramatiker Karl Immermann eine Generation früher leicht überspitzt geschrieben hatte: »Berlin ist ein Ort, worin abends elf Uhr kein Mensch mehr auf der Straße zu sehen ist … ein Ort, worin man sehr viel lernen, aber wenig genießen kann.«

Nicht nur Lorenz Adlon glaubte, dass Berlins auch deshalb provinziell war, weil ihm ein Luxushotel fehlte, ein Etablissement, in dem sich die Mächtigen, die Schönen und die Reichen aller Kontinente mit den Berliner Größen treffen und austauschen konnten. Aber das (für ein Hotel viel zu kleine) Redern-Schinkel-Palais dafür abzureißen, in dessen Sälen sich schon Joseph von Eichendorff, Adalbert von Chamisso und Alexander von Humboldt zum Gedankenaustausch getroffen hatten – war das nicht ein Sakrileg? »Ein prunkvoller Hotelpalast im reichen Barockstil erscheint gerade für den schlichten vornehmen Charakter des Pariser Platzes als das allerungeeignetste«, warnte 1905 das *Berliner Tagblatt.* Denkmalschützer schlossen sich dem Protest an, als die Pläne des Hotelprojekts durchsickerten. Die Familie Redern nannte das Palais nebst Grundstück zunächst »unverkäuflich«, obwohl sie zugeben musste, dass ihr – durch Spielschulden eines schwarzen Schafs in der Familie – das Geld für dringend notwendige Reparaturen fehlte.

Lorenz Adlon hätte wohl keine Chance gehabt, seinen Traum vom Grandhotel zu verwirklichen, hätte es da nicht einen besonderen Fürsprecher gegeben: Wilhelm II., den deutschen Kaiser und König von Preußen. Per Dekret hob der Monarch den Denkmalschutz für das Redern-Palais auf, setzte sich hinter den Kulissen massiv für den Verkauf an Adlon ein und half ihm höchstpersönlich bei der Beschaffung von Krediten. Das war bei einer Bausumme von fast zwanzig Millionen Reichsmark (nach heutigem Wert etwa 350 Millionen Euro) wahrlich nicht unwesentlich. Den Entwurf des Architekten Robert Leibnitz nahm der Kaiser persönlich ab, Version sechs fand schließlich seine Gnade.

Bis heute ist unklar, wie sich Adlon die Protektion des Kaisers sicherte, wie er es schaffte, das Grandhotel zu einem gemeinsamen Prestigeprojekt von Unternehmer und Herrscher zu machen. Wilhelm II. ließ es sich jedenfalls nicht nehmen, vor der Eröffnung eine private Erkundungstour im Adlon durchzuführen – und war begeistert. Drei Tage später, am 26. Oktober 1907 führte Majestät dann höchstpersönlich die glanzvolle Eröffnung durch.

Die bisher so skeptische Presse überschlug sich in Lobeshymnen. Die vornehme Fassade, »vom Geist der Diskretion geprägt«, hatte es all denen angetan, die einen Stilbruch durch eine überladene Außenarchitektur befürchtet hatten. Das Innere mit seinem Florida-Zedernholz, dem australischen Jarra-Mahagoni, der schwedischen Esche und dem Siena-Marmor sei »fast durchweg ausländisch« raunten die Kommentatoren zustimmend: Man legte schon damals in Deutschland Wert darauf, nicht provinziell zu sein (auf »Weltniveau«, hätte man in der späteren DDR gesagt). Und man untermauerte mit dem Grandhotel ganz locker Großmachtansprüche im Stil des Wir-sind-wieder-wer. »Das Hotel Adlon übernimmt die Vorkämpferschaft für Berlin und Deutschland gegenüber den Luxushotels, mit denen New York, London und Paris auftrumpfen. Auch auf diesem Gebiet scheuen wir das Ausland nicht mehr«, schrieb ein gewisser Anton Jaumann in der Zeitschrift *Innen-Dekoration*. Der euphorische Kritiker machte den – vermutlich von der französischen Adelon-Sippe abstammenden – Hotelerbauer zum Vorzeigedeutschen schlechthin: »Luxus, Komfort, Hygiene im Adlon zeigen das Äußerste, was dieses Land leistet.«

Telefon auf jedem Zimmer, Privatbäder (fast in jedem zweiten der 260 Räume ein eigenes!), beheizbare Handtuchhalter, Saugluftreinigung, fünf Aufzüge, elektrische Lichtsignalvorrichtungen, mit deren Hilfe man Zimmermädchen oder Pagen rief – alles Komfort, den nicht einmal der Kaiser in seinen Privatgemächern hatte. Gegenüber seinen Gästen veranlasste ihn der Luxus in den nächsten Jahren häufig zu dem Ausspruch: »Kinder, geht doch zu Lorenz Adlon! Bei mir im Schloss ist es kalt, es zieht und in den Badezimmern läuft das heiße Wasser nicht.« Wilhelm II. hatte das Grandhotel am Pariser Platz mit seinen »wohntechnischen Errungenschaften, die der Verwirklichung einer sanitären Utopie gleichkamen« (Poesie eines hausangestellten Adlon-Schreibers), bald so in sein Herz geschlossen, dass er nur mehr von *seinem* Adlon sprach.

Nicht alle Berliner ließen sich vom Prunk und Luxus des Grandhotels überzeugen. In der *Achitekturwelt* beklagte im Jahr 1909 der Autor Hans Schliepmann die neue Herrschaft des Geldadels: In Berlin dominiere eine »Kultur der Superlative«, geprägt von Männern der Macht. Diese seien – anders als ihre Vorgänger – keine Liebhaber einer durch verhaltene Klassik geprägten Schönheit, sondern wollten ihre wirtschaftliche Potenz zur Schau stellen. Schrecklich fand der Kritiker auch, dass »der maßgebende Hotelbesucher nun bis in die intimsten Räume eine rauschende Musik von Formen und Farben und kostbaren Materialien« erwarte, was sich ohnehin nur die wenigsten leisten könnten – gemeint war wohl: nur eine dem Untergang geweihte Aristokratie. Trug das Adlon mit all seinem noblen Glanz, viel mehr Prunkschloss als die meisten Schlösser, womöglich schon den Keim dieser Zeitenwende in sich?

Wer etwas auf sich hielt, stieg jedenfalls im Grandhotel ab. Könige und Fürsten sowieso: Prinzessin Viktoria Luise vermählte sich hier am 24. Mai 1913 mit dem Herzog von

Braunschweig; die beiden sollen sich nicht besonders gemocht haben – es war Politik auf den ersten Blick. Der englische König George V. sowie der russische Zar Nikolaus II. wohnten zu diesem Anlass im Adlon. Feierlich rauschten die Schleppen, berichten Zeitzeugen, als der Walzer im großen Ballsaal erklang und tausende Rosen gestreut wurden. Der Zar kam übrigens zu Fuß aus seiner Suite nach unten. Dem russischen Herrscher verbot sein Protokoll die Benutzung eines »bürgerlichen« Lifts.

Tout Berlin träumte von einer Einladung zum großen Fest, aber bei einem solchen Anlass waren die Blaublütigen weitgehend unter sich. Ansonsten musste man natürlich nicht adelig sein, um im Hotel Einlass zu finden. Viel Geld zu besitzen oder ein Weltstar zu sein reichte auch: Enrico Caruso war ein gern gesehener Kunde und kam, exzellente Adlon-Küche hin oder her, mit seinem eigenen Spaghettikoch; Gerhart Hauptmann feierte hier seinen fünfzigsten Geburtstag und kurz danach auch den ihm verliehenen Literaturnobelpreis. Das Denkmal für den wichtigsten Gast aber hätte in den ersten Adlon-Jahren dem »unbekannten Amerikaner« gehört. Für die reichen Industriellen aus Übersee waren Berlin-Visiten und das Hotel Adlon eine Einheit. Und sie reisten gern und viel, darin überboten vielleicht nur von der russischen Hocharistokratie.

Der Ausbruch des Ersten Weltkriegs ließ alle Träume einstürzen. Ausländische Besucher kamen nun fast gar nicht mehr ins Adlon. Das Hotel änderte seinen Charakter mit der Provenienz seiner wenigen neuen Gäste: Es waren Schwerindustrielle, die im Krieg große Beute machten. Novemberrevolution und Spartakuskämpfe spielten sich unmittelbar am Adlon ab, teilweise sogar im Hotel. Friedrich Ebert und Philip Scheidemann begrüßten im Dezember 1918 vor den Toren des Adlon die zurückkehrenden Truppen sowie die Generäle der republikfeindlichen Militärs. In den Nachkriegswirren fanden dann auch dubiose Politiker Einlass. Der ehemalige Generalquartiermeister Erich Ludendorff nahm im April 1919 unter einem Decknamen ein Zimmer in dem an der Wilhelmstraße gelegenen, ruhigen Hotelflügel. Nach Meinung des Historikers Peter Auer hat der Deutschnationale und spätere Hitler-Freund in diesen Tagen im Adlon das für die Zukunft so fatale Schlagwort vom »Dolchstoß« gegen ein »im Felde unbesiegtes Heer« geprägt.

Die Londoner *Continental Times* feierte schon in einem Artikel Mitte Mai 1919 die Wiederauferstehung der Hotellegende: »Das königliche Schloss, durch Artilleriefeuer ziemlich beschädigt, ist geschlossen, und so tut das Adlon sein möglichstes, um an die Herrlichkeit des dahingeschwundenen Kaiserreichs zu gemahnen.« Das Hotel bildete nach Meinung der Zeitung bereits wieder den »Mittelpunkt der Überreste des Berliner Lebens«.

Nahtlos in die neuen Zeiten integriert – das galt nicht für den Gründer. Ein Lastwagen mit heimkehrenden Soldaten raste durchs Brandenburger Tor, das in Kaiserzeiten nur von Wilhelm II. durchfahren werden durfte, und erfasste und verletzte Lorenz Adlon. Eineinhalb Jahre später ereignete sich an derselben Stelle ein zweiter, ganz ähnlicher Unfall – wieder hatte Adlon achtlos die Straße überquert, in der unterschwelligen Überzeugung, vor seinem Hotel keinen Autoverkehr befürchten zu müssen. Diesmal waren die Verletzungen noch schwerer. Am 7. April 1921 starb der »Aristokrat unter den Hoteliers«, wie er in einigen der Nekrologe gernannt wurde, an den Folgen des Unfalls. Kaum ein Nachrufschreiber kam ohne die ebenso nahe liegende wie griffige Formulierung aus, Lorenz Adlon sei »von der neuen Zeit im wahrsten Sinn des Wortes überrollt worden«.

Doch das war nicht einmal die halbe Wahrheit. Mochte sich der Hotelgründer in den letzten Lebensjahren manchmal etwas gestrig und geistig abwesend gezeigt haben, sein Produkt blieb up to date. Louis Adlon, Sohn des Unternehmers und neuer Chef, konnte von den immer noch vorbildlich modernen technischen Einrichtungen wie von dem aufkommenden Mythos des Hauses zehren, in dem sich schon damals eine vergangene Zeit widerzuspiegeln schien. Aber es wurde auch große Politik gemacht in den Adlon-Räumen: Die Delegation des französischen Generals Nollet bezog im Adlon Quartier. Später wohnte hier auch Lenins durchaus nicht frugaler revolutionärer Sonderbeauftragter Karl Radek – der Regisseur Geza von Cziffra hat ihn in einer Hotel-Suite getroffen: Kaviar essend, Wodka trinkend.

Die wilden, frivolen zwanziger Jahre waren für die Reichen wie ein Rausch, Kokain-durchschnupft, Kabarett-durchlacht, Charleston-durchtanzt. Alles ging. Und obwohl das Adlon nicht gerade im Zentrum der Vergnügungssucht stand – dafür war es ein bisschen zu vornehm, zu teuer –, hatte auch das Hotel seinen Anteil an Skandalen und Skandälchen. Die Tänzerin Anita Berber galt als Berlins Köngin der Sünde. Sie soll sich, von zwei Jünglingen begleitet, einmal mitten im Speisesaal den Nerzmantel aufgeknöpft haben, ihn elegant zu Boden gleiten lassend: darunter war sie splitternackt. Die anderen Gäste holten nicht die Polizei – sie holten Atem und klatschten. Der Oberkellner hob das Kleidungsstück auf, legte es Frau Berber behutsam um und geleitete die beschwipste Dame vorsichtig ins Freie.

Berühmt wurden bald die Tanztees des Adlon. Um allein stehende Damen kümmerten sich Eintänzer, von denen einige sogar fest in Hoteldiensten standen. Angeblich entstand das Lied vom »schönen Gigolo, armen Gigolo« sogar im Hotel – der Besungene soll ein ehemaliger Rittmeister gewesen sein. Dass sich Offiziere und Mitglieder hoch angesehener Familien auf dem Tanzparkett ihr Geld verdienten, war jedenfalls nicht untypisch, sondern Ausdruck einer Zeit, in der viele alte Vermögen in die Brüche gingen, viele neue entstanden. Beispielsweise in der Filmwelt. Der Schauspieler Emil Jannings erzählte 1929 bei einem seiner regelmäßigen Adlon-Besuche dem Hotelchef von seiner verzweifelten Suche nach einem neuen weiblichen Star, der an seiner Seite spielen sollte. Louis Adlon brachte die Rede auf eine Tänzerin, die gerade im nahen Schauspielhaus erste Erfolge feierte und gelegentlich ebenfalls zum Essen ins Hotel kam (sie bestellte Diätgerichte, ein neuer Trend) – so kam die Verbindung zu Marlene Dietrich zustande, die bald danach in Joseph von Sternbergs Film »Der blaue Engel« die ganze Welt begeisterte.

Auch Josephine Baker und Richard Tauber, Greta Garbo und Charlie Chaplin stiegen im Adlon ab; die schöne Pola Negri soll in ihrer Suite sogar einen Adlon-Enkel verführt haben. Auf der Gästeliste von damals stehen Geistesgrößen wie Albert Einstein und Wirtschaftsmagnaten wie die Rockefellers, Fords und Vanderbilts. Sowohl Thomas Mann als auch Sinclair Lewis feierten hier ihre Literaturnobelpreise. Doch niemand war beim Adlon-Personal so beliebt wie der Maharadscha von Patiala; der indische Potentat mietete ganze Etagen und kam fast jedes Jahr wieder. »Wer das Adlon nicht kennt, der kennt Deutschland nicht«, sagte er über sein Lieblingshotel – und gab fürstliche Trinkgelder, jeweils über viertausend Mark.

Louis Adlon galt als Lady's Man. Dem Hotelchef hatten die Berliner Klatschreporter bis Anfang der zwanziger Jahre zahlreiche Affären nachgesagt. Damit war Schluss, als er eine resolute Dame traf: Hedwig von Seithen, Hedda genannt. In ihren Memoiren beschreibt die Dame, wie zielstrebig sie sich den »unwahrscheinlich vornehmen Herren mit grauen Schläfen« geangelt hat. Sie habe ihn nur gesehen und gleich gewusst: Sie beide seien füreinander bestimmt. Bald war Hochzeit, der allerdings eine schnelle Scheidung vorausgehen musste: Louis Adlon war damals schon verheiratet, hatte vier Kinder.

Hedda muss eine starke Pesönlichkeit gewesen sein; jedenfalls schreibt sie in ihren Lebenserinnerungen, dass sie sich vom ersten Tag an als Patronesse gefühlt habe. Aber bei allem Selbstbewusstsein, das in ihrem Buch zu einem gelegentlich etwas fragwürdigen Schulterklopfen in eigener Sache führt, hat sie offensichtlich auch Humor besessen. So schildert sie, wie sie gemeinsam mit ihrem Mann hochbegabte, aber mittellose Literaten förderte. Anton Kuh gehörte zu ihnen. Einmal hat der Schriftsteller Louis Adlon um eine stolze Summe angeschnorrt: »Gut, dass ich Sie sehe, können Sie mir achthundert Mark leihen?« – »Wieso gerade ein Kredit über achthundert?«, fragte der Hotelier betroffen zurück und erhielt die Antwort: »Damit die ewige Pumperei bei Ihnen ein Ende hat.« Die Adlons amüsierten sich königlich. Und verfügten, dass Kuh seine Getränkerechnungen künftig immer bereits quittiert überreicht bekam.

Apropos Kuh: Auch eine Vierbeinige spielte etwas später in der Hotelgeschichte eine Rolle. Als Louis Adlon davon hörte, dass Johannes Heesters für seine Stimme nichts als Milch verlangte – »aber wirklich frische Milch« –, ließ er eine Holsteiner Kuh über den Pariser Platz unter das Zimmer des Sängers führen und vom Personal vor den Augen des Gasts »live« melken.

Gegen Ende der wilden Zwanziger lag allerdings schon viel Melancholie über der Berliner Szene, bei manchen wohl auch verbunden mit der Vorahnung des kommenden Unheils. Die oberen Zehntausend feierten ihre glanzvollen Partys im Grandhotel, während nur wenige hundert Meter entfernt Menschen Hunger litten und froren. Die Arbeitslosigkeit nahm in der Weltwirtschaftskrise dramatische Ausmaße an. Die Menschen waren verzweifelt – und setzten auf einen, der einfache Lösungen versprach: den großen Verführer.

Das Adlon wurde kein Nazihotel. Dazu war das erste Haus am Platz wahrscheinlich zu international, die NS-Führung zu provinziell. Zwischen Februar 1931 und Januar 1933 machte Adolf Hitler ein anderes Hotel zu seinem Hauptquartier, den bescheideneren Kaiserhof. Aber auch für die Adlon-Gäste, die Adlon-Führung und das Personal waren die neuen Zeiten schwer zu übersehen oder gar zu ignorieren: Am 30. Januar 1933 zogen die Truppen der SA mit Fackeln in der Hand am Adlon vorbei durch das Brandenburger Tor zur Reichskanzlei in der Wilhelmstraße.

Es war der Anfang vom Ende. Und doch blieb das Grandhotel, zumindest in den ersten Jahren der nationalsozialistischen Herrschaft, nach Aussagen aller Zeitzeugen von Übergriffen verschont. Die große Welt ging im Adlon weiter ein und aus. Die Luxusherberge blieb auch in den schlimmsten Zeiten noch so etwas wie ein Fenster nach draußen, ein auch von Hitlers Außenministerium benötigter »Empfangssalon« für ausländische Diplomaten und Journalisten.

Adolf Hitler hat das Adlon wohl überhaupt nur einmal betreten, Anfang Juli 1934, zu einem kurzen Höflichkeitsbesuch in der Suite bei Rama VII., dem König von Siam. Selbst zu den großen Feiern im Adlon anlässlich der Olympischen Spiele 1936 erschien er nicht – so, als sei ihm an dem Grandhotel mit dem internationalen Flair irgendetwas unheimlich. Seine wichtigsten Staatsgäste brachte der Führer im Reichspräsidentenpalais oder dem zum Gästehaus umgebauten Schloss Bellevue unter. Beim Staatsbesuch Benito Mussolinis im Jahr 1937 kam es dabei zu einer peinlichen Panne. Hitler selbst hatte dem erkälteten Duce empfohlen, in seiner Suite im Palais ein heißes Bad zu nehmen und sich danach ins Bett zu legen. »Es kam kein heißes Wasser aus dem Hahn«, berichtete Mussolini seinem Gastgeber am nächsten Tag nach Angaben Hedda Adlons. »Da bin ich ins Adlon gegangen.« Hitler soll wutentbrannt eine Untersuchung angeordnet haben.

Das Grandhotel blieb, so weit es ging, der eigenen Tradition verpflichtet – Adlon oblige. Der Hitlergruß wurde nie eingeführt. Aber das Adlon war kein Widerstandsnest und auch die heutige hoteleigene Einschätzung vom Haus als »kleiner Schweiz innerhalb Nazi-Berlins« ist reichlich geschönt. Selbstverständlich flaggte man bei der Siebenhundertjahrfeier der Stadt 1937 die Hakenkreuzfahnen, tilgte auf Wunsch eines besonders kleinkarierten NS-Beamten auch alle französischen Ausdrücke vom Menü (und nannte Pommes nicht Freedom Fries, sondern schlicht Stangenkartoffeln). Und Louis Adlon ließ sich schließlich davon überzeugen, dass es für einen Mann seiner Statur einfach »besser sei«, mit der Partei in Verbindung zu stehen. Was es denn da für Gruppierungen gebe, erkundigte sich der Hoteldirektor, trat dann in möglichst viele gleichzeitig ein, vom Frauenkorps bis zur Motorradstaffel.

Louis Adlon hatte Ende der dreißiger Jahre wohl kaum mehr Illusionen. Er muss gewusst haben, dass der Generalbauinspektor der Nazis seinem Hotel im Tausendjährigen Reich keine Zukunft zudachte: Albert Speer plante zur Neugestaltung der »Reichshauptstadt Germania« zwei monumentale Hotelpaläste mit jeweils über zweitausend Betten. Deutscher, größer, gewaltiger. Der Himmel die Grenze, und vielleicht nicht einmal der. Das Ausland wurde zum Befehlsempfänger degradiert und dafür auch mal im Adlon untergebracht. In der Nacht vom 14. auf den 15. März 1939 wartete der tschechische Staatspräsident Emil Hacha stundenlang auf einen Termin in der Reichskanzlei. Dann ließ ihn Adolf Hitler holen und diktierte ihm ein Ultimatum.

Es ist das Jahr, in dem Gerhard Straube als Kellnerlehrling im Hotelrestaurant eingestellt wurde. »Ich war damals vierzehn und das Adlon war für mich die große Welt«, erzählt mir der alte Mann in der neuen Adlon-Bar 64 Jahre später. Die Mutter hatte ihn ins Hotel begleitet, der amerikanische Vater hatte sich in die USA abgesetzt und lange nicht mehr gemeldet. Ob die Kontakte ins Adlon über Verwandte liefen, so ganz sicher ist sich Herr Straube nicht mehr. Er träumte jedenfalls von Amerika, der großen Welt. »Ich wollte eine Lehre machen, mit der ich auch jenseits des Großen Teichs etwas anfangen konnte – und meinen Vater suchen.«

Den von Louis Adlon unterschriebenen Ausbildungsvertrag hat der älteste noch lebende Adlon-Angestellte mitgebracht. Im ersten Lehrjahr habe er keinen Pfennig Lohn erhalten und nur von Trinkgeldern gelebt, erzählt Herr Straube, im zweiten gab es zehn Mark, im dritten zwanzig. 1942 allerdings wurde er gekündigt. »Meine Chefs im Hotel waren sehr nett zu mir und bedauerten meinen Weggang. Aber ein Aufpasser von der Partei hatte mitgekriegt, dass ich einen amerikanischen Pass besaß – ich galt wohl als potenzieller Attentäter gegen die Nazibonzen, die gelegentlich ins Haus kamen.« Die ausländischen Papiere brachten Straube auch anschließend kein Glück; für die Wehrmacht war er deutsch genug, wurde an die Front geschickt, verlor bei den Kämpfen an der Front ein Bein und kehrte erst nach langer Kriegsgefangenschaft zurück. Sein erster Gang war zu seinem alten Arbeitgeber. Und tatsächlich erhielt er von dem verbliebenen Restaurantchef eine Bestätigung. Die half ihm dann für seine Rentenansprüche und machte ihm Mut für seine weitere Berufslaufbahn als Mitarbeiter in der Westberliner Staatsanwaltschaft.

Woran erinnert sich Gerhard Straube noch, was verbindet er mit dem alten Hotel Adlon?

Er denkt angestrengt nach. »Die hohen Trinkgelder eines polnischen Grafen. Das Rasseln eines deutschen Militärs, dessen Säbel, weil er ihn zu tief trug, über den Hotelmarmor schleifte, klacklacklack klang das, irgendwie bedrohlich.« Was ist mit den Unterhaltungen mit den Kollegen im Hotel über die politischen Katastrophen, den Krieg? »So etwas gab es nicht«, sagt der sympathische alte Herr. »Irgendwie gelang es uns, das in der heilen Welt unseres funktionierenden Restaurants zu verdrängen.« Schon in den ersten Kriegstagen hat der Hoteldirektor jedem Restaurantangestellten eine kleine silberne Schere überreicht – mit dem Adlon-Signet verziert, hatten sie zuvor auf den Gästezimmern für die Nagelpflege bereitgelegen. »Das ist jetzt nicht mehr so wichtig«, sagte Louis Adlon. Mit der Schere sollten sie die Abschnitte der Lebensmittelkarten abtrennen: ein bisschen Luxus in der Not.

Auch wenn die ausländischen Gäste weitgehend ausblieben, war das Adlon 1942 und 1943 fast immer voll – und wieder änderte es seinen Charakter. »Bonzen in klirrender Parteiuniform, Urlauber aller Dienstgrade, die noch eine Illusion von Komfort an die Front mitnehmen wollten, Diplomaten, Schauspieler, Dahlemer Damen in Hosen, die sich vom Ausräumen ihrer zerstörten Villen erholen wollten … Abenteuerinnen aller Grade, die sich der Männer annahmen«, registrierte die Berliner Autorin Ursula von Kardorff in ihrem

Tagebuch. Das Adlon hatte, neben dem letzten Hauch von Luxus und Normalität, der in Berlin blieb, noch einen weiteren unschätzbaren Vorteil: Es besaß einen Tiefbunker.

Nicht Sirenengeheul, sondern ein sanfter Gongschlag machte die Gäste und ihre Freunde tagsüber auf die nahende Gefahr aufmerksam; nachts gab es eine »Weckfolge«, bei der die Stammkundschaft des Grandhotels gewisse Privilegien genoss. Es müssen gespenstische Stunden gewesen sein im Bunker, bei flackerndem Kerzenlicht. Emil Jannings saß manchmal neben den Karajans, der Chirurg Ferdinand Sauerbruch neben dem Dirigenten Wilhelm Furtwängler. Edelprostituierte und Edelleute, Pagen und Popen: Der Krieg und der Adlon-Bunker schweißten sie zusammen, waren der große Gleichmacher. Doch in einigen mit kostbaren Teppichen ausgelegten Bunkerräumen wurden, auch wenn die Erde oben noch so bebte, die feinen Unterschiede zelebriert: Kellner in Livree servierten kostbare Tropfen aus dem nach wie vor unversehrten Keller: Château Lafitte, auch Steinberger Kabinett Auslese, mit der einst die Hotelgründung begossen worden war. Vornehm ging die Welt zugrunde.

Während die meisten Bauten am Pariser Platz – mit einem Großteil der Stadt – in Trümmern versanken, blieb das Adlon wie durch ein Wunder weitgehend erhalten. Bei einem Luftangriff im Januar 1944 wurde nur das Dach des Hauses leicht beschädigt. Ab Herbst dieses Jahres waren dann allerdings Teile der Hotelfassade gegen Bombensplitter vermauert, bis hinauf zu den Balkonen des ersten Stocks. In die Empfangshalle drang nun kein Tageslicht mehr. Es fiel schwer, diese permanente Dunkelheit nicht auch symbolisch zu sehen: als Heraufziehen der Nacht über Berlin.

Noch Ende Januar 1945 begleiteten Offiziere aus der »Leibstandarte Adolf Hitler« zwei Damen in die Adlon-Halle: Eva Braun und ihre Schwester Ilse aus Breslau. Ein Page will – nach Recherchen des Historikers Peter Auer – gehört haben, dass es zwischen den beiden im Flur eine Szene gab. »Merkst du denn nicht, dass alles zu Ende geht?«, soll demnach Ilse gesagt haben. »Du solltest dem Führer dankbar sein für das, was er Deutschland und auch dir getan hat«, zischelte die Führerfreundin zurück und ließ sich anschließend von der SS zum Souper in die Reichskanzlei fahren.

April 1945: Immer noch wurden junge Männer in einen sinnlosen Verteidigungskrieg getrieben, auch aus den Räumen des Hotel Adlon heraus. Die siegreiche Rote Armee aber rückte unaufhaltsam vor. Nun konnte im Adlon-Bunker nur mehr Feldküchenessen serviert werden, allerdings erhielt jeder Gast immer noch gratis ein Glas Rotwein vom Feinsten aus den unerschöpflichen Schätzen des Kellers. Auch edle Zigarren waren noch reichlich vorhanden.

Im untergehenden Berlin musste schließlich auch sein Grandhotel kapitulieren. Ende April, der Pariser Platz befand sich schon im Schussfeld der russischen Artillerie, ging es nur noch ums Überleben. Tote lagen auf dem Pflaster, wurden von den Adlon-Angestellten geborgen und im Goethe-Garten – mit Decken abgedeckt – zur letzten Ruhe gebettet. Der Friseursalon im Souterrain diente als Operationsraum. In den Räumen der unteren Stockwerke wurde ein Lazarett eingerichtet, Matratzen für Verwundete bedeckten den Marmor, in der American Bar standen die Betten für die Offiziere.

Am 2. Mai 1945 schließlich schwiegen in der Reichshauptstadt die Waffen. Das Tausendjährige Reich war begraben, Berlin lag in Trümmern. Wie ein Relikt aus früheren Glanzzeiten stand das Adlon – nicht in alter Pracht, aber als Gebäude doch noch weitgehend intakt. Das blieb nur drei Tage so. Was der Krieg nicht zerstören konnte, schaffte ein Besäufnis. Russische Soldaten, die es sich im Weinkeller bequem gemacht hatten, hantierten unachtsam mit ihren Waffen oder machten angetrunken ein Feuerchen, definitiv klären ließ sich das nie: In der Nacht vom 5. auf den 6. Mai 1945 jedenfalls loderten Flammen durch das Grandhotel. Das Adlon brannte fast vollständig aus. »Inmitten des grauenhaften Geschehens ertönten plötzlich Signale, Kommandos erschallten, Kraftwagen fuhren vor und luden Geräte ab: die russische Wochenschau filmte das brennende Hotel«, schreibt Hedda Adlon in ihren Lebenserinnerungen. »Objektive und Scheinwerfer richteten sich auf den lodernden Dachstuhl und die glühende Fassade, auf die Verwundeten vor dem Eingang und auf die Leichen unter den Trümmern … Diese letzten Aufnahmen konnte man später in dem russischen Film ›Kampf um Berlin‹ sehen. Sie waren das erschütterndste Dokument, das ich je auf Leinwand sah.«

Hotelchef Louis Adlon hat das nicht mehr erlebt. Er war wenige Tage vorher in sein Landhaus in Neufahrland gefahren und dort von russischen Soldaten festgenommen worden – offensichtlich aufgrund eines Missverständnisses, jemand hatte vom »Generaldirektor« gesprochen, was die Russen für einen militärischen Titel hielten. Nach einigen Tagen im Lager Sachsenhausen kam Louis Adlon wieder frei. Die Aufregung und die Anstrengung aber waren zu viel für den Siebzigjährigen: Beim Fußmarsch zurück nach Berlin brach er zusammen. Hedda Adlon fand ihren Mann erst, als sein Herz schon aufgehört hatte zu schlagen. Sie überlebte ihn um mehr als zwei Jahrzehnte. Die alte Dame zog in den Westen der Stadt, schrieb 1955 ihr Buch – und weigerte sich den Namen Adlon für ein neues Luxushotel im Westen herzugeben: »Ich möchte das Adlon wieder aufbauen, aber nur dann, wenn man nicht mehr von einem West- oder Ost-Sektor spricht … und nur dort, wo es gestanden hat: Im Herzen Berlins – Unter den Linden Nr. 1.«

Schon im Juni 1945 haben die neuen Herren das alte Adlon-Restaurant wiedereröffnet, mit einem Lenin-Bild an der Wand; in einem Seitenflügel wurden wenige Monate später schon wieder Zimmer vermietet. Auch einige prominente Gäste fanden sich ein, Emigranten, die Nazideutschland den Rücken gekehrt hatten: Bertolt Brecht, Helene Weigel, Anna Seghers und Klaus Mann. Im Dezember 1949 wurde das Hotelgrundstück schließlich endgültig und entschädigungslos enteignet. Es entstand das DDR-Hotel VEB Adlon garni. Ein Zeitgenosse registrierte aufdringlichen Bohnerwachsgeruch, allgegenwärtige Propaganda (»Friede mit allen Völkern«) und das schlichte Essensangebot mit Sättigungsbeilage (»das Gedeck zu 9,75 Ostmark, sechs Gerichte zur Auswahl«).

Walter Ulbricht – wie Lorenz Adlon übrigens ein gelernter Tischler – soll sich zwischenzeitlich für die Wiederherstellung des Adlon, oder wenigstens seiner Fassaden, erwärmt haben. Der ZK-Beschluss 1958 ging schließlich in eine andere Richtung. Als dann 1961 die Mauer hochgezogen wurde, fristete das Gebäude ohnehin nur noch ein Schattendasein im Abseits der Geschichte. Das Adlon wurde zum Heim für Hotelfachlehrlinge, bis die Partei dann 1984 verfügte, auch den letzten intakten Seitenflügel abzureißen.

Die DDR-Oberen wollten ihre Hauptstadt Berlin zwar zum Schaustück des kommunistischen Staates machen, aber ein Grandhotel im klassischen Stil passte nicht in ihr Weltbild. Alles Monarchisch-Vergangene zu tilgen – diese ideologische Fixierung der angeblichen Arbeiter- und Bauernführer hatte schon zur Sprengung des Stadtschlosses geführt. Und je mehr der Westen prosperierte, je sehnsuchtsvoller (und gelegentlich reichlich undifferenziert) dort der Traum vom Glanz alter Zeiten heraufbeschworen wurde, desto mehr verfestigte sich die SED zur Betonpartei. Der westdeutsche Erfolgsfilm »Hotel Adlon« aus dem Jahr 1955 soll den Männern des Ostberliner ZK ein besonderer Gräuel gewesen sein. Frei nach Heddas Memoiren und nach einem Drehbuch von Johannes Mario Simmel spielten Nadja Tiller und Werner Hinz in dem Rührstück; die nachgebaute Hotelattrappe war auf dem Westberliner Reichssportfeld zu besichtigen.

Die clevere und weitsichtige Hotelierswitwe hat 1957 noch den Grundstein für ein künftiges neues Adlon gelegt. Sie räumte der Hotelbetriebs-AG, aus der später die Kempinski-Gruppe hervorging, gegen eine Leibrente von 1500 Mark das Vorverkaufsrecht für das Adlon-Grundstück ein – falls denn eines Tages die Enteignung aufgehoben würde. Nicht viele hielten das für realistisch, geschweige denn wahrscheinlich. Noch 1988 glaubten führende Politiker auch in befreundeten Staaten wie

Großbritannien und Frankreich, dass es bei zwei deutschen Staaten bleiben werde – und bleiben sollte. Der Fall der Mauer im November 1989 aber veränderte die Situation schnell, der Ruf »Wir sind ein Volk« war nicht mehr zu bremsen.

Nach der Wiedervereinigung wurde die Zukunft des Pariser Platzes zu einer der zentralen Fragen: Wie sollte das leer geräumte Niemandsland um das Brandenburger Tor wieder seine zentrale Funktion zwischen Ost und West erhalten? Bei aller Unterschiedlichkeit der Konzepte herrschte doch Übereinstimmung darin, dass um das Quarré erneut das frühere Leben einziehen sollte, mit Botschaften, Banken, der Akademie der Künste – und einem Luxushotel. Eine umstrittene »Gestaltungssatzung« des Berliner Senats legte dann das Erscheinungsbild der Gebäude fest: Es sollten keine Paläste aus Stahl und Glas werden, sondern Natursteingebäude, nicht höher als 22 Meter. Angestrebt war keine detailgetreue, sondern eine »kritische Rekonstruktion« des früheren Stadtquarrés.

Für die Kempinski-Chefs lief es ein bisschen so wie einst für Lorenz Adlon: Sie hatten mächtige politische Gönner. Ein »Investitionsvorrangbescheid« des Berliner Senats und der Vertrag mit Hedda Adlon ermöglichte ihnen, das enteignete Grundstück zu erwerben. Die Genehmigung eines Bauantrags lag in drei Monaten vor. Finanziert wurde der 435-Millionen-Mark-Bau größtenteils durch die Kölner Fundus Fondsverwaltungen GmbH, die das Gesamtprojekt 1994 übernahm und Chancen wie Risiken an Privatanleger weitergab. Das nun etwas andere »volkseigene« Hotel entstand in gut zwei Jahren Bauzeit und war das erste fertig gestellte Haus am Pariser Platz.

Die Berliner Architekten Rüdiger Patzschke und Rainer-Michael Klotz vergrößerten das Gebäude gegenüber seinem Vorläufer, setzten bei der Fassadengestaltung einige Stilelemente wie die beiden Risalite eher zurückhaltend ein. Und doch war die enge Anlehnung an das »Original« unverkennbar. Das neue Adlon wirkt von außen und auf den ersten Blick wie ein Remake des alten. Vielen gefällt das. Unfreundlichere

Architekturkritiker sehen einen »gespenstischen Wiedergänger«, eine bedenkliche »Historienkulisse«. Aber steht das Adlon im wiedervereinigten Deutschland wirklich für einen »restaurativen Geist«, wie ein besonders scharfer Kritiker formulierte? Die Legende lebt – die Legende klebt?

Für die meisten Gäste dürfte das eine Gespensterdebatte sein. Die Architektur, der Genius Loci: etwas für intellektuelle Seminare. Gäste beurteilen ein Grandhotel nach Atmosphäre und Ambiente, nach Luxus und privaten Lustgefühlen. Gerade amerikanische Kunden kann es nicht Nostalgie genug sein. Viele äußern den Wunsch, dass die Tanztees wieder eingeführt werden, von denen sie so viel gehört oder gelesen haben. Direktor van Daalen überlegt das, trotz der »typisch deutschen gewerkschaftlichen Auflagen für Spieldauer und Pausenzeiten«, über die er sich beklagt. Die neuen, reichen Russen schwelgen im Gourmetrestaurant bei Kaviar und Champagner; sie wollen Geschichte machen, sich nicht an ihr reiben. Briten diskutieren, besonders gern in den Adlon-Stuben bei deutscher Hausmannskost und Bier, ihren Irakkrieg und den Eurobeitritt, nicht die Vergangenheit. Und alle kaufen Adlon-Souvenirs. Da dem Mythos nicht zu entkommen ist, hat das Adlon mit seinen Angeboten geschickt – manchmal auch ein bisschen zu glatt und geschäftstüchtig – an seine Vergangenheit angeknüpft. Was das allerdings mit der Wiedergeburt alten Gedankenguts zu tun haben soll, bleibt ein Geheimnis.

Berlin im Jahr sechs nach der Adlon-Eröffnung hat andere Probleme als neue Großmachtsvisionen: Es leidet, wie die *Süddeutsche Zeitung* geschrieben hat, an den alten noch genug. Und am Berlin-Blues: »Berlin hat dreihunderttausend Arbeitslose, das sind so viele Menschen, wie in Bonn wohnen. (Es ist) eine Stadt, an der die Spätfolgen falscher Fürsorgestaatlichkeit besonders schrill zur Besichtigung freigegeben sind. Der Finanzsenator hat jetzt die extreme Hauhaltsnotlage ausgerufen. Armes Berlin.«

Man liest das, bei einer Weißen mit Schuss am Boulevard

Unter den Linden, spürt die Lebensfreude der jungen Menschen, gerade zurück vom verrückten, unfertigen Stadtteil Friedrichshain oder dem spannenden, zerrissenen Kreuzberg und denkt: auch New York ist pleite, London sowieso, die verarmten osteuropäischen Großstädte, mit denen Berlin in deutschen Feuilletons gleichgesetzt wird, können von hiesiger Infrastruktur und dem Kultur- und Freizeitangebot nur träumen – aber nur hier singt man den Selbstmitleids-Blues. Gerade wieder wirbelt eine Gruppe lachender Jugendlicher vorbei, Rollerskater diesmal, die offensichtlich noch gar nicht mitgekriegt haben, wie deprimiert sie ob der Haushaltslage, eigentlich der ganzen schlimmen Berlin-Lage wegen, eigentlich sein müssten.

Was macht der Mann am Eingang des Adlon, wenn ein verschwitzter langhaariger Skateboarder oder Rollerskater über den roten Teppich kommt, wenn ein anderer in kurzen Hosen mit Badelatschen durch die Drehtür will? Es gibt, heißt es im Hotel dazu, keine festen Richtlinien. Aber einigermaßen passable Kleidung sollte schon sein. Gelegentlich werden Touristengruppen, die nur mal die Halle sehen wollen, ebenso abgewiesen wie »unangemessen auftretende« Einzelpersonen. Oft ist das für den Oberpagen eine Frage des Takts – und des Fingerspitzengefühls.

Gerhard Straube, der Kellnerlehrling aus dem alten Grandhotel, hat mir von seinen Erfahrungen mit dem neuen Adlon erzählt; wie er vor einigen Wochen mal nach dem Einkaufen auf ein Bier in die Bar wollte. »Ich komme nicht oft hierher. Aber wenn ich ins Adlon gehe, genieße ich es, durch den Vordereingang zu spazieren – das durfte ich als Angestellter früher nie.« Der junge Türsteher, der Straubes Vorgeschichte natürlich nicht kannte, wies ihn höflich darauf hin, dass er mit seiner Aldi-Tüte nicht durchs Foyer könne: »Das sehen wir nicht gern.« Straube wollte sich schon abwenden. »Nein, warten Sie einen Moment«, sagte da der Oberpage – und kam mit einer Adlon-Tragetasche zurück. »Ziehen Sie die mal über ihre Tüte, dann ist alles in Ordnung.«

Bleibt die Frage, ob ich ins Adlon investieren, mir meinen Anteil »an diesem prominenten Stück Deutschland« sichern soll. Was würde mir wohl für meine 25.000 Euro plus fünf Prozent Agio vom Grandhotel gehören? Ein Stück Marmor-Schiefer-Carré aus dem Wintergarten, zwei eingesetzte Goldintarsien von der Lobby-Decke, drei kleine schwarze Elefanten des Goethe-Brunnens?

Trotz immer neuer Fünfsterne-Konkurrenz ist das Adlon das repräsentativste Grandhotel Berlins und tatsächlich so etwas wie das »inoffizielle Gästehaus der Bundesregierung« (Hoteleigenwerbung). Der fünfhundert Quadratmeter große Ballsaal gilt als idealer Schauplatz für gesellschaftliche Großereignisse. Das neue Erweiterungskonzept mit dem Adlon-Palais und der Adlon-Residenz einschließlich der vielen neuen Konferenzräume, der Weinhandlung, dem Bistro Metzkes, dem Szenerestaurant Felix – könnte gut sein, dass das alles ökonomisch Sinn ergibt. Aber das macht manche andere Geldanlage auch.

Ich überlege noch.

HOTELBEWERTUNG:

NOSTALGIEFAKTOR: *****
LUXUSFAKTOR: *****
WOHLFÜHLFAKTOR: *****
PREIS-LEISTUNGS-FAKTOR: ****
ADRENALINSTOSS-FAKTOR: *

Adresse:
Hotel Adlon
Unter den Linden 77,
10117 Berlin
Telefon: 0049-30-2261-0
Fax: 0049-30-2261-2222
E-Mail: Adlon@Kempinski.com

Zimmer:
Einzelzimmer ab 280 (Januar-März plus August)
ansonsten 320 Euro,
Doppelzimmer ab 330 (Januar-März plus August)
ansonsten 370 Euro
ohne Frühstück, inklusive Mehrwertsteuer

Rossija, Moskau

Warum der Kommunismus verloren hat

Als Nikita Chruschtschow noch glaubte, in wenigen Jahren werde die UdSSR die USA überholen, ließ er am Roten Platz das größte Hotel der Welt bauen. Doch das Rossija wurde zum Symbol des Niedergangs: Eine Ideologie scheiterte, auch weil sie den Kunden und seine Wünsche vergaß.

Mein Enkel, du fragst mich, was der Kommunismus war, woran er »kaputtgegangen« ist. Das ist eine lange Story, und im Gymnasium wirst du noch manches von Nato-Beschlüssen hören, von zu hohen Rüstungsausgaben, nicht erfüllten Fünfjahresplänen, Nationalitätenkonflikten, Machtkämpfen innerhalb der regierenden Partei. Aber ich weiß, du magst Geschichten. Also werde ich dir eine Geschichte erzählen. Sie sagt vielleicht genauso viel über den Niedergang dieser Ideologie wie all die klugen Analysen, die Wissenschaftler im Westen und Gelehrte im Osten zu diesem Thema in unzähligen dicken Büchern geäußert haben.

Was eine Ideologie ist? So etwas wie eine Religion, eine falsch verstandene Religion, die den Leuten aufgezwungen wird. Aber nun hör zu: Was ich dir erzähle, ist die Geschichte eines Hotels. Es heißt Rossija, so wie das große Russland, in dem es erbaut wurde. Und es ist kein Märchen: Manches habe ich selbst in diesem seltsamen Hotel erlebt, vieles haben mir Freunde erzählt. Aber zunächst muss ich ein wenig ausholen und dir ein bisschen etwas über die Historie erzählen.

Die Menschen hier haben ihre Stadt immer besonders geliebt: »Mütterchen Moskau« sagten sie, und das ist der liebevollste Kosename überhaupt, den sie sich vorstellen können. Waren sie nicht in ihren Mauern, sondern irgendwo auf dem weiten Feld in diesem weiten Land, haben sie sich in diese Stadt hineingeträumt. Anton Tschechow, einer der größten russischen Dichter, lässt eine seiner Heldinnen in dem Stück »Drei Schwestern« seufzen: »Nach Moskau!« – und darin schwingt alle Sehnsucht dieser Welt mit, nach fast unerreichbarem Glück, nach Erfüllung. Und gesungen haben sie vom Mütterchen am Moskva-Fluss in ihren Volksliedern. Mal übertrieben stürmisch und ausgelassen, mal extrem langsam und melancholisch; dabei haben sie geweint und gelacht und manchmal beides gleichzeitig.

Aber waren die Menschen in Moskau, lebten sie in dieser großen Stadt oder besuchten sie dort Verwandte, dann haben sie auch gestöhnt. Denn die verwinkelten Gässchen, die krummen Plätze, die windschiefen Häuser sahen eben nicht nur pittoresk aus und schufen ein Gefühl von Heimeligkeit, sondern sie waren auch Relikte der Rückständigkeit und gelegentlich Brutstätten von Krankheiten. Dieses Moskau war nie eine Reißbrettstadt wie St. Petersburg, keine kühle Kopfgeburt – sondern eine Schlingpflanze, die wucherte, wie ein lebendiger Organismus eben wuchert und manchmal auch Krebsgeschwüre entwickelt.

Anders als das junge Petersburg, dessen Gründungsdatum im Jahr 1703 genau überliefert ist, verlieren sich die Ursprünge Moskaus im Dunkel der Geschichte. Manche veranschlagen die Geburt der Stadt auf das Jahr 1147, als sie erstmals in Urkunden auftaucht, aber andere sind sicher, dass sie schon mindestens ein halbes Jahrhundert zuvor bestand. Unsinn, sagen die Dritten, noch viel früher. Es ist ein fruchtloser Streit. »Die ungewisse Herkunft gehört zum Erscheinungsbild der Stadt«, meint der Schweizer Slawist und Schriftsteller Christoph Keller. »Moskau ist eine Ewige Stadt, wie Rom und Konstantinopel, in deren Nachfolge sie sich sieht – und wer maßt sich schon an, den Beginn der Ewigkeit zu datieren?«

So viel steht fest: Im Jahr 1237 zerstören die Mongolen die Stadt. Ein Jahrhundert später ist sie, nach der Verlegung des Metropolitensitzes, schon das Kulturzentrum eines großen Hinterlandes. Großartige Baumeister entwerfen den Kreml mit der Verkündigungskathedrale und den Residenzen der Adelsfamilien. Nach der Unterwerfung Nowgorods (1478) und der endgültigen Befreiung von der Mongolenherrschaft (1480) wird von hier aus bald erfolgreich versucht, ganz Russland zu einigen. Selbst als Peter der Große 1712 den Hof nach St. Petersburg verlegt, bleibt Moskau Krönungsstadt und wirtschaftliches Zentrum des Landes. Mit der Industrialisierung wächst die Bedeutung der zentral gelegenen Metropole noch mehr. Die Revolution von 1917 und der Sturz des Zaren verschaffen der Stadt dann endgültig wieder den Vorrang vor ihrem nördlichen Rivalen. Sieben Tage müssen die Bolschewiken um die Einnahme des Moskauer Kreml kämpfen. Dann ist ihre Macht konsolidiert. Am 11. März 1918 übersiedelt die neue russische Regierung; seither ist Moskau wieder Hauptstadt.

Mit Grausamkeit und eiserner Härte schalten die Parteiführer Wladimir Iljitsch Uljanow, genannt Lenin, und Iossif Wissarionowitsch Dschugaschwili, genannt Stalin, Gegner im Inneren aus, wehren ausländische Interventionen ab. Millionen fallen schon in diesen ersten Jahren der neuen KP-Herrschaft »Säuberungsaktionen« der Führung zum Opfer, Millionen sterben dann durch Hunger und Entkräftung bei der Zwangskollektivierung auf dem Bauernland, Millionen lassen im Zweiten Weltkrieg ihr Leben, als Adolf Hitler – gerade noch Stalins gehätschelter Verbündeter – in seinem Größenwahn die Sowjetunion überfällt.

Nach 1945 ordnen die siegreichen Kommunisten neue, radikale Aufbaupläne an. Wieder zeigt sich Stalin als skrupelloser Menschenschinder, dem Opfer offenbar völlig gleichgültig sind. Der Kraftakt unter extremer Ausbeutung aller Volksreserven zeigt Ergebnisse. Riesige Waffenfabriken entstehen. Wichtiger noch, 1949 zünden russische Wissenschaftler die Atombombe, machen die UdSSR damit zur Atommacht, den

USA militärisch ebenbürtig. Und im sich aufheizenden Kalten Krieg wird der sowjetische Weg zur großen ideologischen Alternative – nicht nur in den Entwicklungsländern der Dritten Welt, sondern auch in den Intellektuellenzirkeln Europas beginnen viele diesen angeblich volksnahen, antikapitalistischen und antiimperialistischen »Kommunismus« mit Sympathie zu betrachten.

Nach dem Tod Stalins am 5. März 1953 setzt sich Nikita Sergejewitsch Chruschtschow im Politbüro durch. Der neue KP-Vorsitzende rechnet 1956 in einer – bald auch im Westen verbreiteten – Geheimrede vor dem XX. Parteitag der KPdSU mit den Verbrechen Stalins ab. Er versucht nun auch die Konsumgüterproduktion ein wenig anzukurbeln, aber dass der Mensch, der Bürger, der Kunde im Zentrum des Parteidenkens steht, das lässt sich weiß Gott nicht sagen: Weil dem Sowjetbürger theoretisch – nach den Erkenntnissen der marxistisch-leninistischen Staatslehre – ja alles gehört im »Arbeiter- und Bauernparadies UdSSR«, gehört ihm in der Praxis fast gar nichts. Jedenfalls entwickelt sich der russische Lebensstandard im Vergleich zum westlichen höchst bescheiden.

Doch all das wird durch Propaganda und technische Errungenschaften teilweise überdeckt: 1957 startet der erste künstliche Erdsatellit »Sputnik«. Vier Jahre später – im Jahr des Berliner Mauerbaus – fliegt Juri Gagarin als erster Mensch in den Weltraum. KGB und CIA führen in Afrika und Asien Stellvertreterkriege; Chruschtschow schlägt bei einer Tagung der Vereinten Nationen in New York vor der Weltgemeinschaft ebenso wütend wie selbstbewusst mit seinem Schuh auf den Tisch. In Fidel Castros Kuba lässt er heimlich Raketenstellungen aufbauen.

Es ist die Zeit, in der Chruschtschow sagt, es sei nur mehr eine Frage der Zeit, bis Russland die USA wirtschaftlich und militärisch überhole. Und nun kommt das Rossija ins Spiel. Denn es ist auch die Zeit, in der die KP – angeblich auf ausdrücklichen Wunsch ihres Ersten Parteisekretärs – den Bau eines Luxushotels in Moskau beschließt.

Vom ersten Entwurf an ist klar, dass dies kein normales Hotel werden soll. Geplant ist ein Show-Stück des Sozialismus, ein Beweis für die Überlegenheit der eigenen Weltanschauung, nichts weniger als das größte und schönste Hotel der Geschichte. Und dafür kommt nur ein Standort in Frage: in unmittelbarer Nähe des Kreml, einen Steinwurf entfernt vom Roten Platz und seiner Basilius-Kathedrale.

Der Bereich rechts der Warwarka-Straße hieß im Volksmund »Sardjadje«, was so viel wie »Hinter den Ständen« bedeutet. Jahrhundertelang war es eine Gegend der Händler und Handwerker, später auch eine Heimstatt für Popen und Bojaren – kurzum eine »Quelle von Krankheiten und Verbrechen«, wie Anfang 1960 einmal die *Prawda* schreibt. Vielleicht ist in den verwunschenen Altstadtgassen tatsächlich einmal eine Seuche ausgebrochen, keiner weiß das mehr so genau. Aber als Begründung für die verkündete »Radikalsanierung« dürfte das den Parteioberen kaum einer der Warwarka-Residenten abnehmen. In der Sowjetunion ein zuverlässiges Meinungsbild zu bekommen – womöglich durch unabhängige Befragungen – ist damals noch illusorisch. Und die Meinung der Bürger interessiert auch nicht. Weil sie sich nicht öffentlich artikulieren, weil überall Angst herrscht vor dem Big Brother der Geheimpolizei, gibt es keine Klagen.

Die bisherigen Innenstadtbewohner werden in Wohnblöcke am Stadtrand umgesiedelt, die Sardjadje-Häuser plattgewalzt. Und als Bautrupps anrücken, spricht sich bald herum, was an die Stelle kommen soll, und vielleicht löst die Nachricht ja bei manchen tatsächlich Stolz aus: das Rossija, Vorzeigehotel der Sowjetmacht, mit sechstausend Betten – nicht nur Weltniveau, sondern Weltrekord.

Der oberste Bauherr, Ironie der Geschichte, erlebt die Fertigstellung nicht mehr im Amt. 1964 setzt das Zentralkomitee der KPdSU Chruschtschow ab und bestellt Leonid Breschnew als seinen Nachfolger. 1967, nach gut sechsjähriger Bauzeit und ein Jahr vor der Zerschlagung des Prager Frühlings, öffnet das Rossija seine Tore. Die vier zwölfstöckigen Flügel, die ursprünglich um einen Innenhof angelegt sind, bilden zusammen einen riesigen Würfel. Aus dem Nordflügel ragt ein 21-stöckiges Hochhaus heraus, das einer Schiffsbrücke nachempfunden sein soll, aber mehr einem überdimensionierten Krematorium gleicht.

Kurzum: Den Einweihungsgästen bietet sich ein Bild von erlesener Hässlichkeit, das Rossija ist ein Monstrum, ein architektonischer Alptraum. Das schönste Hotel kann man es nach Ansicht der vorgeladenen westlichen Diplomaten mit Sicherheit nicht nennen, das modernste, wie die Architekten sagen, wohl auch nicht – aber selbst superlativsüchtige Kapitalisten müssen es zähneknirschend eingestehen: das gigantischste ist es schon.

Stolz quartiert die Staatsmacht ihre prominenten Gäste im Rossija ein. Auch die Abgesandten der Sowjetrepubliken, die Usbeken, Kasachen und Ukrainer, bekommen Zimmer in dem neuen Hotel zugewiesen, wenn sie zum Rapport beim ZK antreten müssen: Man will sie beeindrucken und ihnen die Überlegenheit des Sowjetsystems vor Augen führen. Zwar ist die Nationalitätenfrage laut Parteimeinung »zu aller Zufriedenheit endgültig gelöst«, aber die Lüge wird durch ständige Wiederholung nicht zur Wahrheit. Selbst Parteifunktionären bleiben Widersprüche kaum verborgen. Vor allem in den Republiken Zentralasiens gärt es unter der Oberfläche, der Islam lässt sich ebenso wenig wie das Unabhängigkeitsstreben der Volksgruppen ganz aus der Welt schaffen, allenfalls vorübergehend unterdrücken.

Ins Rossija werden auch wichtige ausländische Journalisten gebeten – die KP will sie mit Moskaus Fortschritt blenden und bei vielen gelingt das auch. In vorderster Linie derer, die sich nicht um den Finger wickeln lassen, steht schon damals mein (späterer) Freund Fritjof Meyer vom *Spiegel*. »Meyer-Ost« hat sich für seine extrem kritischen Sowjetberichte einen legendären Ruf erworben. Er war nie ein Typ, der seine Analysen nur aus Geheimpapieren bezog und vom Schreibtisch aus »Kreml-Astrologie« bestritt. Er erforschte sein Spezialgebiet auch auf zahlreichen Reisen. Ende der Sechziger habe er zum ersten Mal in dem großen, neuen Schuppen gewohnt, erzählt der Sowjet-Experte. »Damals war das noch eine besondere Ehre, wir wohnten sonst meist in den alten Hotels. Aber andererseits war es für die Behörden auch praktisch: Die Journalistenzimmer im Rossija wurden sicher besonders gründlich überwacht.«

1975 reist Meyer wieder einmal nach Moskau. »Ich bin mit meinem Kollegen im Rossija abgestiegen, wir begleiteten Willy Brandt, der auf Einladung des Generalsekretärs Leonid Breschnew in Moskau war – ein Trip mit pikanter Note, denn Brandt hatte gerade seinen Job wegen des auf ihn angesetzten Ostagenten Guillaume verloren«, erzählt er. »Wir erfuhren exklusiv, dass Breschnew sich bei Brandt wegen Guillaume persönlich entschuldigt hatte. Wir schrieben die Geschichte im Rossija-Hotelzimmer. Ich bat meinen Kollegen, den Finger auf dem Mund, um Zurückhaltung bei seinen Kommentaren, was wir warum in den Vordergrund der Geschichte stellen sollten. Zwei Tage später verplapperte sich ein Funktionär, indem er ein Detail unserer *Spiegel*-internen Diskussion aus dem Hotelzimmer ausplauderte – da glaubte endlich auch mein Kollege, dass wir permanent abgehört wurden.«

In dieser Zeit verschleppt Russlandexperte Meyer auch seinen Herausgeber nach Moskau, was nicht besonders schwierig ist, weil Rudolf Augstein zeitlebens eine besondere Beziehung zu diesem Land hat (»Meine größte Leistung war der Rückzug aus der Ukraine«, pflegte er bei Interviews zu sagen). Aber auf die realsozialistischen Engpässe ist Augstein nicht immer optimal vorbereitet. Verzweifelt bittet er eines Abends seinen Redakteur – und Nachbarn im Rossija – um Hilfe: »Fritjof, kannst du mir Toilettenpapier beschaffen? Auf meinem Zimmer gibt es keins.« Meyer setzt im Hotel Himmel und Hölle in Bewegung. Tags darauf erhält er von Augstein einen Erfolgsbericht. »Es klopfte an die Zimmertür«, erzählt der. »Und die Etagenfrau stand draußen, mit zwei Schichten Einwickelpapier. Wortlos drückte sie es mir in die Hand.« Den erfahrenen

Russlandreisenden an seiner Seite verwundert nichts: Da ist eben wieder einmal die Produktion eines Alltagsguts in einen Engpass geraten.

1977 erleidet das Paradehotel der Sowjetunion seinen ersten ernsten Rückschlag. In einer Märznacht bricht in der elften Etage des Nordflügels ein Feuer aus. Schnell greifen die Flammen um sich, weiter angefacht durch die extrem brennbaren synthetischen Teppiche in Zimmern und Fluren. Falls es überhaupt Alarmanlagen gegeben haben sollte, so versagen sie alle. Vierhundert Zimmer werden zerstört. Nach offiziellen Angaben kommen elf Menschen ums Leben, amerikanische Diplomaten sprechen von einer inoffiziellen Todesliste mit mindestens sechzig Namen. Insider mögen auch nicht an die offizielle Erklärung eines Kabeldefekts glauben; sie halten es für wahrscheinlicher, dass in mindestens zwei Stockwerken gleichzeitig Brandbomben gezündet wurden.

Die Behörden schweigen zu solchen Vermutungen beharrlich. Die spärlichen Informationen über den Brand, von dem ganz Moskau spricht, werden in den Parteizeitungen *Prawda* und *Iswestija* auf den hinteren Seiten versteckt. Über allgemein gehaltene Beileidsbekundungen für die Angehörigen ausländischer Opfer und die gezielte Suche nach nicht näher definierten »Defekten« gehen die Nachrichten nicht hinaus. Die Wirklichkeit wird der Ideologie angepasst, nicht umgekehrt – aber viele im Westen wollen und können das nicht wahrhaben. Selbst als Breschnew die Sowjetarmee 1979 in Afghanistan einmarschieren lässt, bewahren sich Linke im Westen das Bild von der »antiimperialistischen« Sowjetunion.

Das Hotel Rossija ist nach dem Brand schnell wieder hergerichtet, hat schon drei Monate danach auch die vorher ausgebrannten, rußgeschwärzten Stockwerke für Funktionäre und zahlungskräftige ausländische Kunden wieder geöffnet. Als ich dann 1984 zum ersten Mal Moskau besuche, erscheint mir das Hotel seltsam pompös und auch ein wenig bedrohlich. Wie ein riesiger gestrandeter Wal, ein sozialistischer Moby Dick, der die Fremden in seinem überdimensionalen Inneren verschluckt hat. Wie ein hungriger Wolf, der unbedarfte Rotkäppchen aller Herren Länder in seinem Rachen verschlingt. Ganze Busladungen von Touristen strömen hinein. »Großmutter, warum hast du ein so großes Maul?« – »Damit ich dich besser fressen kann.«

Der Rachen des Rossija ist der Eingang auf der Kreml-Seite; streng genommen nur einer von vieren in dem Riesenkomplex, der sich in alle Himmelsrichtungen ausbreitet. Aber meist werden die Gäste von ihren Taxifahrern oder Chauffeuren doch am Tor in Richtung Basilius-Kathedrale abgesetzt. Dort, wo das Hotel am meisten hermacht. Dort, wo die Fahnen hängen.

Ich erinnere mich von meinem ersten Besuch an eine riesige, zugige Eingangshalle. An Warteschlangen zum Einchecken, nicht weil es so viele Gäste gleichzeitig gäbe, sondern weil die Rezeptionistinnen um die Mittagszeit Pause machen. An die herrische Stimme, mit der dem Gast ein gelber Pappkarton in die Hand gedrückt wird: »Verlieren Sie das auf keinen Fall, sonst ist ihre Existenzberechtigung im Hotel erloschen!« An endlos lange, düstere Gänge, von strengen Etagenwärterinnen bewacht, die alle aussehen wie Schwestern der Kugelstoßerin Tamara Press, resolute Deschurnaja mit Damenbart. »Zimmer K 1211, da sind Sie ganz falsch, das ist doch im Nordflügel auf der anderen Seite« – wieder ein Kilometer im Irrgarten. Und ich erinnere mich an Gerüche: das Muffige der undefinierbaren Bodenbeläge, das Scharfe der allgegenwärtigen Lysol-Putzmittel, das Staubige der traurigen Zimmerpflanzen.

Jedem Stockwerk ist ein Frühstücksraum zugeordnet, in dem es nur Brot, Butter und bulgarische Einheitsmarmelade gibt. Aber eine Dame hinter der Theke, die ein wenig Englisch kann, flüstert mir zu: »Wollen Sie Kaviar? Haben Sie Dollars? Machen Sie bitte ganz schnell.«

Ich hetze zurück, um die Devisen zu holen, werde aber aufgehalten: Das halbe Zimmer steht unter Wasser. Ansonsten ist der Druck so spärlich, dass es bestenfalls aus dem Hahn tröpfelt. Aber aus unerklärlichen Gründen ist das Nass plötzlich aus dem Abfluss der Badewanne geschossen, sprudelt mir und einer schimpfenden Deschurnaja nun förmlich entgegen. Da es zum Aufsaugen an Putzlappen fehlt, da Toilettenpapier wieder einmal Mangelware ist, muss die *Prawda* ausgelegt werden, jede Seite mit drei Breschnew-Porträts. »Oh Gott, oh Gott, wir machen den Generalsekretär nass, das geht doch nicht«, ruft die Etagenfrau. Und bekreuzigt sich, alle Religionen durcheinanderbringend.

Wir schreiben 1984; es ist das Orwell-Jahr und Fritjof Meyer hat gerade sein Buch »Eine Weltmacht im Abstieg« herausgebracht, das ich in meinem Koffer versteckt habe. Selbst dem aufrechten Linken, mit dem ich unterwegs bin, kommen da Zweifel: Wenn dieses Hotel den unaufhaltsamen Sieg des Sozialismus symbolisieren soll – vielleicht läuft dann auch sonst einiges schief in der Sowjetunion?

In den Zimmern des Rossija, das stelle ich bei weiteren Reisen fest, fehlt immer etwas. Mal die Bügel im Schrank (harmlos), mal der ganze Schrank (schon schlimmer), mal der Warmwasserboiler im Bad (abgeschraubt; im Winter ganz schlimm). Da sich niemand um Reparaturen kümmert, nehmen die Mängel zu. Den Höhepunkt der Entbehrungen aber erlebe ich 1987. Übermüdet von einer langen Reise habe ich weit nach Mitternacht gerade meine Koffer abgestellt, da fällt mir auf, dass dem mir zugewiesenen Zimmer etwas Entscheidendes, um nicht zu sagen Überlebensnotwendiges abgeht: ein Bett. Ich haste, wieder endlose Gänge entlang, hinunter zur Rezeption.

»Aber natürlich haben Sie Anspruch auf ein Bett«, erbarmt sich die Angestellte auf meine entsprechende Frage. »Die gehören bei uns generell zur Einrichtung.«

Man hat mich, stellt sich heraus, aus Versehen in eine Abstellkammer gesteckt. Im neuen Zimmer scheint alles zu stimmen, die Deschurnaja bringt sogar unaufgefordert eine der großen Mineralwasserflaschen vorbei. »Sie sind allein«, sagt sie mütterlich. Als mich so viel Fürsorge schon zu rühren beginnt, klopft es an der Tür. Die Etagenfrau hat eine anschaffende Werktätige vorbeigeschickt, mit der sie vermutlich halbe-halbe macht. »You want company?«, fragt die junge Dame im aufreizenden Supermini und ist ganz beleidigt, dass sich kein Geschäft ergibt.

Während der amerikanische Geheimdienst immer noch gigantische Bedrohungsszenarien an die Wand malt und so tut, als seien alle sowjetischen Waffen im Hightech-Zustand, die gesamte Gesellschaft im aggressiven, antiwestlichen Aufbruch, ist der Verfall des Imperiums für jeden Moskau-Reisenden mit Händen zu greifen. Unglaubliche Schlamperei, Inkompetenz, schlichtes Desinteresse auf allen Ebenen. Die Sowjetmenschen haben offensichtlich aufgehört, an ihr System zu glauben; mehr noch, sie beginnen es zu sabotieren. Und sie verlieren dabei die Angst. Der neue Generalsekretär Michail Gorbatschow, der 1985 auf die schnell nacheinander dahinscheidende Gerontokratenriege Breschnew, Andropow, Tschernenkow gefolgt ist, will das System kitten. Je mehr er es durch Perestroika verändert und durch Glasnost öffnet, desto klarer wird, dass es in der UdSSR nicht mehr nur um Reparaturmaßnahmen geht. Das Haus braucht ganz neue, andere Mauern.

Keiner beweist das so schlagend wie ein neunzehnjähriger deutscher Sportflieger. Mathias Rust aus Hamburg-Wedel landet am 28. Mai 1987 mit seiner kleinen Cessna unmittelbar am Roten Platz, keine hundert Meter vom Rossija – nachdem er vorher unbefugt, aber auch ungestört bei St. Petersburg in den sowjetischen Luftraum eingedrungen und drei Stunden bis Moskau weitergeflogen ist. Die meisten Grenztruppen haben sich an diesem russischen Feiertag, in Deutschland Himmelfahrtstag, offensichtlich einen angetrunken; die Armeeführung reagierte gar nicht. Rust hätte sich mit seiner Maschine auch auf den Kreml oder das Rossija stürzen können, keiner hätte ihn gehindert. Zu allem Überfluss filmen Touristen die spektakuläre Landung des Hobbyfliegers auch noch mit – aus einem der obersten Stockwerke des Rossija, übrigens. Die Amateuraufnahmen gehen um die Welt.

Gorbatschow nutzt den bizarren Zwischenfall, um seinen Verteidigungsminister Marschall Sergej Sokolow und den Chef der Luftabwehr Alexander Koldunow loszuwerden. Rust wird zu vier Jahren Haft verurteilt, kommt aber schon nach 432 Tagen frei und wird ausgewiesen. Der junge Mann entpuppt sich nicht als genialer Provokateur, sondern als geistig verwirrter Möchtegernpolitiker; er verfüge über eine besondere Aura als Friedensengel und einen historischen Auftrag zur Verbesserung der deutsch-sowjetischen Beziehungen, erzählt er uns im Interview nach seiner Rückkehr in die Heimat. Immerhin ist ihm dann so viel zu entlocken: Er habe beim Anflug einen großartigen Blick auf den Kreml, den Roten Platz gehabt – und auf »dieses riesige Hotel da nahe meinem Landeplatz«.

Die Winde des Wandels werden Anfang der Neunziger stürmisch. Sie erfassen alle Einrichtungen der Sowjetunion und der Partei. Ein Staatsstreich konservativer Kräfte scheitert, Boris Jelzin gibt den volksnahen Gorbatschow-Retter. Ungeheuerliches geschieht: Ein Weltreich löst sich auf, nicht mit einem Donnerschlag, sondern mit einem leisen Seufzer. Aus der Sowjetunion wird die GUS, in schneller Folge entstehen im Baltikum und an der ehemaligen Südflanke der UdSSR neue unabhängige Staaten.

Alles verändert sich – nur das Rossija nicht. Wie ein Fels, nein, wie ein Klotz steht es in der Brandung, von um sich greifenden Trends wie Kapitalismus und Kundenservice weitgehend unbeeindruckt.

Als wolle das Hotel zur Parabel auf die gescheiterte kommunistische Religion werden, so kommt es mir 1991 bei meinem Besuch vor. Noch immer sind viele Gäste Funktionäre. Aber in den Zimmern 507 bis 509 interviewen wir Kohlekumpel aus dem Kusbass: Sie sind als Delegierte ihrer Region in Moskau und wollen mit einem Hungerstreik auf die erbärmlichen Bedingungen in ihrer Heimatregion aufmerksam machen. Es ist nicht nur die Zeit des demokratischen Aufbruchs in Russland, es ist auch die Zeit des Sozialabbaus – Zehntausende haben ihre garantierten Jobs verloren oder werden vom Staat für ihre Arbeit einfach nicht mehr bezahlt. Auf dem Rasen vor dem Rossija demonstrieren verzweifelte Familien, malen anklagende Transparente, lassen sich bald in improvisierten Zelten auch über Nacht nieder: eine ungeheure Provokation im Angesicht des Kreml. Sie wird von einer hilflosen, überforderten politischen Führung über Wochen geduldet.

Drei Jahre später kommt dann der absolute Tiefpunkt für das Hotel, das einmal gebaut worden ist, um es den Kapitalisten zu zeigen, und das 1994 schon fast zur Billigabsteige verkommen ist: Es muss wegen Verseuchungsgefahr durch Ungeziefer vorübergehend geschlossen werden. Nicht mehr die Wanzen in den Zimmern sind nun das Hauptproblem, sondern die Heerscharen von Kakerlaken – und die Ratten. Manche Angestellte flüchten sich in Galgenhumor. Den Reportern der *New York Times* sagt ein Rossija-Kellner: »Wissen Sie, warum sich nie ein Gast über die Viecher beschwert hat? Na, weil sie zu beschäftigt sind. Sie jagen durchgehend die Ratten, und zwar in alle Richtungen.«

Andere, ideologisch gefestigtere Angestellte schieben den Niedergang des Rossija auf den Klassenfeind. »Früher hat eine KP-Verordnete der Stadtverwaltung für die Beseitigung des Ungeziefers gesorgt, den Posten haben sie gestrichen. Jetzt haben wir eine private Firma beauftragt. Doch die nehmen nur den Vorschuss und tun nichts«, meint verbittert die Deschurnaja Swetlana vom Nordflügel, Etage sieben.

»Private Firma«, sagt sie mit allen Anzeichen der Abscheu; 27 Jahre hat sie im Musterhotel des Sozialismus treu gedient, und nun ist ihr Weltbild zerstört. Keine Wachen mehr am Lenin-Mausoleum! Westliche Hotelketten, die eine nach der anderen ihre Glitzer-Dépendancen in Moskau eröffnen! Selbst im Rossija-Komplex hat neuerdings ein Nachtclub mit dem Namen Manhattan Express aufgemacht, berichtet die Frau – weiß der Teufel, wie die Kapitalisten an diese Lizenz, an diese Räume gleich westlich vom Haupteingang gekommen sind. Und nicht genug damit: In einer Anzeige in allen Moskauer Zeitungen erfrechen sich diese Klassenfeinde aus Amerika, dem Hotel eins auszuwischen: »Besuchen Sie uns im Manhattan – wir haben mit den Rossija-Problemen nichts zu tun, wir haben unsere eigenen Kammerjäger und sind ungezieferfrei.«

Nach vier Monaten macht das Rossija wieder auf. Die oberen drei Stockwerke werden nach und nach renoviert. Einige der überdimensionierten Restaurants müssen schließen. Doch das alles nützt dem Hotel wenig; die Reichen und die Prominenten sind längst abgewandert ins Baltschug Kempinski, ins Radisson, ins Marriott. Als Plus bleibt dem Rossija nur die ideale Lage in Kreml-Nähe, die freilich nicht immer die gewünschten Gäste anzieht.

Im Herbst des Jahres 2000 hebt eine Spezialeinheit der Polizei im Hotel ein Waffenlager aus. Neben Kalaschnikows und Granaten wird auch ein hochmodernes Scharfschützengewehr sichergestellt. Sollte vom Rossija-Zimmer ein Anschlag auf die nur dreihundert Meter entfernten Amtsräume des neuen Präsidenten Wladimir Putin verübt werden? War ein Auftragsmord an einem Wirtschaftsboss, eine Terrortat gegen Touristen geplant? Die Parteibosse verweigern nach alter Tradition die Auskunft; alle Untersuchungen verlaufen im Sand. Die Behörden geben nur bekannt, dass ein Rossija-Angestellter »wegen Verdachts auf Mithilfe bei der Planung einer kriminellen Tat« festgenommen worden ist.

Meinen letzten Trip ins Rossija habe ich im Sommer 2003 unternommen, bin durch seine Gänge gestreift, habe seine Bars inspiziert – ein fast nostalgischer Besuch. Es gibt eben Plätze, die wachsen einem ans Herz, und man weiß nicht einmal so recht, warum.

Vielleicht liegt's daran: Inmitten all der neuen gesichtslosen Hotelpaläste wie dem Ararat Park Hyatt, inmitten all der kitschig überrestaurierten alten Fünfsterneherbergen wie dem Savoy strahlt das rostige Rossija unverfälschte Ehrlichkeit aus. Von außen ist der überdimensionierte Bau immer noch der Koloss, der die Kreml-Gegend verschandelt. Auch im Inneren wirkt alles auf den ersten Blick unverändert: zugige Rezeption, langsame Aufzüge, endlose Flure, fleckige graue Teppiche. Im Restaurant des ersten Stocks üben sich noch immer die unfreundlichen Kellnerinnen in Zeitlupenbedienung, mit allem beschäftigt, nur nicht mit dem Gast. Vielleicht sollte man das Rossija samt seinem Personal zum Weltkulturerbe deklarieren, zum erhaltungswürdigen Freilichtmuseum einer an menschlichen Grundbedürfnissen gescheiterten Ideologie.

Auf den zweiten Blick aber sieht man, wie sich das Rossija dann doch stellenweise den neuen Zeiten angepasst hat. In manchen Stockwerken stehen Spielautomaten, einarmige Banditen aus Las Vegas und Hongkong. Ganze Etagen (sieben bis zwölf) sind inzwischen grundrenoviert und erstrahlen im Allerweltsglanz eines beliebigen Mittelklassehotels: Fernseher, Bad, Schrank (mit Bügeln), jedes Zimmer hat sogar garantiert ein Bett. Der Wella-Friseursalon wartet im Westgebäude auf Kunden, daneben lockt das von Sothys, Paris, betriebene Beauté-Institut mit französischen Schönheitsrezepten. Neu sind im Rossija-Komplex auch die Restaurants mit ausländischer Küche: der Italiener La Gioconda, der Japaner Tokyo (»authentische Sushi«); zur Warwarka-Straße hin entstand ein Luxusschuppen namens Secession, eingerichtet »im Gustav-Klimt-Stil« mit viel Gold – und der Warnung im Aushang, das »Durchschnittsessen ohne Getränke kostet dreißig US-Dollar«. Die gängigen Kreditkarten werden gern genommen.

Das Hotel ist »teilprivatisiert«, was immer das heißt. Jedenfalls werden die riesigen Säle im Westflügel meistbietend an Interessenten vermietet. Sonntag nachmittags beispielsweise an große Agenturen, die »Model-Wettbewerbe« veranstalten. Da staksen sie dann alle über den Laufsteg, die einheimischen Schönheiten zwischen 16 und 29, in der Hoffnung auf die große Karriere. Doch im Zuschauerraum sitzen neben vereinzelten Scouts der internationalen Agenturen vor allem zwielichtige Gestalten. Vermutlich Organisatoren von Stripteaseshows, die heute in so vielen dubiosen Varietés und Spielkasinos von Moskau dargeboten werden.

Manchmal veranstalten westliche Firmen Informationsveranstaltungen für neues Personal und dann kommen Studienrätinnen, sogar Professorinnen, bereit zu jedem Sekretärinnenjob. Aber auch die neue »Mittelständische Vereinigung« lädt gelegentlich ins Rossija ein; dabei trägt jeweils einer der jungen russischen Unternehmer seine Erfolgsgeschichte vor. Zum Beispiel Sergej Plastinin, 33. Der Mitbegründer und Chef von Wimm-Bill-Dann hat es mit seinen Milch- und Fruchtsaftfirmen längst geschafft und ist vielfacher Millionär. Er erzählt nun wissbegierigen jungen Leuten, was Eigeninitiative – in Tateinheit mit den richtigen Verbindungen – so alles erreichen kann.

Raubtierkapitalismus, Ausbeutung in neuer wie in alter Form, die zarte Pflanze soziale Marktwirtschaft in den exkommunistischen Vorzeigehallen: Das Rossija ist auch in diesen Tagen ein russischer Mikrokosmos. Wenn die Veranstaltungen zu Ende sind, fliehen die Teilnehmer allerdings aus dem Hotel; zu teuer sind die neuen Restaurants, zu schäbig die alten. Sie gehen in die Moskauer In-Kneipen, die selbstironisch Propaganda, Wildwest oder auch Das Kapital heißen. Nur die drei Bierstuben, die in drei Flügeln des Hotels eingerichtet wurden, sind einigermaßen besucht. Große ausländische Brauereien teilen sich das Geschäft: Carlsberg, Jever, Heineken.

Noch gibt es den Nachtclub Manhattan, erste Domäne des Klassenfeindes auf dem Rossija-Gelände. Doch längst sind in der Umgebung andere, luxuriösere Discos entstanden. Zwanzig Dollar kostet neuerdings der Manhattan-Eintritt. Die Bar öffnet erst um 23 Uhr ihre Tore. Sie ist fest in der Hand von Prostituierten, die offensichtlich mit dem Etablissement in die Jahre gekommen sind, für deren politische Spitzeldienste sich jetzt aber wohl keine Staatsgewaltigen mehr interessieren. Während eine traurige Band Modern-Talking-Hits nachspielt – verblüffenderweise klingen sie noch schauriger als im Original –, versuchen die Damen männliche Gäste zu anzüglichen Sondervorführungen in »VIP-Rooms« zu locken.

Wer steigt heutzutage im Rossija ab? Nicht mehr Politiker-Delegationen, schon gar keine Staatsbesuche oder Wirtschaftsführer. Russlands Elitehotel ist zum erschwinglichen Gruppenhotel für westliche Durchschnittsbürger geworden. Billigtouristen nehmen sich eines der nicht renovierten Zimmer, gerade mal ein Viertel so teuer wie in den benachbarten Luxushotels. Ein besonders guter Deal sind die frisch hergerichteten Räume in den oberen Stockwerken, die kaum die Hälfte dessen kosten, was anderswo in Moskau verlangt wird. Das Frühstück macht sieben Euro extra – Kreml-Blick und Ostalgie inklusive.

Letzte Meldung: Wird die immer noch dominierende Servicewüste womöglich zur Oase? Ludmilla Samojlowa, Personalchefin des Rossija, hat einen Managerkurs im Berliner Bildungszentrum am Müggelsee beendet, als eine von hundert »Topmanagerinnen« in Russland. Sie habe viel gelernt, was sie auch anwenden werde, sagt sie drohend Richtung Heimat.

Mein Enkel, du fragst mich, was aus dem Mann geworden ist, der mit seinem Privatflugzeug am Kreml gelandet ist, ob ich ihn wiedergesehen habe. Ich wusste, dass dich diese Geschichte besonders fasziniert.

Also, ich hatte dir ja schon erzählt, dass ich Gelegenheit hatte, ihn lange auszufragen. Es war nicht gerade eine meiner journalistischen *stern*-Stunden. Die Chefredaktion war auf die Idee gekommen, Mathias Rust nach seiner 432-Tage-Haft und der Abschiebung aus Moskau exklusiv für das Magazin »einzukaufen«. Das Interesse an seiner mysteriösen Geschichte war riesengroß. Der Kreml-Flieger sei ein »deutsches Idol« geworden, schrieb damals allen Ernstes sogar die *New York Times*. Und das US-Wirtschaftsmagazin *Forbes* sprach von einem »Bravourstück«, das Rust gar für den Friedensnobelpreis prädestiniere.

Alle Rechte lagen bei uns und nach einem kurzen Statement, das der Kreml-Flieger auf dem Frankfurter Flughafen vor der versammelten deutschen Presse gab, stand er uns einen Tag und eine Nacht an einem abgeschirmten Platz in der Lüneburger Heide zur Verfügung.

Glaub mir, es war ein Desaster. Nie habe ich »Exklusivität« so verflucht. Rust erwies sich als ein hochgradig gestörter junger Mann: Er hätte auf die Couch eines Psychiaters gehört. Als nach vier Stunden die Chefredaktion des *stern* anrief und die Titelgeschichte andrucken wollte, hatten mein Kollege Thomas Osterkorn und ich noch nicht einen vernünftigen Satz auf dem Tonband. Rust spann sich irgendetwas zusammen, von seiner besonderen Gorbatschow-Verwandtschaft, von seiner Nähe zu den Sternen, von seiner unerklärlichen Aura; von seinem Traumreich »Lagonia«, in dem Deutsche und Russen gemeinsam den Weltfrieden vorantreiben würden. Er glaubte allen Ernstes, seine »Friedens- und Abrüstungsinitiative«, wie er sein Unternehmen nannte, würde die internationale Politik von Grund auf verändern. Und wir hatten die Buchrechte für seine gesammelten Erzählungen! Selbst aus Amerika waren schon Anfragen da: Rusts Kreml-Flug, das klang wie eine wunderbare Köpenickiade.

Zur Ehrenrettung meiner damaligen Chefredaktion muss ich sagen, dass sie unsere eher dünne, aufs Psychologische zielende Geschichte ohne Murren druckte und uns nicht zu einem Rust-Buch zwang. Die Zurückhaltung brachte uns sogar die Anerkennung der journalistischen Konkurrenz ein. Für die wenigen, die noch immer glaubten, wir hätten einfach tiefer graben müssen, um die »wahre Geschichte« herauszubekommen, wurde nach einem Fernsehauftritt Rusts manches klarer.

Er hat nach der Veröffentlichung der Geschichte nie mehr mit mir gesprochen. Einige Jahre später wurde Rust verhaftet, weil er mit seinem Messer auf eine Schwesternschülerin eingestochen hatte, die sich seinen Annäherungsversuchen verweigert hatte. Nun endlich befassten sich Psychiater mit dem

Gestörten, attestierten ihm verminderte Zurechnungsfähigkeit. Seit er seine Haftstrafe abgesessen hat, verliert sich seine Spur. Er ist für eine Weile zurück nach Russland gegangen, so viel weiß ich; diesmal nicht, um Gorbatschow zu treffen und seine besondere Aura auf die Russen strahlen zu lassen – sondern um in St. Petersburg Schuhe zu verkaufen. Ach ja, und sein Projekt, die Welt zu retten, hat der junge Mann auch im Jahr 2003 noch nicht aufgegeben. Auf einer eigenen Website preist er sein Projekt »Orion und Isis« an: »Lassen Sie uns Ihre Flügel sein, die Sie zur Quelle des Friedens tragen«, schreibt Rust. Jeder, der sich dazu bereitfühle, Gewalt und Terror auf der Erde zu bekämpfen, solle sich ihm anschließen, wie das schon fünfundzwanzig Prominente, »unter ihnen mehrere Nobelpreisträger«, getan hätten. Gegen »individuell ausgehandeltes Honorar« will der Kreml-Flieger an der weltweiten Konfliktlösung arbeiten, auch im Irak.

Ob Mathias Rust jetzt manchmal nach Moskau fährt und ob er dabei im Rossija wohnt? Ich habe keine Ahnung, mein Enkel. Aber du weißt ja, das Rossija hat manches gesehen und manche unterschiedlichen Typen beherbergt: Spinner, Verschwörer, Journalisten. Einer mehr oder weniger fällt da nicht mehr ins Gewicht. Und wenn das Hotel heutzutage viele ganz normale, durchschnittliche Gäste hat, dann lässt sich das durchaus auch als Fortschritt verstehen. Und die Werbeplakate am Nordflügel für Konsumgüter, die Coca-Colonisierung? Sieh es so: Rotkäppchen wurde vom kapitalistischen Wolf gefressen, lebt aber als Inkarnation weiter – im russischen Disneyland.

Dieses Hotel wird immer ein besonderer Platz bleiben. Später fahren wir einmal gemeinsam hin. Versprochen.

HOTELBEWERTUNG:

NOSTALGIEFAKTOR: ***
LUXUSFAKTOR: **
WOHLFÜHLFAKTOR: **
PREIS-LEISTUNGS-FAKTOR: ****
ADRENALINSTOSS-FAKTOR: ***

Adresse:
Hotel Rossija
Uliza Warwarka 6,
101435 Moskau, Russland
Telefon: 007-95-232-5000 oder 232-6254
Fax: 007-95-232-6262

Zimmer:
Einzelzimmer ab 48 Euro (nicht renoviert), 73 Euro (renoviert),
Doppelzimmer ab 60 Euro (nicht renoviert) bis 93 Euro (renoviert)

Continental, Saigon

Die Veranda der Veteranen

Haus des Krieges, Arbeitsplatz, Vergnügungsdampfer: Das Continental war für Kriegsreporter und Schriftsteller aus aller Welt das Herz Vietnams – ein Ort, irgendwo zwischen Lüge und Literatur. Saigon ist heute eine kapitalistische Stadt. Doch das Hotel behauptet sich als sozialistische Insel.

Es ist spät am Abend und doch lastet die schwüle Hitze über Saigon noch schwer, wie ein über die Stadt geworfenes großes, nasses Handtuch. Die Einreise in die Sozialistische Republik Vietnam hat sich unproblematisch gestaltet, die Passbeamten waren korrekt, die Zöllner zuvorkommend; keiner verlangte wie früher für eine Dienstleistung Extratrinkgeld. Auf der Strecke vom Flughafen dann diese ewig-fernöstlichen Gerüche: »mam tom«, die scharfe fermentierte Garnelensauce, von den GIs in Kriegszeiten »Tränengas des Vietcong« genannt, vermischt mit dem frischen Duft von Minze und dem fauligen der Durian-Frucht. Tausende Radfahrer und Cyclo-Rikschas drängen sich im Verkehr, aber auch viele neue Motorräder und japanische Kleinwagen. Es wird riskant überholt, ein bisschen geschimpft, viel gelacht: die Straße, immer noch die große Bühne; ein ewiger, nie abreißender Strom.

Am Hotel Continental, wo mich der Taxifahrer absetzt, haben Kinder ihre fahrbaren Verkaufsstände aufgestellt, offensichtlich in Erwartung zahlungskräftiger Ausländer. »Souvenirs, Souvenirs«, rufen sie. Zwei Jungs, die höchstens zwölf sein können, versuchen das Übliche loszuschlagen: Ansichtskarten, Stadtpläne, Chiclets. Der Dritte, etwas älter, bietet Selbstgebasteltes an – Kampfflugzeuge und Helikopter, die er aus Bier- und Coladosen zusammengeschweißt hat und auf denen »US Army« steht.

Die Hotellobby liegt im Dornröschenschlaf. Die junge Dame an der Rezeption hat den Kopf auf den Empfangstisch gelegt. Auf zwei tiefen Sesseln am anderen Ende sitzen, zusammengekauert und mit geschlossenen Augen, zwei weißhaarige Männer. Ein anderer Hotelbediensteter stützt sich gedankenverloren auf einen unförmigen blauen Staubsauger, Modell »Saigon Export«, der allerdings abgeschaltet ist oder nicht funktioniert. Die einzige Bewegung kommt von einer Weltuhr, die sich permanent um die eigene Achse dreht, in immer neuen, trägen Reisen rund um die Erde: Sydney, Tokio, Moskau, London, Paris, New York. Wie aus dem Nichts taucht schließlich ein Hotelgepäckträger auf.

»Ich habe Zimmer 214 gebucht«, sage ich zu dem älteren Herrn, was nicht stimmt, und drücke ihm einen Fünfdollarschein in die Hand. Nach einer kurzen Diskussion mit der Dame an der Rezeption kommt er strahlend zurück: »Alles in Ordnung. Wir hatten Ihre Vorausbuchung wohl nur verlegt.«

Vorbei an einem Coca-Cola-Automaten, einen klösterlich langen Gang entlang, zum Eckzimmer. »Voilà, Nummer 214«, sagt der Greis, der im Gehen immer ein Bein nachzieht, und verrät erst jetzt, dass auch er weiß, was ich mir von Freunden hatte erzählen lassen. »Das Zimmer, in dem Graham Greene gewohnt und den ›Stillen Amerikaner‹ geschrieben hat.«

Dunkelrote Vorhänge, schwere Teakmöbel, ein Schaukelstuhl; an der Wand das Bild einer ländlichen vietnamesischen Szene: Wasserbüffel im Reisfeld. Zwei Betten, die weich sind und durchgelegen. Könnte alles original vom Anfang der fünfziger Jahre stammen, als der berühmte Autor hier wohnte. Eine Errungenschaft ist sicher neueren Datums: der kleine Fernsehapparat auf dem schweren Schreibtisch. CNN und

BBC gibt es nicht, nur vietnamesische Programme. Dafür aber über Kanal 0 »In-House-Movies«. Die Titel für diesen Monat lauten: »Shoot«, »Breathing Fire«, »Hit Man«, »Walker Texas Ranger« und »Trapped in Paradise«. Neben dem TV-Gerät liegt ein Zettel mit den Hotelvorschriften. Darin heißt es: »Die Gäste werden gebeten, keine Waffen, keinen Sprengstoff, keine Drogen und keine Haustiere mitzubringen.« Punkt zwei: »Es ist nicht erlaubt, Prostituierte im Hotel zu empfangen.« Punkt drei: »You are welcome. Thank you.«

Keine leichten Mädchen, keine Rauschmittel, keine Pistolen? Graham Greene, der Connaisseur der Sünde, würde wohl ebenso ungläubig den Kopf schütteln wie die Kriegskorrespondenten, die in den Sechzigern und Siebzigern aus dem Continental ihr zweites zu Hause machten. Wofür sonst stand dieses Hotel, auch »Haus des Krieges« und »Reporters Traum« genannt – außer für Selbstverteidigung im Notfall, für die Ablenkung durch Opium und Marihuana nach geschriebener Story, für aufregende Entspannungstunden mit den Schönen der Nacht vor dem nächsten, grausamen Kriegstag?

Das neue Airconditioning, das heute fast im ganzen Hotel die alten Ventilatoren ersetzt hat, kühlt grabeskalt. Es ist laut, was aber wenig auffällt, weil nichts den Straßenlärm übertönt, der dank der undichten Fenster quer durchs Zimmer geleitet scheint. Erst gegen drei Uhr morgens kehrt etwas Ruhe ein, Saigon sinkt in den Erschöpfungsschlaf. Und erwacht dann wieder gegen fünf, mit resolutem hundertfachen Fahrradklingeln. So wie früher, so wie wohl immer: Good Morning, Vietnam.

Der Blick von meinem Eckzimmer mit dem kleinen Balkon geht hinunter auf die Rue Catinat. In den ersten Tagen meiner Vietnam-Rückkehr habe ich die alte Hauptstraße Tu Do (»Freiheit«) genannt, wie sie offiziell in den Sechzigern hieß, oder auch Dong Khoi (»Generalaufstand«), wie sie seit dem Sieg der Kommunisten 1975 offiziell genannt wird; bis mir auffiel, dass zumindest die Älteren im Hotel so selbstverständlich den französischen Namen für den Boulevard benutzten, wie sie Saigon zu der Stadt sagten, die offiziell doch Ho Chi Minh City heißt. In dieser Rue Catinat also, benannt nach einem Kriegsschiff unter der Flagge der Trikolore, scheint sich auf den ersten Blick wenig getan zu haben. Noch immer keine Hochhäuser, sondern die alte vietnamesische Drei-Stockwerk-Bauweise, Balkone, immer wieder mit Einsprengseln französischer Kolonialarchitektur.

Aber auf den zweiten Blick fallen die Unterschiede zu früher schon auf. Das Stadttheater auf dem Platz vor dem Continental ist wieder hergerichtet. An der Kreuzung zum Le Loi Boulevard sind riesige Plakate und Leuchtreklamen angebracht: Eine vietnamesische Schönheit wirbt für ein einheimisches Shampoo, Cindy Crawford für eine Schweizer Armbanduhr, Sony begnügt sich mit einem schlichten, großen Schriftzug. Armani hat auf der Rue Catinat, zwischen all den kleinen lokalen Modeboutiquen, Pâtisserien und Parfümerien einen neuen Laden eröffnet, vor dem sich jetzt die bettelnden Krüppel und weissagenden Transvestiten sammeln. Vor dem restaurierten Hotel Caravelle, immer schon ein Konkurrent des Continental und auf der anderen Seite des Platzes gelegen, fahren Lexus-Limousinen vor. Es wurde von der internationalen Furama-Kette auf westlichen Fünfsterneluxus getrimmt. Weiter unten an der Catinat, direkt am Fluss, hat die Sofitel-Kette das alte Majestic aufgemöbelt. Und gleich neben dem Continental wirft der Turm eines brandneuen Hyatt seinen Schatten bis in den schönen Innengarten der Traditionsherberge: Eröffnung im Jahr 2004 geplant.

Zwischen den duftenden Frangipani-Bäumen und Orchideen im alten Continental-Hotelgarten sitzt Vuong Anh Truan, General Manager sowie Parteimitglied, und erklärt mir die Machtverhältnisse bei einem Fruit Punch. »Unser Hotel wird von Saigontourist verwaltet und befindet sich nach wie vor im Besitz der sozialistischen Regierung«, sagt der Kader mit dem Pokerface. Geckos tummeln sich an einer Hotelwand, verschlingen die Insekten, die sich gar zu träge dem Rhythmus im Hotel anpassen. »Wir haben es 1989 für drei Millionen Dollar aus eigenen Mitteln neu hergerichtet und uns nicht an dem allgemeinen Ausverkauf beteiligt, der ja so oft mit ausländischen Investitionen einhergeht.«

Als Patronesse im Hintergrund wirkt nach seinen Worten immer noch die legendäre Madame Nguyen Thi Thu, verheiratet mit einem langjährigen ZK-Mitglied, in Hanoi ansässig und »seit jeher eine Revolutionärin, perfekt auch in der französischen Sprache«. Sie hatte nach dem Sieg über die Amerikaner und den Süden 1975 im Namen der Kommunistischen Partei das Haus übernommen; über ein Jahrzehnt sei es nur hochrangigen vietnamesischen Führungskräften zugänglich gewesen, doch nach 1986 und der folgenden Restaurierung in den Neunzigern habe man das Hotel auch ausländischen Gästen geöffnet. »Und Sie sehen ja jetzt«, schließt der Genosse Generaldirektor zufrieden, während er seinen schlichten grauen Saigon-Tourist-Kugelschreiber in die Innentasche seines schlichten grauen Parteianzugs fallen lässt, »viele Japaner, einige Europäer, sogar Amerikaner sind unter unseren Gästen.«

Wir spazieren über die kleine Brücke im Garten zurück in die Hotelhalle. Herr Vuong zeigt das vietnamesische Restaurant Continental Palace, das neue kleine Fitnesscenter, auf das er sehr stolz ist, die Bar StarryNite mit Billardtisch, das italienische Restaurant Venezia, das früher Dolce Vita hieß und auch jetzt zur besten Mittagszeit fast leer ist. Überall im Hotel sind schöne Antiquitäten zu besichtigen, Kronleuchter, Vasen, Mahagonistühle. Die meisten Räume wirken durch die edlen Hölzer, die rotbraunen Decken und Böden angenehm warm. Das Hotel ist gemütlich, hübsch, preiswert sowieso. Und doch: Ob der permanente Geruch von Bohnerwachs das bewirkt, die Einheitsmarmelade am Frühstücksbüfett, der Zeitungsständer mit den KP-Blättern von Hanoi über Havanna bis Peking – es ist der trotzige Charme eines untergehenden Sozialismus, der das Continental von heute vor allem prägt.

»Das Jahr 2002 ist das vietnamesische Jahr des Tourismus«, steht draußen auf einem Plakat in Rot über dem Hauptportal. Der Direktor und ich gehen einige Schritte über den Platz.

Am schönsten ist das Continental aus einigen Metern Abstand. Da sieht man die elfenbeinfarbene Kolonialfassade mit den hohen Fenstern am besten, die frisch gestrichenen original französischen Balkongitter. Ein Straßenmusikant hat sich auf das Grün vor dem Gebäude des Staatstheaters gestellt und fängt an, seiner Geige eine schluchzende Melodie zu entlocken. »La vie en rose« heißt das Lied, das die Touristen zu einer milden Gabe verführen soll; Edith Piaf machte es einst weltberühmt. Man hört es in Saigon öfter, es ist so etwas wie das Volkslied der ersten Besatzer. Das der zweiten Besatzer dröhnt aus einem Gettoblaster, den sich ein Cyclo-Fahrer an sein Arbeitsgerät geschnallt hat und damit, in die Pedale tretend, vorbeischwebt: »Born in the USA«, Bruce Springsteen. Der »Boss« wird hier auch mit seinen alten Lieden so verehrt wie sonst nur in Pittsburgh oder Philadelphia.

Hat eine Partei, die doch immer den revolutionären Neuanfang predigte, nie Probleme mit der Pflege der kolonialen Vergangenheit des Hotels gehabt? Manager Vuong zuckt die Schultern. »Das ist Teil unseres Erbes. Wir stehen dazu«, sagt er. »Obwohl wir gerade in diesem Hotel erlebten, welchen Abschaum der Kapitalismus hervorbringt, welch trauriges Strandgut er manchmal anschwemmt.« Bevor ich ihn fragen kann, was und wen er meint – die französischen Plantagenbesitzer, die amerikanischen Militärberater und Geheimdienstagenten, die Reporter aus aller Welt, oder sie alle zusammen – wird der Generaldirektor zu einer dringenden Sitzung gerufen.

Der erste Besitzer des Continental könnte sich in den Augen des Nationalkommunisten als »Abschaum« qualifiziert haben; eine zwielichtige Gestalt war Mathieu Franchini allemal. Der Korse soll sich mit der Unterwelt Saigons ebenso gut verstanden haben wie mit den französischen Militärs, die 1859 Saigon eroberten und acht Jahre später ganz Cochinchina zu einer Kolonie machten. Angeblich entstand das Gebäude an der Place Garnier (heute: Lam-Son-Platz) um das Jahr 1880, nach den Plänen eines italienischen Architekten, doch diese Vorgeschichte verliert sich im Dunkeln. Historisch belegt ist, dass der Korse Franchini, ursprünglich Lehrer von Beruf, aber bald schon ein berüchtigter Waffen- und Opiumhändler, das Hotel gekauft hat und es ab 1925 zum ersten Haus am Platz machte. Continental Palace hieß es damals und zog erholungsbedürftige Plantagenbesitzer aus dem ganzen Land wie abenteuerlustige Touristen aus der Heimat an.

Saigon war in diesen Zeiten alles andere als ein internationales Zentrum. Aber die weißen Dampfschiffe der »Messageries Maritimes« machten hier Zwischenstopp auf dem Weg nach Yokohama und Schanghai. Die Gäste suchten eine luxuriöse Unterkunft, gutes Essen, Vergnügungen. Manchmal suchten sie auch Vergessen. So wie wohl André Malraux, der 1927 einige Wochen im Continental blieb. Weil er von den berühmten Tempelanlagen Angkors im heutigen Kambodscha Kunstgegenstände gestohlen hatte, war er dort im Gefängnis gesessen. Er schwärmte vom Saigon-Hotel in seinen »Antimemoires«; ebenso wie Marguerite Duras, die hier für »Der Liebhaber« Milieustudien machte, und Lucien Bodard (»Den obligatorischen Apéritif nahm man auf der Terrasse«).

Die Franzosen waren damals stolz auf ihre Rolle als Kolonialherren. Sie bauten Straßen, Eisenbahnstrecken, Häfen und auch nicht wenige Schulen. Doch sie waren keine Wohltäter. Zuallererst ging es den Kolonialisten um eigene Profite, weshalb sie in den Zinkminen und Kautschukplantagen den Einheimischen nur kümmerliche Gehälter zahlten und ihre Arbeitskraft auspressten. Um ihre öffentlichen Einrichtungen zu finanzieren, besteuerten sie die Landbevölkerung so hoch, dass die meisten ihren Grund und Boden aufgeben mussten.

In Saigon allerdings merkte man vom Hass auf die fremden Herren Ende der vierziger Jahre noch wenig. In der Stadt war »eine eigene Bourgeoisie entstanden, die die französische Sprache und Lebensart angenommen hatte«, schreibt in seinem Buch »Der Tod im Reisfeld« Peter Scholl-Latour, einer der wenigen noch lebenden Zeitzeugen von damals. »Doch unterhalb dieser Elite lebte ein Volk, das allenfalls Ethnologen und Missionaren vertraut war. Diese Nhaques, diese Reisbauern, wie sie verächtlich genannt wurden, [erwiesen sich bald] als die härteste Kriegerrasse Asiens.«

Mit der Dauer der Besatzung stieg der Unmut. Viele Vietnamesen wollten ihr Land wieder unabhängig sehen und waren bereit, im Untergrund gegen die Kolonialisten zu agitieren. Buddhisten wie obskure regionale Sekten schlossen Geheimbünde. Zur stärksten Kraft des Widerstands aber wurden die Nationalkommunisten. Ihr Führer Ho Chi Minh schaffte es schon 1945 – nach dem Zusammenbruch der japanischen Besatzung, die zwischenzeitlich die Macht übernommen, die tägliche Verwaltung allerdings weiterhin überwiegend den Franzosen überlassen hatte – mit seinen Vietminh große Teile des Nordens zu erobern und in Hanoi eine »Demokratische Republik« auszurufen. Doch der Revolutionär wollte das ganze Land. »Ihr könnt zehn meiner Leute für jeden eurer umgebrachten Soldaten töten, aber trotzdem wird es euch nichts nützen und wir werden siegen«, sagte er an die Franzosen gerichtet. »Onkel Ho«, wie ihn seine Freunde riefen, kannte Paris genauso gut wie London und New York, war dreißig Jahre lang durch die Welt gezogen. Er hatte als einfacher Matrose auf französischen Frachtern, als Hafenarbeiter in den USA, als Konditor im Carlton Hotel in der britischen Hauptstadt gearbeitet. Wichtige Anregungen für seinen revolutionären Kampf bekam er auch in Moskau, seine kommunistische Agitation brachte ihn zwischenzeitlich in ein Hongkonger Gefängnis – doch zuallererst war »Ho mit dem eisernen Willen« immer ein Nationalist.

Immer wieder hatte er bei seinem Kampf auf die Hilfe der Amerikaner gehofft und bei seinen Verfassungsentwürfen viel von Thomas Jefferson geborgt; zwischenzeitlich stellten sich Agenten des CIA-Vorläufers OSS an seine Seite. Doch Washington begann unter Präsident Truman die Franzosen in Indochina massiv mit Geld und Waffen zu unterstützen – seit Mao Tse-tung 1949 die Macht über ganz China erobert hatte, ging die Angst vor einer Ausbreitung des Kommunismus um. Neue Fronten begannen sich abzuzeichnen. Noch war Saigon eine weitgehend schläfrige, schöne, manchmal ein bisschen schamlose Provinzstadt à la française – aber unter der Oberfläche begann es zu brodeln. Saigon schmeckte nach Gefahr, Verrat, Sünde. Es war damit ein Ort nach Graham Greenes Träumen.

Sofort nach der Landung Anfang 1951 habe er sich in Vietnam, in Saigon, in das Continental und das Majestic (das »andere« Hotel, unten am Fluss) verliebt, gestand der Autor später seinen Freunden – so sehr, dass er dorthin vier Winter lang jedes Jahr zurückkehrte, sich insgesamt mehrere Monate in Saigon aufhielt. Auf der Terrasse des Continental traf Greene den immer etwas schüchternen Chefredakteur der Kulturzeitschrift *Revue France-Asie* und dessen vor Lebenslust sprühende vietnamesische Freundin Phuong (denen er später sein Vietnambuch widmete); hier begegnete er auch dem US-Diplomaten Howard Simpson, der zur »grundsätzlich antiamerikanischen Einstellung« des damals schon bekannten Autors ein Kabel nach Hause schickte.

Greene begann Opium zu rauchen und machte auch andere Milieustudien: Er besuchte regelmäßig Le Parc aux Buffles, das größte Bordell Asiens. Gelegentlich ließ er sich für das amerikanische Magazin *Life* akkreditieren, aber er schrieb für dieses Magazin nie etwas über Saigon. Erst 1955, als »The Quiet American« bereits erschienen war, hat er (für die *Sunday Times*) den Kommunistenführer Ho Chi Minh interviewt, von dem er sehr beeindruckt war. Greene gefiel besonders die Bezeichnung, die einer von Hos Gegnern für den Revolutionär gefunden hatte: »ein Mann, so rein wie Luzifer«.

Das Continental spielt in Graham Greenes »Der stille Amerikaner« eine Hauptrolle. »Es war am frühen Abend im Continental, in den Verkaufsbuden der Seitengassen waren eben die Kerzen angezündet worden. Die Würfel kollerten auf den Kaffeehaustischen, wo die Franzosen ›Quatre-vingt-et-un‹ spielten, und durch die Rue Catinat fuhren die Mädchen in ihren weißen Seidenhosen auf dem Fahrrad nach Hause«, heißt es gleich auf den ersten Seiten. Auf der Veranda des

Continental trinkt Greenes Protagonist und Ich-Erzähler, der alt und ein wenig resigniert gewordene britische Korrespondent Fowler, mit seiner vietnamesischen Freundin Phuong allabendlich. Hier stellt er ihr den jungen, ebenso idealistischen wie von seinem »demokratischen« Missionierungsauftrag überzeugten US-Diplomaten Pyle vor (»Er gehörte in die Welt der Wolkenkratzer und der Expressaufzüge, wo man zum Lunch Milch trinkt … Gott schütze uns vor den Unschuldigen und Gutmeinenden«). Trotz ihrer Unterschiede – oder gerade ihretwegen – fühlen sich der politisch neutrale Zyniker und der gnadenlose Weltverbesserer voneinander angezogen und freunden sich an. Doch als Pyle sich in Phuong verliebt, werden sie Rivalen; der verheiratete Brite kann die junge Vietnamesin nicht halten, als ihr der Amerikaner die Ehe verspricht.

In das Dreiecksverhältnis bricht die große Politik ein. Die Franzosen bekämpfen die Kommunisten, die Amerikaner glauben, es bedürfe einer »dritten Kraft«. Sie wollen eine dem Westen zugeneigte, von demokratischen Grundzügen geleitete vietnamesische Marionettenregierung schaffen – und sind dazu bereit, den obskuren Sektenführer, den sie sich für diese Rolle ausgesucht haben, auch mit Bombenmaterial aufzurüsten. Als der Religionsgeneral, offenbar mit Wissen der amerikanischen Regierung und durch die persönliche Vermittlung Pyles, die Zivilbevölkerung mit Terroranschlägen zu überziehen beginnt, liefert Fowler seinen Freund über einen Kontaktmann an die Kommunisten aus; sie richten ihn hin. »Früher oder später muss man Partei ergreifen, um menschlich zu bleiben«, sagt ein Vietnamese zu Fowler, dem ein bittersüßes Happyend beschert wird. Seine Phuong kehrt zu ihm zurück, seine Frau lässt sich doch scheiden.

Aus heutiger Sicht wirkt »Der stille Amerikaner« geradezu gespenstisch prophetisch. Tatsächlich suchten die amerikanischen Politiker ja später händeringend nach der »dritten Kraft« in Vietnam, vor allem nach der bitteren Niederlage der Kolonialmacht Frankreich bei Dien Bien Phu 1954 gegen die Kommunisten. Ho Chi Minh und seine Mannen kontrollierten nun Vietnam nördlich des 17. Breitengrades, der Fall anderer »Dominos« in Südostasien schien vielen in den USA plötzlich eine reale Gefahr. Washington fand die dritte Kraft in dem korrupten, dem Westen zugeneigten Katholiken Ngo Dinh Diem. Die Amerikaner schlitterten mit ihm in den Vietnamkrieg, viele von ihnen so gefährlich naiv überzeugt von ihrem Auftrag, die Demokratie am anderen Ende der Welt zu verteidigen, wie der Romanheld Pyle.

Im April 1956, als die letzten französischen Truppen Vietnam verließen, hatten erst wenige hundert amerikanische Militärberater in Saigon Fuß gefasst, manche als Ausbilder der südvietnamesischen Armee. 1963 zählte das US-Militär schon über 16.000 Mann; im nächsten Jahr führten die so genannten Tonkin-Zwischenfälle zu den ersten Bombardements des Nordens (wie inzwischen historisch belegt ist, haben die als Grund genannten kommunistischen Angriffe gegen die amerikanischen Zerstörer im einen Fall gar nicht, beim zweiten Fall nicht wie berichtet in internationalen Gewässern stattgefunden). 1965 war die erste Kampfeinheit in Danang gelandet und die Gesamtzahl der US-Streitkräfte in Vietnam auf über 180.000 Mann angeschwollen. Ende 1967 stand in Vietnam eine knappe halbe Million US-Soldaten unter Waffen.

Für das Continental war der Krieg eine einzige Bonanza. Denn auch das gehörte zur Naivität der Amerikaner: Sie taten alles, um die Kampfhandlungen für die internationale Presse zugänglich zu machen. Präsident Diem heuerte sogar eine Werbeagentur an der New Yorker Madison Avenue an, um das »dynamische Image« seines südvietnamesischen Regimes an die Reporter zu bringen: Journalistenvisa, Transport zur Front und zurück, Briefings – alles kein Problem.

Der neue Eigentümer des Continental nutzte das hereinströmende Geld klugerweise schnell zu einer Renovierung. Nun gab es in den meisten Zimmern ein Telefon, die Telexanschlüsse klappten. Philippe Franchini, der von seinem Vater übernommen hatte, war ein ganz anderer Typ als der alte Patron: ein hochbegabter Künstler – er stellte seine Bilder gelegentlich im Hotelrestaurant Dolce Vita aus – ebenso wie ein fähiger Organisator. Und für die ganz schwierigen Kontakte gab es noch Monsieur Loi, den übergewichtigen und darum immer etwas verschwitzten, aber äußerst effizienten und journalistenfreundlichen Majordomus. Unterstützt wurde er von dem Kellner aller Kellner: Joseph, von dem niemand etwas wusste, außer das, was man sah. Dass er zu große Schuhe trug, nie die Bestellung für einen Drink vergaß und zu jeder Konversation Interessantes beizutragen wusste.

»Continental Shelf« nannten die Journalisten die Hotelterrasse, und das lässt sich weder mit Continental-Liege, Continental-Sandbank oder Kontinentalsockel hinreichend übersetzen – »to be on the shelf«, das bedeutet im Amerikanischen ja auch »zum alten Eisen gelegt« oder, bei Frauen, »sitzen geblieben«. Treibgut, durch Naturgewalten angeschwemmt. Schiffbrüchige, auf der Suche nach einem Lebensanker: So fühlten sich viele aus der schillernden Armada der Hotelgäste. Darunter waren Nachrichtenhändler, die alle Seiten bedienten und das große Geld abzukassieren hofften; verlassene Damen, die sich im Chaos der Stadt einquartiert hatten, um ein neues Leben zu beginnen; Möchtegern-Romanciers, die den Stoff aller Stoffe witterten; Freelance-Fotografen, die durch ihre Waghalsigkeit und den »finalen« Schuss einer Kriegsszene zur Berühmtheit werden konnten. Und dann waren da noch die anderen, die großen, allseits beneideten hauptberuflichen Chronisten des Krieges, die für die großen Zeitungen, weltberühmten Magazine und Fernsehanstalten arbeiteten.

Jean-Claude Pomonti von der Pariser *Le Monde* erinnert sich: »Wir hatten das Gefühl, dass man den Kriegsverlauf an den Razzien, an den Attentaten und den Schüssen rund um das Continental herum ablesen konnte. Die Nachrichten wurden uns Journalisten förmlich von der Straße her auf die Hotelterrasse überbracht: ›Radio Catinat‹ sagten wir dazu. Aber besonders bleibt dieses schönste aller Mädchen im Gedächtnis. Jeden Abend tauchte sie zur gleichen Stunde auf, drehte sich verführerisch wie zum Tanz und rief kokett zu uns herüber: ›la guerre, l'amour, la vie‹ – immer nur diese Wörter. Der Krieg, das Leben, die Liebe, vielleicht waren es die einzigen Wörter, die sie auf Französisch kannte. Oder die einzigen, die ihr etwas bedeuteten.«

Anthony Lawrence von der Londoner Rundfunkanstalt BBC erinnert sich: »Da waren diese merkwürdigen Tagesausflüge aufs Land, wie wir sie scherzhaft nannten. Früh morgens raus, Abholen mit dem Militärjeep, Helikopterflug an die Front, Treffen mit Generälen, Interview mit verwundeten Soldaten – und dann wieder diese unwirkliche Rückkehr in den Hotelluxus: zu einem gemütlichen heißen Bad, zu Poulet à l'éstragon, Bordeaux-Weinen und Erdbeeren mit Schlagsahne, zu alkoholdurchtränkten Nächten auf der Veranda. Manche Kollegen machte das so kriegssüchtig, dass sie später, als alles vorbei war, nicht mehr mit dem Leben im Frieden zurechtkamen.«

Tiziano Terzani vom Hamburger Nachrichtenmagazin *Der Spiegel* erinnert sich: »Nach unserer festen Überzeugung blieben wir alle so lange verschont, wie das Continental verschont blieb, jedenfalls redeten wir uns das ein, als die Bombeneinschläge näher kamen. Das Hotel war der perfekte Platz für Rendezvous aller Art, für Treffen mit Diplomaten, Spionen, Kollegen. Man saß sozusagen in der ersten Reihe des Krieges. Es war immer Highlife im Hotel, wir genossen vergnügliche Stunden in diesem Ambiente mit all seinen modernen Annehmlichkeiten. Und kurz zwischendurch, zu manchen Zeiten mehrmals in der Woche, unternahm man eine Zeitreise. Wir fuhren dann durch vietnamesische Dörfer, die nie einen Fremden gesehen hatten und die ihre erste Begegnung mit der modernen Welt durch Napalmbomben gehabt hatten. Wir sahen verbrannte Kinderleichen, verstümmelte Frauen, weinende Familienväter – die ganze Apokalypse. Ich glaubte damals an den Vietcong, an die vietnamesische Revolution, an den Sinn des Kampfes. Deshalb bin ich auch in Saigon geblieben und habe mich überrollen lassen.«

Für viele Beobachter war die Tet-Offensive Ende Januar

1968 die große Wende. Die nordvietnamesischen Truppen hatten überall im Süden einen kühnen Angriff gestartet. Weltweit konnten die Menschen an ihren Fernsehschirmen verfolgen, dass sogar Saigon nicht mehr vor direkten Vietcong-Attacken gefeit war: Ein Kommando hatte ein Loch in die Mauer der amerikanischen Botschaft gesprengt, den Innenhof übernommen und sich anschließend bis zum letzten Mann verteidigt. Diese Geschichte war nicht schwierig zu reportieren, spielte sie sich doch nur wenige hundert Meter vom Continental ab. Aber in anderen Landesteilen wurde es für Journalisten immer gefährlicher. Einige starben an der Front, wie der Fotograf Larry Burrows, der Bilder machte wie Hieronymus Bosch sie malte, ein leidenschaftlicher Chronist des Grauens, der es nicht nötig hatte, den abgerissenen Arm einer Puppe als »zusätzliches grafisches Element« an die Front mitzunehmen; manche Kollegen wurden durch eine Granate verletzt und an den Rollstuhl gefesselt wie der Fotograf Tim Page. Viele Journalisten allerdings machten es sich in der Etappe relativ gemütlich. Legendär sind die Geschichten von Kollegen, die selten ihr Hotel verließen und sich abends von den gerade aus dem Kampfgebiet Zurückgekehrten an der Continental-Bar die neuesten Geschichten mitteilen ließen. »Ich geb einen aus, erzähl doch mal …«

»Wodka-Werner«, der »Maharadscha von Whiskypur« und wie sie sonst alle mit Spitznamen hießen, konnten auf diese Weise einige der aufregendsten Kriegsberichte absetzen – und sich anschließend wieder dem Alkohol, der Haschischzigarette oder der jungen vietnamesischen Geliebten widmen. Unter ihren Storys, mit relativ kühlem Herzen hingeschrieben, sind einige der besten aus der gesamten Kriegszeit.

Die letzten US-Bürger wurden am 30. April 1975 vom Dach der Botschaft mit einem Helikopter evakuiert. Journalisten hatten wohl einen erheblichen Anteil an der amerikanischen Kriegsmüdigkeit: Sie brachten TV-Bilder immer neuer, grausam verstümmelter Opfer in die amerikanischen Wohnzimmer, sie fotografierten die immer zahlreicheren Zinksärge, in denen die eigenen Soldaten zurückgebracht wurden, sie dokumentierten das Gerede der US-Militärführung davon, dass man ganze Dörfer »zerstören müsse, um sie zu retten«, sie recherchierten die Geschichten von Massakern wie dem von My Lai. Die Antikriegsstimmung, die lange auf Studenten begrenzt schien, wurde zur Massenbewegung. Ihr hat sich letztlich auch die Regierung nicht mehr entziehen können. Die Bilanz von fünftausend Kriegstagen: mehr als eine halbe Million tote Vietnamesen; mehr als 58.000 gefallene Amerikaner, zehn Millionen Tonnen eingesetzte Bomben; 250.000 Tonnen eingesetzte Entlaubungsmittel, vor allem Agent Orange, die viele Krüppel zurückließen und eine Natur, die sich über weite Flächen bis heute noch nicht vollständig erholt hat. Auch eine Kriegsfolge: US-Außenminister Henry Kissinger, der die Bombardierungen über Nordvietnam hinaus auf das neutrale Kambodscha ausweiten ließ, erhielt für seine Waffenstillstandsverhandlungen von 1973 den Friedensnobelpreis (gemeinsam mit dem nordvietnamesischen Unterhändler Le Duc Tho, der ihn allerdings zurückwies).

Der in der Endphase so schnelle Sieg hat die Kommunisten womöglich genauso überrascht wie ihre Gegner. In Hanoi existierten keine genauen Pläne, wie der Norden und der Süden am besten zuammengeschweißt werden sollten. Die beiden Teile Vietnams hätten traditionell unterschiedlicher nicht sein können – Hanoi, immer schon an Entbehrungen gewohnt, wirtschaftlich rückständig und in den letzten Jahren ganz auf rigiden Sozialismus getrimmt; Saigon, immer schon eher dem guten Leben zugeneigt, wirtschaftlich dynamisch, kapitalistisch bis in die vorkolonialen Wurzeln. Die KP-Bosse vertrauten der städtischen Intelligenzija des Südens nicht, auch den Saigonern nicht, die sich gegen die Amerikaner und ihre südvietnamesischen Stellvertreter-Regime gestellt hatten. Die Sieger entschlossen sich, nach einigem Zögern, ihr Modell rigoros zu übertragen. Sie kollektivierten die Landwirtschaft im Süden, enteigneten auch kleine Geschäftsleute – und benannten die größte Stadt um in Ho Chi Minh City.

Zwar gab es keinen mörderischen Rachefeldzug an den »Südlern«, von Hinrichtungen wurde wenig bekannt, Folterungen blieben vereinzelt. Aber im Zuge der Wiedervereinigung wurden Tausende in Umerziehungslager gesteckt, Journalisten, Unternehmer und Priester ebenso wie Prostituierte. Allen mit auch nur oberflächlichsten Kontakten zum alten Regime oder zu den Amerikanern wurde das »ho khao« entzogen, die Aufenthalts- und Arbeitserlaubnis in der Stadt. Langfristig sollte das für die Wirtschaft des Landes katastrophale Folgen haben.

Für die im Hotel Continental verbliebenen ausländischen Reporter gab es gleich in den ersten Stunden der neuen Herrschaft große Überraschungen. Der allseits beliebte Kellner Joseph etwa brach in Jubel aus, als die Stadt fiel: Es stellte sich heraus, dass er die ganze Zeit als Informant des Vietcong gearbeitet und die Journalisten »abgeschöpft« hatte. Weniger glücklich war der immer so effiziente Majordomus des Hotels. BBC-Journalist Lawrence erfuhr, dass Monsieur Loi in ein Umerziehungslager gesteckt worden war, dass er es erst nach Jahren als psychisch wie physisch gebrochener Mann verlassen hatte – kaum mehr ansprechbar von Freunden, verbittert über die Denunziationen einiger seiner Hoteluntergebenen, für jede Bewegung auf die Hilfe eines Gehstocks angewiesen. Continental-Besitzer Franchini verließ an einem der letzten Tage vor dem Einmarsch des Vietcong Vietnam, Richtung Frankreich, für immer. Das Hotel wurde über ein Jahrzehnt lang zum parteieigenen Gelände, den französischen Patron ersetzte die strenge ZK-Patronesse.

Ho Chi Minh hat die Wiedervereinigung Vietnams, die Eroberung Saigons und die Verstaatlichung seines schönsten Kolonialhotels nicht mehr erlebt. Er starb 1969; sein Leichnam wurde einbalsamiert und 1975 nach dem Vorbild Lenins in einem Mausoleum in Hanoi aufgebahrt. Der große Revolutionär – immer eher Nationalist als marxistischer Ideologe – hatte Recht behalten mit seinem Glauben an die Opferbereitschaft seiner Landsleute, an ihren Patriotismus. Mehr als die Franzosen (»sie sind schwach, der Kolonialismus stirbt«, hatte Ho schon 1950 gesagt) fürchtete er den großen Nachbarn im Norden: »Das letzte Mal, als die Chinesen zu uns kamen, blieben sie tausend Jahre.« Im Februar 1979 sah es einige Wochen so aus, als habe Ho Chi Minh Peking zu Recht so gefürchtet. Chinas Führer ließen die nördlichen Grenzregionen Vietnams angreifen – sie rächten sich so für den vietnamesischen Angriff auf Kambodscha, bei dem Ho Chi Minhs Erben, auch aus strategischen Eigeninteressen, mit dem schrecklichen, auf Maos Lehren aufbauenden Mörderregime Pol Pots ein Ende gemacht hatten. Doch nach wenigen Wochen war der Spuk vorüber, die Waffenruhe wiederhergestellt. Seit dem Frühjahr 1979 lebt die Sozialistische Republik Vietnam in einem Zustand, an den sich die Menschen hier schon seit Generationen nicht mehr erinnern konnten: im Frieden.

Den zu gestalten hat sich für die vietnamesischen Kommunisten letztlich als schwieriger erwiesen als den Krieg zu gewinnen. Der sture Staatssozialismus ohne jede marktwirtschaftlichen Anreize und die – teilweise auch vom Westen ausgehende – Isolierung verhinderten eine wirtschaftliche Entwicklung. Selbst den Kindern der früheren »bourgeoisen« Kräfte wurde die Saigon-Zulassung und damit jede Arbeit im Staatsapparat verweigert. Die chinesische Minderheit, seit Jahrhunderten im Land, fühlte sich besonders unterdrückt. Verzweifelte Boatpeople riskierten die Flucht übers Meer. Die Paranoia der kommunistischen Führung gegenüber ausländischen Journalisten nahm zu.

Auch wer früher kritisch über die korrupte, Washingtonhörige südvietnamesische Regierung berichtet hatte, geriet auf eine schwarze Liste, beispielsweise, wenn er über die Cap Anamur und andere Hilfsschiffe schrieb, die verzweifelte Flüchtlinge aus dem Meer fischten. Bis Ende der achtziger Jahre wurde auch jeder meiner Visumanträge abgelehnt. Als ich dann 1990 ins Land reiste – der letzte vietnamesische Diplomat in der DDR hatte sich erbarmt –, war das Continental für Ausländer wieder freigegeben. Aber es hatte viel von seinem legendären früheren Charme verloren: Die Terrasse, die früher bis zur Straße ging, war ein für alle Mal eingeebnet. »Damit die Touristen nicht belästigt werden«, hieß es als offizielle Begründung.

Perestroika und Glasnost galten in Vietnam lange als Schimpfworte. Für Generalsekretär Nguyen Van Linh waren die Reformen in Moskau lange Zeit »eine Provokation reaktionärer Kreise«, die Forderung nach einem pluralistischen System nichts als »Verrat« gewesen. Erst als er 1991 durch den etwas jüngeren und etwas liberaleren Do Muoi ersetzt wurde, gewannen die Wirtschaftsreformen an Fahrt, obwohl auch Do Muoi, genau wie sein Vorgänger, den Wettbewerb politischer Parteien und eine freie Presse für Vietnam ausschloss. Kaum hatte sich ein kleines Fenster Richtung Eigenverantwortung und Unternehmertum geöffnet, zeigte sich, dass die jahrhundertelangen Traditionen im Norden und Süden durch die strikte KP-Herrschaft der ersten Jahre nur verschüttet, nicht aufgehoben waren: Im Süden organisierten die Bauern schnell wieder Privatmärkte, öffneten Geschäftsleute Fahrradreparaturwerkstätten und Imbissbuden. Im rauen Norden war lange noch keine Spur von Privatinitiative zu sehen.

Die Continental-Veteranen Pomonti von *Le Monde* und *Spiegel*-Kollege Terzani sind 1995 für eine Schweizer TSI-Fernsehproduktion (»Es war einmal in Saigon«) ihres Kollegen Leandro Manfrini nach Saigon zurückgekehrt. Beiden bereitete das neue Saigon, in das alte Geschäftstüchtigkeit, Korruption und Klassenunterschiede wieder eingekehrt waren, durchaus gemischte Gefühle. Aber sie gehören beide zu den Beobachtern, die ihre ideologischen Vorstellungen der Wirklichkeit anpassen und nicht umgekehrt. Sie beobachten die Freude der Menschen an der Steigerung ihres Lebensstandards, an den kapitalistischen Ausflügen in die Vergangenheit, die auch die Zukunft ist. »Natürlich verurteile ich die amerikanischen Verbrechen in diesem Land noch immer, sehe den Widerstand des Vietcong als heldenhaft. Und doch glaube ich, wenn ich das alles hier sehe, nicht mehr an die Revolution, sehe den Krieg vor allem als Anhäufung von Leid«, sagt Terzani. »Was hat das alles den Vietnamesen gebracht? Warum nur übernehmen die Menschen einfach unsere westlichen Modelle, unsere Fehler?«

Gemeinsam sind die beiden Vietnamkriegsveteranen aufs Land aufgebrochen, um in einem Dorf im Mekong-Delta nach einem Mann von früher zu suchen. Pomonti hat diesem Vietnamesen nach einem Bombenangriff das Leben zu retten versucht. Der Reporter war wenige Minuten nach dem Einschlag dort: Das halbe Gesicht des jungen Bauern war verbrannt, seine linke Hand verstümmelt worden, er lief wie in Trance durch die brennenden Ruinen. Der Journalist aus Frankreich hatte ihn dann in seinem Wagen zum Continental mitgenommen. Er gab ihm zu trinken, zu essen, eine Schlafstatt. Am Morgen sollte ein Arzt kommen, um zu sehen, ob die Wunden zu behandeln, die Hand, die Gesichtsfunktionen vielleicht noch zu retten waren. Doch noch in der Nacht verschwand der Schwerverletzte spurlos. Und für die Journalisten hatte es keine Chance mehr gegeben, in das umkämpfte Gebiet zurückzukehren.

Die beiden Reporter zeigten Fotos von damals, Vergrößerungen des entstellten Gesichts – und fanden den Dorfbewohner tatsächlich wieder. Er hatte überlebt, erkannte den Wohltäter von damals, umarmte ihn schüchtern. Warum war er geflohen, zurück in den Krieg, weg von seiner großen medizinischen Chance? »Ich glaube, ich habe meine Frau vermisst«, sagte der Bauer. Bis heute kann er seine verkrüppelte Hand kaum gebrauchen, seine schrecklichen Gesichtswunden entstellen ihn. »Aber ich habe Glück gehabt, dass die Bombe nicht einige Meter weiter links gefallen ist, sonst wäre ich wie alle meine Nachbarn umgekommen«, meinte der Mann. Dann dankte er den Gästen aus dem Westen, kopfschüttelnd darüber, dass sie seinetwegen den Trip auf sich genommen hatten, warum nur; Hunde sprangen zwischen seinen Füßen herum, Kokosnüsse wurden zum Abschied gereicht. Die Frau strahlte, drei Kinder und zahlreiche Enkel aus dem längst ganz durchschnittlichen, mit einfachen Hütten wiederaufgebauten Dorf winkten noch so lange, wie sie den Pick-up auf dem Feldweg sehen konnten.

Inzwischen sind wieder sieben Jahre vergangen, alte Wunden weiter vernarbt. Vietnam geriet tiefer in den Schatten der internationalen Politik, verschwand nicht nur aus den Schlagzeilen, sondern aus der Berichterstattung überhaupt – interessant schienen die Menschen hier offensichtlich immer nur als Opfer oder Helden, als Projektionsfläche westlicher Sehnsüchte und Ideologien. Fast unbemerkt haben Deutschland, Frankreich und zuletzt selbst die USA diplomatische Beziehungen mit Vietnam aufgenommen – wenngleich sich das offizielle Washington bis heute weigert, Agent-Orange-Opfer zu entschädigen oder irgendeine andere, wenigstens symbolische Wiedergutmachung für die Kriegsfolgen zu leisten. Zumindest in der Endphase gingen die nicht mehr auf das Konto der Unschuldigen und Gutmeinenden à la Pyle, sondern waren von brutal kalkulierenden amerikanischen Machtpolitikern und Generälen zu verantworten: Gott bewahre uns auch vor den Schuldigen und Schlechten.

Japaner, Deutsche und Franzosen haben immerhin zahlreiche Jointventures gegründet, obwohl sich ausländische Geschäftsleute immer noch über die schreckliche Bürokratie und das skrupellose Abkassieren durch Funktionäre beklagen. Die Wirtschaft insgesamt legt erkennbar zu, in Saigon wird an jeder Ecke ein neuer Wolkenkratzer hochgezogen; selbst Hanoi ist nicht mehr immun gegen den Bauboom. Womöglich wird Vietnam irgendwann einmal tatsächlich zum ökonomischen Wunderland, von dem so viele fabulieren, zum künftigen »Tiger« Südostasiens. Um dieses Ziel früher zu erreichen, könnten auch die immer noch viel zu hohen Militärausgaben Vietnams zurückgeschraubt werden. Die KP-Regierung tut so, als drohe dem Land immer noch ein Angriff.

Dabei sind die Touristen längst die einzigen, die besseren Invasoren: viele Müllers am Mekong, viele Marieannes und Madeleines, neuerdings auch laute Amerikaner. Menschen verlieben sich immer noch – und wieder – in Vietnam, so wie sich Malraux, Duras, Bodard und Greene in dieses Land verliebt haben. Sie schwärmen von den weiten, weißen Sandstränden, von den Wasserbüffeln auf flirrend grünen Reisfeldern, von den eleganten, hochgeschlitzten Seidenkleidern der Mädchen und ihren Spitzhüten, von der mittelalterlichen Giac-Lam-Pagode und der Zuckerbäcker-Kolonialarchitektur des alten Rathauses in Saigon. Die meisten kommen inzwischen in Gruppen und wohnen in den Kettenhotels; der von der Partei betriebene alte Journalisten-Schuppen Continental steht nicht auf ihrer Besichtigungstour.

Aber ansonsten nehmen die Touristen geduldig ihr Päckchen Geschichte auf sich. Sie besuchen das Kriegsmuseum, kriechen durch die unterirdischen Guerrillagänge des Vietcong, brechen auf zu den legendären Nachschubrouten des Ho-Cho-Minh-Pfades. Vielleicht ist dieses Kriegserinnerungs-Pflichtprogramm ein gegenseitiges Missverständnis: Die jungen Vietnamesen geben vor, an diesen Plätzen noch besonders interessiert zu sein, die Touristen glauben durch ihre schweißtreibenden Besichtigungen ein Stück westlicher Schuld abzuarbeiten. Anschließend lässt es sich offensichtlich unbeschwerter feiern – im Apocalypse now, im Why not, im Wild Horse Saloon oder wie die Bars und In-Discotheken heute sonst alle heißen. Wo es, wie die privaten Reiseführer mit ihren zum Aufsitzen gedachten Honda-Motorrädern oder den alten Cyclos sagen, »die heißeste Musik und die schönsten Mädchen der Welt gibt«.

Graham Greenes »The Quiet American«, »Un Américain bien tranquille«, »Der stille Amerikaner« ist immer noch das bestverkaufte Buch der Saigoner Straßenhändler. Die Raubdrucke in allen Sprachen kosten nur zwei Dollar und verkaufen sich am besten gegenüber dem Continental an der Rue Catinat. Zweimal ist der Roman verfilmt worden. Die erste Verfilmung von Joseph Leo Mankiewicz 1958 verfälschte die Geschichte völlig und erregte zu Recht den Zorn des Autors. Die zweite, werkgetreue durch den Australier Phillip Noyce hat Greene nicht mehr erlebt – und sie wäre wegen aktueller politischer Vorkommnisse fast nicht in die Kinos gekommen. Die studiointerne Vorführung des fertigen Werks fand am 10. September 2001 statt; einen Tag später rasten zwei entführte Passagiermaschinen ins World Trade Center. Die Miramax-Studiobosse hielten es über ein Jahr lang für unzumutbar, den Amerikanern das kritische Porträt eines Landsmannes zu zeigen. Erst Hauptdarsteller Michael Caine – er spielt den alternden Journalisten Fowler – schaffte es durch seine persönlichen Beziehungen zum Studioboss Harvey Weinstein, den Film wenigstens in einigen Kopien in die US-Kinos zu bringen (und sich so eine Oscar-Nominierung zu sichern). Für Weinstein ein tapferer Schritt – führende republikanische Politiker sollen ihn unter Druck gesetzt haben, den »amerikafeindlichen ›Stillen Amerikaner‹« doch einfach lautlos verschwinden zu lassen. Hatten die Leute im Umfeld von George W. Bush womöglich Angst, die Öffentlichkeit könnte Parallelen zwischen ihrer geplanten militärischen Neuordnung des Nahen Ostens durch den Irakkrieg und dem ehemaligen, so grausam fehlgeschlagenen Engagement in Fernost ziehen?

Es gehört zur Ironie der Geschichte, dass die immer noch staatlich gegängelten Medien Vietnams mit dem Buch und dem Film lockerer umgingen als die Meinungsführer der freien Welt. Regisseur Noyce durfte sogar Teile des Continental wieder auf alt trimmen und bekam den Platz vor dem Hotel für manche Szenen gesperrt. Es gab auch keine politischen Einwände gegen das Porträt des vietnamesischen Mädchens Phuong – die Geliebte der beiden westlichen Herren bleibt, Greene-getreu, eine wunderschöne, aber passive Randerscheinung.

Der Film wurde in Saigon viel beachtet, doch ein durchschlagender Kassenerfolg war ihm nicht beschieden. Fast zwei Drittel aller Vietnamesen sind nach 1975 geboren und haben keine Erinnerung mehr an den Krieg, keinen Bedarf mehr an Vietcong-Helden. Sie sind zu beschäftigt, ihr zukünftiges Leben zu planen, um ständig die Vergangenheit heraufzubeschwören. In der Großstadt Saigon zeigen die jungen

Leute ihren Ehrgeiz, indem sie sich voller Begeisterung in die Informationsrevolution stürzen, Computerkurse belegen und Internetcafés an jeder Ecke gründen. Auf dem Land mischen sie ihre über Generationen bewährten Anbautechniken mit neuen, weiterentwickelten Reissorten und Bewässerungssystemen.

Vielleicht ist das Vietnams »dritte Kraft«: Die Menschen verändern, was sie müssen; sie bewahren, was sie können. Und dass sie das westliche Unternehmertum kopieren, ist womöglich eine Täuschung: Geschäftssinn, Bereitschaft zur Innovation – das alles war vor den vom Westen propagierten und den vom Osten aufgezwungenen Systemen schon da. Je mehr sich die Dinge in Vietnam geändert haben, desto weniger wandelten sie sich. »Sie wollen nicht, dass die Weißen immer hier sind und ihnen sagen, was sie tun sollen«, heißt es bei Graham Greene. »Wenn ich an Gott und das Leben im Jenseits glaubte, ich würde meine künftige Harfe darauf wetten, dass es in fünfhundert Jahren kein New York und London mehr gibt, aber dass sie immer noch Reis auf ihren Feldern anbauen, den sie, ihre Ware auf langen Holzstangen balancierend, zum nächsten Markt tragen.«

Haben jetzt überall in Vietnam die neuen alten Kräfte des Kapitalismus gesiegt? Ist es Rom etwa (möchte man frei nach Asterix fragen) wirklich gelungen, das ganze gallische Vietnam zu unterjochen?

Nein, da gibt es ein kleines Hotel, das widersteht. Eine Insel des Sozialismus, serviceresistent: das Continental. Bei der Abreise, es ist wieder Nacht, schlafen die Bellboys auf den Sesseln in der Lobby. Der Staubsauger liegt in der Ecke. Die Luft steht. Nichts bewegt sich. Auch die automatische Weltuhr, bei der Ankunft noch ständig kreisend, hat ihren Geist aufgegeben.

Den Glücklichen – besonders unter den Staatsdienern – schlägt eben keine Stunde. Aber mein Flugzeug wird nicht warten, und so bediene ich die Klingel, die auf dem Tisch an der Rezeption angebracht ist.

HOTELBEWERTUNG:

NOSTALGIEFAKTOR: ****
LUXUSFAKTOR: ***
WOHLFÜHLFAKTOR: ***
PREIS-LEISTUNGS-FAKTOR: ****
ADRENALINSTOSS-FAKTOR: **

Adresse:
The Continental
132–134 Dong Khoi Street, District 1,
Ho Chi Minh City, Vietnam
Telefon: 0084-829-9201 oder 829-9252
Fax: 0084-829-0936 oder 8241772
E-Mail: continental@hcm.vnn.vn
oder info@continental-saigon.com

Zimmer:
Einzelzimmer ab 60 US-Dollar,
Doppelzimmer ab 60 US-Dollar
inklusive Frühstück, plus 15 Prozent Steuern

King David/American Colony, Jerusalem

Himmelbett und Höllenangst

Die beiden schönsten Hotels in der Heiligen Stadt trennen kaum zwei Kilometer - und doch Welten. Im King David treffen sich Juden mit Freunden, im American Colony fühlen sich Araber besonders wohl. Beide stehen für Zeiten von Trauer und Terror. Aber auch für die Chance auf Frieden.

Wenn ich an das King David von Jerusalem denke, dann denke ich immer auch an Menachem Begin – und an mein Treffen mit dem Mann, der einst als Untergrundkämpfer einen Flügel dieses Hotels in die Luft gejagt hat.

Begin gewann, knapp dreißig Jahre nach seiner Terrortat, 1977 die israelischen Parlamentswahlen, wurde zum ersten Likud-Premier des Landes. Unter den Ministerpräsidenten des jüdischen Staates war er sicher der unbequemste im Verhältnis zu Deutschland. Er hatte in der Knesset jahrelang gegen die Annahme von Reparationszahlungen gewettert und gegen die Aufnahme diplomatischer Beziehungen mit der Bundesrepublik Deutschland gestimmt. Selbst nach seiner Ernennung zum Premier weigerte er sich noch lange, Politikern aus Bonn die Hand zu schütteln. Deutschen Presseorganen mochte er »aus Prinzip« keine Interviews geben. Er konnte und wollte nicht vergessen – einige seiner engsten Angehörigen waren von den Nazis in Konzentrationslager verschleppt und ermordet worden.

Am 1. November 1978 bin ich mit Menachem Begin von Tel Aviv nach New York geflogen – als einziger Journalist auf dem Flug El Al 029, First Class. Mein Freund Shabtai Tal hatte das organisiert; wie er das schaffte, weiß ich bis heute nicht. Jedenfalls waren außer dem Premier, seiner Frau Aliza, der Tochter Hassia und zwei mit den Begins befreundeten amerikanischen Ehepaaren nur noch Sicherheitsbeamte in unserem Teil der Kabine. Wie wir gehofft hatten, machte es sich der Ministerpräsident bald nach dem Start gemütlich. Mit seinem anthrazitfarbenen Pullover, den weiten Hosen, den roten Socken und der Hornbrille sah er aus wie ein altmodischer Rentner. Schwer zu glauben, dass auf seinen Kopf zu Zeiten der britischen Mandatsmacht in Palästina einmal zehntausend Pfund ausgesetzt waren. Schwer vorstellbar auch, dass dieser Mann gerade erst für seinen Handschlag mit dem ägyptischen Präsidenten Anwar al-Sadat und die Beendigung einer für ewig angenommenen Feindschaft den Friedensnobelpreis verliehen bekommen hatte.

Als Begin sein Buch (Hermann Wouks »Feuersturm«) zur Seite legte, fragte ich ihn nach einem Interview. Er erkundigte sich nach meinem Arbeitgeber und schüttelte anschließend nur freundlich, aber entschieden den Kopf. Wollte er dann wenigstens eine Partie Schach spielen? Shabtai hatte gelesen, dass Begin sich gern beim Kampf um Damen, Läufer und Türme enstpannte; Shabtai hatte ein Brett mitgebracht. Begin nickte. Ich baute auf.

Wir spielten über vier Stunden lang, fast den halben Flug. Nach der ersten Partie fragte ich noch einmal vorsichtig nach den Beziehungen zu Ägypten, nach dem Palästinenserproblem. Er schwieg und stellte die Figuren wieder zurecht. Ich erkundigte mich nach der zweiten Partie, ob Begin mir vielleicht eine historische Frage beantworten könnte, ich hätte die letzte Nacht im King David verbracht. Wie dachte er heute über die Attacke von damals, über die vielen Toten? »Das habe ich alles schon in meiner Autobiografie erklärt. Dem ist nichts hinzuzufügen«, sagte der Ministerpräsident steif. Das war's dann, dachte ich. Aber vor dem Anflug auf New York kam er noch einmal zu mir, bat um das Schachbrett, schrieb mit seinem schwarzen Filzstift darauf: »Lost twice, Menachem Begin.« Und sagte: »So, jetzt haben Sie Ihre Story.«

Ich schrieb im *stern* über die Begegnung. Das Foto unseres Schachspiels mit dem gerahmten Eingeständnis des Premiers hängt bis heute über meinem Schreibtisch. Begins Autobiografie »Revolt« habe ich, wie von ihm empfohlen, nachgelesen, ohne seine Argumentation allerdings wirklich nachvollziehen zu können. Der Bericht ist eine kühle Rechtfertigung der Tat, die 91 Menschen das Leben kostete. »Im King David Hotel befand sich 1936 das britische Hauptquartier, es war ein legitimes Ziel«, schreibt er. »Wenn du dein Volk liebst, musst du diejenigen hassen, die es unterjochen. Wenn du dein Land liebst, musst du diejenigen hassen, die es besetzen. Und du musst kämpfen, mit allen Mitteln – denn nur wer kämpft, der lebt.«

Wenn ich an das American Colony Hotel von Jerusalem denke, dann denke ich immer auch an Jassir Arafat. Mir geht ein Treffen nicht aus dem Kopf, das ich im Februar 1988 kurz nach Beginn der ersten Intifada in dem wunderschönen Innenhof des alten Pascha-Palastes hatte. Beteiligt waren zwei Männer, die im Nahen Osten für Vernunft und Kompromissbereitschaft standen: Uri Avnery, linksliberaler israelischer Politiker, Publizist und Peace-Now-Aktivist, und Faisal al-Husseini, dessen Großvater einst dieses herrschaftliche Haus gebaut hatte, dessen Onkel ein Großmufti, Judenhasser und Nazifreund war. Faisal selbst galt unter den gemäßigten Jerusalemer Palästinenserführern als der wichtigste.

Beide beugten sich über den englischen Text des Interviews, das Arafat – damals noch in Tunis – meinem Kollegen Jürgen Petschull und mir gegeben hatte. Avnery hatte sich unserem Trip ins PLO-Hauptquartier angeschlossen, ein mutiger Schritt, denn nach israelischem Recht war der »Kontakt mit einem Terroristen« damals noch strafbar. »Viel aufregend Neues hat Arafat ja nicht gesagt«, meinte ich. »Wie immer, diese Leier: Ich bin kein Terrorist, ich kämpfe für eine gerechte Sache, ich halte die israelischen Methoden für unmenschlich ...«

Die beiden widersprachen meiner Einschätzung. Und gemeinsam hörten wir noch einmal in das Tonband, um dem genauen Wortlaut zu lauschen. Avnery und Husseini hatten Recht. Der PLO-Chef war nicht nur in die üblichen Worthülsen geflüchtet. Er hatte erstmals einen Friedensplan für den Nahen Osten skizziert und bei seiner Einhaltung die Anerkennung des Judenstaats in Aussicht gestellt: Arafat wollte – nach einem Rückzug der Israelis aus den besetzten Gebieten – UN-Streitkräfte als Puffer im Westjordanland und in Gaza, »sie können auch auf der palästinensischen Seite stationiert werden, als Schutzgarantie für Israel«.

Natürlich wusste jeder von uns, dass dieser Vorschlag keine reelle Chance hatte, und wir waren wohl alle drei nicht ganz frei von dem Verdacht, dass der ewige Taktiker Arafat, wenn es ernst würde mit dem Frieden, wieder einmal zurückzuckte: Er galt schon damals als der Mann, der selten eine Chance ausließ, eine Chance auszulassen. Aber vielleicht war es die Atmosphäre des Hotelgartens, der frisch gepresste Orangensaft, der Duft des Oleander, der strahlende Sonnenschein, über den die historischen Steinquader ihre Schatten warfen – oder all das zusammen: Wir hatten geradezu euphorisch gute Laune. »Wenn der Frieden ausbricht, dann begießen wir das hier, im Garten des Colony«, sagte Husseini. Darauf stießen wir an.

Wir schreiben nun das Jahr 2003. Der Frieden ist nicht ausgebrochen. Vielleicht ist alles noch schlimmer gekommen, als wir es damals in den Siebzigern und Achtzigern für möglich gehalten haben. Man könnte aber auch sagen, es geht einfach nur so weiter wie damals, mit »ups and downs« (die Tiefen freilich erschreckend viel häufiger und noch blutiger), mit der Perpetuierung der täglichen Gewalt zwischen Israelis und Palästinensern. Die Zukunft ist die Gegenwart ist die Vergangenheit.

Begin und Husseini sind inzwischen eines natürlichen Todes gestorben, der eine wurde über achtzig, der andere gerade einmal sechzig Jahre alt; die Verbitterung über den täglichen Terror hat nach Aussage von Freunden die Herzschwäche der beiden entscheidend verschlimmert. Arafat, geboren in Jerusalem 1929, ist durch seine eigene Unnachgiebigkeit und die Manöver der amerikanischen Regierung ins Abseits gedrängt worden. Avnery, geboren 1923 im westfälischen Beckum und 1933 mit seinen Eltern zur Emigration nach Palästina gezwungen, schreibt bis heute kluge Kolumnen für den Frieden – immer weniger Israelis allerdings wollen sie lesen und diskutieren, der Zynismus hat fast jede Hoffnung verdrängt.

Die beiden großen alten Hotels aber stehen in der Heiligen Stadt wie Trutzburgen, die Stellung halten gegen alle Stürme, gegen alle Widrigkeiten. Das King David und das American Colony sind die beiden besten Adressen in Jerusalem. Sie liegen nur knapp zwei Kilometer Luftlinie auseinander. Das David im jüdischen Westjerusalem, knapp zehn Minuten Fußmarsch vom Jaffa-Tor der Altstadt entfernt; das Colony an der Grenze zum arabischen Ostjerusalem, acht Gehminuten vom Damaskus-Tor der Altstadt entfernt.

Die beiden Fünfsternehäuser sind Konkurrenten und bedienen doch jeweils eine ziemlich klar umrissene Klientel. Im imposanten David, 202 Zimmer, 35 Suiten, steigen internationale Politiker und Businessleute ab und die Journalisten, die Interviews mit israelischen Spitzenpolitikern machen. Ins charmante Colony, 71 Zimmer, 13 Suiten, kommen bevorzugt reiche Touristen, die auf eine romantische Atmosphäre Wert legen, sowie Politiker und Reporter, die mit der Palästinensischen Autonomiebehörde oder arabischen Geschäftsleuten zu tun haben. Hier bestellt man besser Hoummous, drüben besser Gefilte Fisch.

Noch vor einigen Jahren mischten sich die Welten häufiger, wenn sich jüdische Familien zum Brunch im Innenhof des Pascha-Palastes trafen oder reiche Araber auf der erhöhten Terrasse des Westjerusalemer Nobelhotels ihre Drinks nahmen, mit dem einmalig schönen Blick auf die Mauern der

Altstadt. Solche gegenseitigen Besuche sind seltener geworden. In Jerusalem herrschen jetzt die Zeiten der Abgrenzung, des Alleinvertretungsanspruchs. Jerusalem ist vollständig unter israelischer Verwaltung, aber längst kein geschlossenes Ganzes. Es ist de facto dreigeteilt: in einen arabischen, muslimischen, zunehmend verarmenden Osten; in eine moderne israelische, durch und durch säkulare West-Neustadt; in ultraorthodoxe Viertel wie Mea Schearim, an Osteuropa gemahnende jüdische »Shtetl«. Die schläfengelockten Haredim, die vor Frömmigkeit Bebenden, stellen dabei weit mehr als eine Randgruppe. Nach Jahrzehnten der toleranten, weltoffenen Amtszeit des Teddy Kollek und dem Übergang mit dem Likud-Konservativen Ehud Olmert wurde im Sommer 2003 sogar einer der Ihren zum Bürgermeister gewählt: der Ultraorthodoxe Uri Lupolianski.

Jerusalem befindet sich in einer permanenten Auseinandersetzung mit sich selbst. Vor allem aber ist es Schauplatz des nie offen deklarierten, aber durch seine Gewalttaten schon fast alltäglichen israelisch-palästinensischen Krieges. Mit jedem Hamas- oder Islamischer-Dschihad-Attentat auf einem Markt oder in einem Café, mit jeder israelischen Vergeltungsmaßnahme verhärten sich die Fronten, stirbt ein kleines Stückchen Hoffnung mehr.

Dabei muss man nur vierundzwanzig Stunden in Jerusalem erleben, um zu wissen, dass dieser Ort der ganzen Welt gehört – und natürlich allen Religionen. In anderen Städten wird man vom Klappern der Müllabfuhr geweckt, vom Grölen der letzten Bargänger oder dem ersten Busfahrer. In Jerusalem, wie der Schriftsteller Amos Elon einmal gesagt hat, fast immer von Gott. Den Anfang machen die Muezzins, die im Morgengrauen von ihren Minaretten die Größe Allahs verkünden und die Gläubigen zum Gebet gen Mekka in eine der achtzig Moscheen bitten. Dann kommen die frommen Juden, die, seidene Jarmulken unter schwarzen Homburgs, in eine der achthundert Synagogen eilen. Und noch vor Sonnenaufgang läuten auch die Kirchenglocken, Christen hasten in die

Grabeskirche oder eines der anderen ihrer dreihundert Gebetshäuser. Bis kurz vor Mitternacht begehen Katholiken ihre Messen, dann zelebrieren griechisch-orthodoxe Mönche ihre Andacht, gefolgt von der Frühmette der Armenier und dem Hymnus der Kopten, der in etwa endet, wenn der Muezzin wieder im Morgengrauen zu rufen beginnt.

Gott, so heißt es nach einer uralten Überlieferung, warf einen Stein in das große Wasser und auf diesem Stein entstand sie, die Stadt der Städte: Mittelpunkt der Menschheit, Bindeglied zu den Überirdischen, »Omphalos«, Nabel des Universums; Ort eschatologischer Erwartung auf eine Wiederkehr des Erlösers – mit der Gegenwart als bitterer Wartezeit zwischen diesen zeitlichen Polen. Den Juden ist diese Stadt heilig, weil hier König David zum ersten Mal die Stämme Israels vereint hat, Salomon den Tempel für die von Mose überlieferte Bundeslade baute: »Zion, das Haus unseres Lebens«. Den Christen ist diese Stadt heilig, weil hier Jesus Christus Gottessohn predigte, Wunder wirkte, litt, sich auf die Via Dolorosa begab, zu dem dornengekrönten Leidens- und Opfergang. Den Muslimen ist diese Stadt heilig, weil von dem gewaltigen Felsen auf dem Tempelberg der Prophet Mohammed auf seinem Wunderpferd Burak gen Himmel ritt, belegt durch die 17. Sure des Korans, und weil an dieser Stelle heute die Al-Aksa-Moschee steht, nach Mekka und Medina drittwichtigste Pilgerstätte.

In Jerusalem war und ist der Allmächtige stets allgegenwärtig. Gott: ein Ortsgespräch.

Aber bekommen ist diese Nähe Jeruschalajim, der »Stadt des Friedens«, nur ganz selten. Mehr als vierzig Kriege tobten um sie, siebzehnmal wurde sie zumindest teilweise zerstört. Und fast immer ging es für die Enkel des gemeinsamen Urvaters Abraham darum, alleinseligmachende Lehren zu verkünden, Recht zu haben, Recht zu behalten. »Man hasst hier die Menschen zum Ruhme seines eigenen Gottes«, schrieb die Literaturnobelpreisträgerin Selma Lagerlöf. Vom »Schlachthaus der Religionen« sprach Aldous Huxley, der Prophet der

»Schönen neuen Welt«. Und Arthur Koestler, Ende der Zwanziger mehrere Jahre Jerusalemer Bürger, klagte bitter: »Es ist eine Tragödie ohne Katharsis. Kein Ort hat mehr heilige Morde, Vergewaltigungen und Plünderungen erlebt.«

Mag sein, aber auch keiner je mehr Touristen. Und womöglich spielten sich auch nirgendwo sonst auf der Welt so dramatische, so existenzielle, so faszinierende Hotelgeschichten ab.

Das nahe Bethlehem ist, darf man wohl sagen, die Heimat der Herberge schlechthin. Später mussten für Jerusalem-Pilger Unterkünfte bereitgestellt werden. Schon in mittelalterlichen Annalen ist von »gastlichen Häusern« die Rede; ausgerechnet bei den Kreuzrittern unter Gottfried von Bouillon, die hier im Jahr 1099 ein fürchterliches Blutbad anrichteten. Sultan Suleiman der Prächtige soll später Karawansereien für Gäste eingerichtet haben, unter seiner Herrschaft im 16. Jahrhundert ging es den jüdischen Stadtbürgern besser (wie meist unter muslimischer Dominanz). Erste Ansätze eines organisierten Tourismus in die Heilige Stadt gab es dann bereits zu Anfang des 20. Jahrhunderts. Und bald danach begann sich die Konkurrenz zwischen den beiden größten und schönsten Jerusalemer Hotels zu entwickeln.

Historisch gesehen hat der Pascha-Palast die Nase vorn, aus dem später das American Colony wurde. Der arabische Fürst Daoud Amin al-Husseini erbaute das Haus im Jahr 1860, als Jerusalem noch fester Bestandteil des Osmanischen Reiches war. Er errichtete das Gebäude auf einer Wiese, mitten im Niemandsland der Schafherden – er wollte nicht, dass seine vier Frauen von anderen begafft würden. Der Palast war im Prinzip für die Damen da; jede bekam einen eigenen Trakt, in den Sommerzimmern im Erdgeschoss sollten dicke Mauern die Hitze fernhalten, in den Winterzimmern im Obergeschoss wurde die Wärme der Sonnenstrahlen eingefangen. Von seinem herrschaftlichen Zimmer (heute als Pascha-Raum Nr. 1 wieder hergerichtet und zu mieten) hatte der Fürst direkten Zugang zu den Gemächern aller Gattinnen. Doch keine der

Frauen schenkte ihm einen Erben, er starb darüber vor Gram. Seine entfernten Verwandten versuchten das Gebäude zu verpachten – und fanden Interesse bei feurigen Christen aus dem fernen Amerika.

Horatio Spafford hatte vier seiner Töchter bei einem Schiffsunglück auf hoher See verloren. Der Anwalt aus Chicago suchte einen neuen Sinn im Leben und hängte nach einem Erweckungserlebnis durch einen Wanderprediger seinen Job an den Nagel. Er zog mit seiner Frau Anna und vierzehn Mitgläubigen 1881 ins Heilige Land. Sie pflegten Kranke, nahmen Waisen auf. Und zogen, als ihnen die karitativen Aufgaben über den Kopf zu wachsen drohten, neue Konvertiten aus dem Mittleren Westen und Skandinavien nach. Die Glaubensfesten wurden als »American Colony« von Jerusalem bekannt. Sie kauften schließlich den alten Palast, machten daraus ein Farmhaus und lebten dort in einer Art Kommune – es war so etwas wie der erste Kibbuz.

In Jaffa an der Küste führte zu dieser Zeit Baron Ustinov, der Großvater des Schauspielers Peter Ustinov, ein kleines Hotel. Seine Gäste, die Jerusalem sehen wollten, schickte er zu den Strenggläubigen, die im Palast ab 1902 erst drei Zimmer als Gästeräume vermieteten, später das ganze Haus zum bescheidenen American Colony Hostel machten. Auch jüdische Immigranten waren darunter: Nach Pogromen in Russland und Polen schwappten 1880 und 1904 zwei erste Wellen von Einwanderern über das Heilige Land, die dort ihre Wurzeln sahen und ihre biblischen Rechte einklagten. Doch das »Volk ohne Land« kam nicht in ein »Land ohne Volk«, wie es die zionistischen Denker um Theodor Herzl formulierten – zwar war Palästina nicht besonders dicht besiedelt, aber arabische Bauern konnten auf über Generationen gewachsene Rechte verweisen.

Während des Ersten Weltkriegs pflegten die drei verbliebenen Töchter des Chicago-Anwalts auch Verwundete in ihrem gastlichen Anwesen. Als die Briten 1917 die Türken schließlich aus Jerusalem vertrieben hatten, trugen sich im Gästebuch politische Größen wie der britische General Lord Allenby und der legendäre T. E. Lawrence ein (später wohnte hier auch der Schauspieler Peter O'Toole, der »Lawrence of Arabia« im Film verkörperte). Immer mehr westliche Touristen begannen sich für Jersualem zu interessieren und Reisen zu planen. Dass die Stadt über die romantische arabische Herberge hinaus ein repräsentatives Haus brauchte, konnte cleveren Geschäftsleuten nicht verborgen bleiben.

Palästina nahm in den Zwanzigern einen rapiden Aufschwung, die britische Mandatsverwaltung ließ neue Häfen, neue Bahnhöfe und Straßen bauen. Mit der Balfour-Deklaration hatte London die Unterstützung einer »Nationalen Jüdischen Heimstätte« in Palästina zugesagt. Doch die Briten spielten ein doppeltes Spiel, stellten in einem Geheimabkommen auch den Franzosen Teile Transjordaniens in Aussicht, versicherten den Arabern, sie würden nicht von jüdischen Einwanderungswellen überrollt, auch ihnen wurde ein eigenes Staatsgebiet in Aussicht gestellt.

Das Hotel King David verdankt seine Existenz einer mutigen jüdisch-ägyptischen Unternehmerfamilie. Die Mosseris hatten sich zuerst in Kairo-Stadt (Continental Savoy) und an den Pyramiden (Mena House) in Hotelprojekten engagiert. 1929 legten sie für eine Palestine Hotels Company Aktien auf und erwarben mit ihrer Gesellschaft von der griechisch-orthodoxen Kirche ein viereinhalb Morgen großes Gelände, Kaufpreis: stolze 150.000 US-Dollar. Die Besitzer begannen sofort mit dem Bau eines vierstöckigen, rechteckigen Gebäudes mit zweihundert Luxuszimmern und immerhin sechzig Bädern. Die Innendekoration wurde Schweizer Künstlern übertragen. Ihr Auftrag: »den antiken semitischen Stil und die glanzvolle Periode der Zeit des Königs David wieder aufleben zu lassen«. Überall im Hotel ist bis heute die Umsetzung dieses Wunsches zu sehen, durch Motive wie Salomons Schild und den Davidstern, durch die Abbildung der schon in biblischen Zeiten als Verzierungen genutzten Früchte wie Granatäpfel und Trauben. Durch herrschaftlich hohe Räume, Marmorfußböden und Mahagonitüren sollte die alte Zeit wieder heraufbeschworen werden. Von einem großzügig angelegten Garten führte der Blick hinüber zur Altstadt, dem Ölberg und, bei klarem Wetter, sogar bis zum Toten Meer. Im Januar 1931 wurde das neue Luxushotel Jerusalems mit einer rauschenden Party eröffnet.

Die ersten Jahre des King David waren durch das Aufflammen arabischer Unruhen in Palästina und die Weltwirtschaftskrise geprägt. Die Geschäfte gingen so schlecht, dass das Hotel sogar einen ganzen Sommer lang schließen musste. Aber langsam gewann das Haus an Reputation, was auch an seiner noch in schwierigsten Tagen erstklassigen Küche lag. Camembert wurde übers Meer aus Frankreich via Beirut angeliefert, frischer Fisch über die Straße aus Haifa, Fleisch über die Eisenbahnstrecke aus Kairo. Die beiden Restaurantchefs kamen aus Frankreich beziehungsweise Italien und lagen über die Frage, ob Kamelfleisch essbar sei, im Dauerstreit; das Topmanagement stammte aus der Schweiz. Zum »exotisch-kosmopolitischen Flair« (so ein damaliger Hotelprospekt) trugen die dunkelhäutigen, groß gewachsenen Kellner aus dem Sudan bei, die sich rote Fez-Mützen aufsetzen mussten, sowie die meist ägyptischen oder türkischen Pagen, auf deren dunkelgrünen Jacketts goldene Schulterklappen funkelten.

Das Goldene Buch des Hotels beginnt mit den Unterschriften des britischen High Commissioner Sir Arthur Wauchope und von Jerusalems Bürgermeister Ragheb Nashashibi. Majestäten wie der Kaiser des Iran und die Königinmutter von Ägypten verbrachten dann ihre gesamten Sommerferien hier; auch der von den Briten eingesetzte König Abdullah von Transjordanien war ein häufiger Gast und ließ seine persönliche Leibwache mit den prächtigen Pferden und Kamelen absichtlich direkt am Hoteleingang »parken«, was zeigen sollte: Majestät war »in residence«. Und gleich mehrere unglückliche Exmonarchen suchten Asyl im King David. Alfonso XIII. von Spanien, der 1931 zum Abdanken gezwungen worden war, Haile Selassie von Äthiopien, durch die italienische Invasion vorübergehend aus seinem Land vertrieben, später Georg II. von Griechenland, der nach der Naziokkupation seines Landes im Jerusalemer Hotel seine Exilregierung ausrief.

Fast jeden Nachmittag spielte die Musik zum Tanztee auf, die Damen kleideten sich vornehm bis provozierend und hielten Ausschau: Das exquisite Etablissement galt als Platz für Highclass-Romanzen – und für Spionage. Bis heute sind die Gerüchte nicht verstummt über eine grünäugige »arabische Mata Hari«, die es mit den Engländern gehalten haben soll. Aber auch von Gestapo-Kontakten unter den Telefonistinnen wollten manche wissen.

Die Machtergreifung der Nazis hatte nach 1933 eine neue »Alijah« (Einwanderungswelle) ausgelöst. Viele Juden fanden Unterkunft und Arbeit in den Kibbuzim, den nach sozialistischen Idealen aufgebauten neuen landwirtschaftlichen Siedlungen. Intellektuelle, die sich gar nicht mit Landarbeit anfreunden konnten, suchten verzweifelt Jobs in den Städten. Im King David bewarben sich Philosophieprofessoren als Türsteher und Physikerinnen als Zimmermädchen. Studierte Musiker, einige auch aus bedeutenden symphonischen Orchestern Europas, fanden sich zu einer hoteleigenen Tanzband zusammen. Als sie abends einmal, von einer Sängerin begleitet, ein zionistisches Kampflied spielten, beschwerten sich arabische Gäste. Der Schweizer Hotelchef gab ihnen Recht: »Wir sind ein internationales Hotel, das keine Gefühle verletzten will. Lasst den Song künftig weg!«

Bandleader Jizhak Mandelbaum, der aus Wien vor den Nazis geflohen war, erinnert sich, dass er damals mit seiner Kündigung gedroht hat: »Ich bin nicht vor den Nazis geflohen, um mir in Jerusalem meinen Zionismus vorhalten zu lassen.« Man fand schließlich einen Kompromiss: Der inkriminierte Song wurde weiter allabendlich gespielt – freilich nur als Orchestermelodie, ohne den beanstandeten Text.

1936 machten die Briten zuerst die obersten Stockwerke des Hotels, dann seinen gesamten Südflügel zu ihrem Jerusalemer Hauptquartier. In der Stadt kam es zu arabischen Aufständen, wie auch schon in anderen Teilen des Landes. Über Jahre hatten die Mandatstruppen im Untergrund mit der jüdischen Selbstverteidigungsarmee Haganah zusammengearbeitet, um solche Revolten niederzuschlagen. Nach 1939 aber wurden jüdische Gruppen zum Hauptproblem der Mandatsmacht. Das McDonald White Paper beschränkte die jüdische Einwanderung auf 75.000 Menschen jährlich, jede weitere Immigration sollte von arabischer Zustimmung abhängig sein; der jüdische Bodenerwerb wurde in weiten Teilen des Landes untersagt. Am härtesten traf die Zionisten der Satz: »Die Regierung Seiner Majestät ist entschlossen, die illegale Einwanderung zu kontrollieren, weitere vorbeugende Maßnahmen sind vorgesehen.« Zur Zeit dieser Erklärung schleusten jüdische Untergrundkämpfer auf geheimen Wegen schon jede Nacht Hunderte auf Booten ins Land.

Die Diskussion über die weitere Haltung zu den Briten spaltete die Zionisten: Einige plädierten für die Fortsetzung der Kooperation, viele gingen auf vorsichtige Distanz zur Mandatsmacht; doch eine »Haganah B«, aus der später die Irgun Zwai Leumi hervorging, setzte auf Widerstand auch mit terroristischen Mitteln. 1944 rief Menachem Begin, zwei Jahre zuvor über Polen ins Heilige Land gekommen, im Namen dieser Gruppe zum bewaffneten Untergrundkampf auf. Er geriet bald auf eine Fahndungsliste der Autoritäten, ließ sich bei seiner Guerillatätigkeit davon allerdings nicht im Geringsten beeindrucken. Sein erster großer Coup: die Bombe gegen das King David.

»Begin ist der einzige Ministerpräsident der Welt, der ein Hotel in die Luft gejagt hat, in dem er später Staatsempfänge gab«, sagt David Rubovitz, einer der damaligen Verschwörer. Rubovitz war zur Zeit des Anschlags im King David verantwortlich für den Fuhrpark des Hotels und ist bis heute fest davon überzeugt, dass das Attentat seine moralische Berechtigung hatte: »Die Briten hatten uns immer wieder provoziert. Und wie sollten wir sie sonst von unserem Boden vertreiben?« Die beiden Täter, die den Sprengstoff in Milchkannen anlieferten, haben noch vor einigen Jahren in einem für das King David gedrehten Film (über den In-House-Kanal des Fernsehens in jedem Zimmer zu sehen) triumphierend demonstriert, wie sie sich anschlichen – als sei's ein erfolgreicher Streich von Schuljungen gegen ihre bösen Lehrer gewesen.

Die Bombe erschütterte am 22. Juli 1946 um die Mittagszeit die ganze Stadt. 91 Menschen, darunter britische Militärs, aber auch arabische Angestellte und jüdische Sekretärinnen, starben, mehr als hundert wurden verletzt. Begin selbst und seine Kämpfer haben immer wieder darauf verwiesen, dass sie den Briten mit einem Anruf genug Zeit gegeben hätten, das Gebäude noch zu evakuieren. Bis heute bleibt ungeklärt, warum das nicht geschah. Ob die Mandatsherren einen solch kühnen Anschlag schlicht für unmöglich und die Warnung für einen Scherz hielten oder ob ganz einfach die eingeräumte Frist nicht mehr reichte? Für Begin & Co. war es jedenfalls am wichtigsten, dass die Bombe nicht entdeckt wurde und wirklich hochging; ihre Vorwarnzeit lag bei fünfundzwanzig Minuten.

Wie ein Messer hatte das Dynamit den Südflügel des Hotels abgetrennt. Die meisten Zimmer der anderen Teile des Gebäudes waren, trotz geborstener Fensterscheiben, weitgehend intakt geblieben. Doch die Militärverwaltung schloss das gesamte King David unmittelbar nach dem Anschlag, besetzte die verbliebenen Räume. Bis zum Mandatsende zwei Jahre später wurde das Gebäude mit Stacheldraht und Wachen geschützt wie eine britische Festung.

Gewalt und Gegengewalt schufen zunehmend einen Zustand der Rechtlosigkeit im Heiligen Land. Anfang 1947 sahen sich die Briten gezwungen, die meisten englischen Frauen und Kinder zu evakuieren und die verbliebenen Regierungsbeamten in befestigte Sicherheitszonen innerhalb der Städte einzuweisen. Die politische Auseinandersetzung verlagerte sich in die UNO. Eine Mehrheit der Delegierten sprach sich für die Teilung Palästinas in einen unabhängigen arabischen und einen unabhängigen jüdischen Staat aus sowie für einen internationalen Sonderstatus Jerusalems. Obwohl die Gebietsverteilung von vielen Juden als schlechter Kompromiss gesehen wurde, stimmte die Jewish Agency dem Teilungsplan zu. Die arabischen Staaten erklärten den UN-Beschluss für einseitig; bewaffnete Gruppen griffen jüdische Siedlungen an, schnitten einige Zufahrtstraßen nach Jerusalem ab.

Die Briten holten am 14. Mai 1948 den Union Jack über dem King David ein, machten das Gebäude frei für eine Abordnung des Internationalen Roten Kreuzes (IRK). Stunden später erklärte David Ben Gurion in Tel Aviv die Gründung des Staates Israel. In der darauf folgenden Nacht überschritten reguläre Armeeverbände der arabischen Nachbarländer die Grenzen des neuen Staates und griffen an.

Das King David blieb im Zentrum des Geschehens. Die Haganah verdrängte das IRK aus dem Gebäude, baute auf dem Dach einen mit Sandsäcken verstärkten Militärposten auf. Inmitten des Chaos zogen die jüdischen Kämpfer die neue Fahne Israels hoch, weiß mit blauem Stern. Sie konnten den Angriff, trotz zahlenmäßiger Unterlegenheit, mit Hilfe der über Jahre ins Land geschmuggelten Waffen zurückschlagen. Nach 27 Tagen wurde ein Waffenstillstand geschlossen. Er bestätigte die Teilung Jerusalems: Die westliche Neustadt mit dem King David war nun fest in israelischer Hand; die arabische Altstadt blieb aber unter jordanischer Verwaltung. Das American Colony an der Demarkationslinie, während des Krieges als Lazarett genutzt, wurde der arabischen Seite zugeschlagen.

Die beiden Häuser, die schnell wieder notdürftig hergerichtet und zu Hotels gemacht wurden, lagen nun – zwei Kilometer voneinander entfernt – in zwei verschiedenen Staaten. Beide warben um Touristen, um Diplomaten, um Politiker. Ihre Manager beäugten sich über die trennenden Zäune hinweg mit einer Mischung von Sympathie und Misstrauen. Aus dem American Colony und dem King David wurden zwei befreundet-verfeindete Hotels – semitische Verwandte, dazu verurteilt, ohne direkten Kontakt miteinander in verschiedenen Welten zu leben.

Die arabische Herberge blieb bis Ende der siebziger Jahre im Privatbesitz der Spafford-Nachfahren und wurde dann Mitglied der renommierten Relais & Châteaux; die jüdische Herberge wechselte 1958 in die Familie der Dan-Hotel-Kette. In beiden Hotels wurden berühmte Filme gedreht, jeweils passend zum inhaltlichen Schwerpunkt: »Lawrence of Arabia« auf der einen Seite, »Exodus« auf der anderen.

Es ging langsam aufwärts mit dem Staat Israel, wobei die rasche Zuwanderung von Juden aus aller Welt die Wirtschaft des Landes immer wieder auf harte Proben stellte. Die Immigranten, leidgeprüfte Juden aus den Camps der »Displaced Persons« in Deutschland, den britischen Internierungslagern auf Zypern und aus allen islamischen Ländern der Nachbarschaft, arbeiteten hart für ihre Existenz in dem neugeborenen Staat. Ohne die massive Hilfe der USA – und, zu einem geringeren Maße, die deutschen Reparationszahlungen – hätte es Israel aber kaum geschafft, über die Runden zu kommen.

»Nächstes Jahr in Jerusalem«: Die Heimkehr war immer Teil der zionistischen Ideologie und die eigentliche Daseinsberechtigung Israels. Doch der unterschiedlich starke Zuwachs der Gemeinschaften aus Osteuropa, dem Maghreb sowie der arabischen Minderheit im Land führten zu stark spürbaren kulturellen und sozialen Spannungen. Das israelische Staatswesen war als westliche, säkularistische Demokratie konzipiert. In der ganzen Geschichte blieb die Religion im jüdischen Kollektivbewusstsein allerdings immer untrennbar mit der Nationalität verbunden. Ohne dass es zu einem offenen »Kulturkampf« kam, wurde bald klar, dass sehr widersprüchliche Interessen an dem Gemeinwesen zu zerren begannen und ein Teil der Gesetzgebung – zum großen Missvergnügen einer Mehrheit – in die Hände orthodoxer Rabbiner geriet. Da der konservative Likud-Block und die linksliberale Arbeitspartei in der Regel keine eigenen Mehrheiten zustande brachten, erhielten die Ultrareligiösen als Mehrheitsbeschaffer im politischen System ein unselig großes Gewicht.

Im King David herrschte 1966 große Aufregung: Bundeskanzler Konrad Adenauer kam als erster Deutscher zum Staatsbesuch nach Israel. Höchste Alarmstufe für die Sicherheitskräfte in Jerusalem. Wochenlang durchsuchten israelische Geheimdienstleute vom Schin Beth jeden Winkel des Hotels, um einen Bombenanschlag auszuschließen. Gegner der Aussöhnung mit Deutschland – auch einige aus dem Umfeld von Menachem Begin – hatten Ausschreitungen angekündigt. Die Nervosität auf beiden Seiten nahm bizarre Züge an. Um dem deutschen Staatsgast Peinlichkeiten zu ersparen, wollten die Organisatoren in Jerusalem sogar den Hotelmanager von der Begrüßung ausschließen und einige Tage in Zwangsurlaub schicken – er war ein KZ-Überlebender.

»Mein Vater dachte gar nicht daran, sich dieser merkwürdigen Staatsräson zu beugen«, erzählt Gideon Abraham, Sohn des damaligen Hotelchefs. Er kann sich noch Jahrzehnte nach dem Vorfall empören: »Ich weiß, er rief die wichtigsten Leute im Staatsapparat an und sagte, sie müssten für Adenauer ein anderes Hotel suchen, wenn sie seinen jüdischen Lebenslauf als störend empfänden.«

Abraham senior setzte sich durch. Der Holocaust-Überlebende und der Kanzler schüttelten sich die Hände. Adenauer war betont freundlich, der Hotelchef verzichtete auf persönliche Reminiszenzen. Bis auf einige weitgehend friedliche Kundgebungen auf den Straßen verlief der Besuch harmonisch – ein Meilenstein in den Beziehungen zwischen Israel und Deutschland.

Das Jahr 1967 krempelte den ganzen Nahen Osten um. Der ägyptische Staatspräsident Gamal Abd el-Nasser zog im Sinai Truppen zusammen und verkündete, gemeinsam mit den Armeen Syriens, Jordaniens und des Iraks würde der jüdische Staat vernichtet. Ob ein Angriff wirklich unmittelbar bevorstand oder ob es sich nur um eine gezielte Provokation handelte – israelische Politiker glaubten handeln zu müssen. Am

5. Juni 1967 griff Israel an und schlug die arabische Koalition binnen sechs Tagen vernichtend. Der ägyptische Teil des Sinai, die syrischen Golan-Höhen, die jordanische Westbank fielen in israelische Hände – auch der Ostteil Jerusalems. Es war in jeder Beziehung ein Wendepunkt: Der große militärische Erfolg machte der arabischen Welt endgültig klar, dass der jüdische Staat in ihrer Mitte mehr war als ein vorübergehendes Phänomen. Andererseits sollte der Sieg auch den Israelis langfristig das Leben schwerer machen: Die (bis heute hörbare) Argumentation, Israels Existenz sei nicht gesichert, der Judenstaat müsse sozusagen täglich um sein Überleben fürchten, ließ sich bei dieser militärischen Überlegenheit in der Region nicht ernsthaft aufrechterhalten. Und mit den eroberten Gebieten, einige von ihnen wie das Westjordanland dicht besiedelt, wurde Israel zu einer Besatzungsmacht: eine wirtschaftliche, soziale, vor allem moralische Belastung. In Jerusalem aber überwog in den Junitagen nach dem Sieg die überschäumende Freude. Die Klagemauer in der Altstadt, für Gläubige das Symbol und größte Heiligtum der jüdischen Zivilisation, war nun wieder frei für Gebete zugänglich.

Das King David steckte in jenen Tagen gerade mitten in Renovierungs- und Ausbauarbeiten. Zwei neue Stockwerke wurden hinzugefügt, die Zimmeranzahl vergrößert. Nun bekam man für die Außenverkleidung auch den rötlich-gelben Sandstein, der für den Rest des Hauses benutzt worden war: Er stammte aus der Nähe von Hebron, aus dem Westjordanland. Dieses Gebiet war, je nach Weltanschauung, von den Israelis gerade »besetzt« beziehungsweise »befreit« worden. Im King David feierte man die Vergrößerung des Hotels (und Israels) jedenfalls ausgelassen.

In der Euphorie des Augenblicks übersahen einige, dass mit der Vereinigung Jerusalems dem King David eine neue, sozusagen innerstädtische, innerstaatliche Konkurrenz entstanden war: das American Colony. Der Pascha-Palast lag nun auch im israelischen Verwaltungsgebiet. Die Damen und Herren im Colony arbeiteten hart daran, zur – etwas preiswerteren –

Fünfsternekonkurrenz des King David aufzusteigen. Unter anderem wurde die Küche, wo zu Zeiten der muslimischen Herrscher und der christlichen Eiferer einst die Milch der Farmkühe zu Käse verarbeitet worden war, in die Cellar Bar verwandelt. Touristen und vor allem Journalisten sollten ins Hotel gelockt werden – schwer denkbar mit Buttermilch statt Bier und Bourbon.

Israelische Staatsgäste wurden nach wie vor im King David einquartiert. Henry Kissinger nahm zwischenzeitlich mit seiner Entourage monatelang den sechsten Stock in Beschlag. »Shuttle diplomacy« hieß das neue Schlagwort. Trotz zahlreicher Warnungen der Geheimdienste wurde dann die politische Führung Israels von einem arabischen Angriff völlig überrascht: Am 6. Oktober 1973, dem Tag des jüdischen Versöhnungsfestes Jom Kippur, überquerten ägyptische Truppen den Suezkanal und überrannten, zeitgleich mit den Syrern im Norden, zahlreiche Stellungen. Nach schweren Kämpfen vermochte die israelische Armee das Blatt zu wenden, schlug die Araber an allen Fronten zurück. Es kam schon gut einen Monat nach Kriegsbeginn zum Waffenstillstand, der keinerlei territorialen Verluste für Israel nach sich zog. Doch die psychologische Wirkung auf beiden Seiten war erheblich: Die Israelis erkannten, dass sie nicht unverwundbar waren, stürzten ihre Regierung und ersetzten Golda Meir durch den Generalstabschef des Sechstagekriegs, Itzhak Rabin. »Langfristig trug das Erdbeben des Jom-Kippur-Kriegs zum Fall der Arbeitspartei und – zum ersten Mal in der israelischen Geschichte – zur Bildung einer rechten Koalition unter Menachem Begin bei«, schreibt der Historiker Eli Barnavi.

Auf der ägyptischen Seite war durch die militärischen Anfangserfolge und den ganzen Wagemut des Unternehmens ein neues Selbstbewusstsein entstanden, das unter Führung des Nasser-Nachfolgers Anwar al-Sadat die Demütigungen der Vergangenheit zu überwinden half: Es waren die Folgen dieses Krieges, die beiden Seiten schmerzhafte Kompromisse ermöglichten, den Weg zum Frieden ebneten.

Und doch war niemand vorbereitet auf eine politische Sensation. »Wir hatten 72 Stunden Vorwarnung, arbeiteten rund um die Uhr und glaubten doch bis zur letzten Minute nicht, dass er kommen würde – das konnte doch nicht möglich sein: Sadat zu Besuch in Israel, Sadat in unserem Hotel«, sagt Sarah Sabo, eine resolute alte Dame. Sie hatte als Kind Auschwitz überlebt und arbeitete in den denkwürdigen Novembertagen 1977 im King David als Empfangsdame. »Und dann kam der wichtigste arabische Staatschef tatsächlich in Fleisch und Blut durch die Tür, an der Seite des jüdischen Ministerpräsidenten Menachem Begin, der einst hier im Haus die Bomben legen ließ. Wir mussten uns in den Arm zwicken, um sicher zu sein, dass wir nicht träumten.«

Sadat brachte seinen eigenen Koch mit, so viel Misstrauen musste schon noch sein. Er aß aber gern von der Torte, die in der King-David-Küche die Konditoren zu dieser ganz besonderen historischen Stunde für ihn gebacken hatten. Es war ein Marzipankuchen in Form zweier Pyramiden, die mit einer Leiter verbunden waren, darauf die beiden Worte in Zuckerguss: »Shalom, Salaam« – Frieden. Am nächsten Tag sprach Ägyptens Präsident vor der Knesset. Es war der Anfang einiger kaum für möglich gehaltener politischer Entwicklungen: Im Dezember 1978 schaffte es US-Präsident Jimmy Carter, mit Begin und Sadat eine Kompromissformel zu finden (unter Ausschluss so zentraler Fragen wie der Zukunft Jerusalems). Am 26. März 1979 unterzeichneten die langjährigen Erzfeinde einen Friedensvertrag, diplomatische Beziehungen wurden aufgenommen.

Zwei Jahre später bezahlte Sadat die Versöhnungspolitik mit seinem Leben, radikale Islamisten ermordeten ihn in Kairo. Sein Nachfolger Hosni Mubarak hielt jedoch im Wesentlichen Kurs. Und trotz starken Widerstands extremistischer Siedler blieb auch Begin seinem Hauptversprechen treu: Er setzte die Evakuierung der Sinai-Halbinsel durch – nur ein ansonsten als Hardliner bekannter Politiker wie er konnte sich solche Zugeständnisse leisten.

Im King David wie im American Colony liest sich die Gästeliste der nachfolgenden Jahre wie ein internationales Who's who: die US-Präsidenten Ford und Clinton, die britischen Premiers Thatcher und Major, der sowjetische Präsident Gorbatschow und der französische Präsident Mitterrand im »jüdischen« Hotel; die Außenminister Shultz und Genscher, die Schauspieler John Gielgud und Alec Guinness sowie der Autor Graham Greene, der stets auf der Suche nach abenteuerlich-schönen Plätzen war, im »arabischen« Hotel. Sie alle wollten vor Ort erkunden, ob und wie sich das Tempo zu einem umfassenden Nahost-Frieden beschleunigen lassen könnte.

Doch längst standen die Zeiten schon wieder auf Sturm. Die Friedensgegner auf beiden Seiten gewannen in den Achtzigern abermals an Boden. Von der in Camp David versprochenen Autonomie merkten die palästinensischen Bewohner des Westjordanlands wenig. Vom zugesagten Ende bewaffneter Übergriffe spürten ihrerseits die Israelis im Norden des Landes kaum etwas. Unter der Führung des damaligen Verteidigungsministers Ariel Scharon, der den Camp-David-Frieden ablehnte und den Ausbau jüdischer Siedlungen im besetzten Land vorantrieb, drangen 1982 israelische Streitkräfte in den Libanon ein. Israelische Militärs bombardierten und besetzten Beirut. Es kam zu entsetzlichen Übergriffen. Wegen seiner »persönlichen Verantwortung« für die von den verbündeten christlichen Milizen verübten Massaker in den Palästinenserlagern von Sabra und Schatila musste Scharon zurücktreten. Die palästinensische Intifada, die im Herbst 1987 begonnen hatte, zeigte dann einmal mehr die Lähmung im Nahen Osten und die Bitternis des Grundproblems: Zwei Völker waren zutiefst davon überzeugt, den historischen Anspruch auf dasselbe Stück Land zu besitzen. Nicht zwischen Recht und Unrecht verliefen die Fronten, sondern zwischen Recht und Recht.

Noch einmal schien ein dramatischer Durchbruch möglich – in die Wege geleitet wurde er in den ersten Monaten des

Jahres 1992, in den Räumen des American Colony Hotels, genauer gesagt in Suite 16.

Die Helden der Geschichte sind ein norwegischer Regierungsunterhändler namens Roed-Larsen, der liberale israelische Knesset-Abgeordnete Jossi Beilin – und mein alter Bekannter Faisal al-Husseini, Urenkel des Pascha und palästinensischer PLO-Repräsentant in Jerusalem. Bei einem geheimen Treffen im alten Pascha-Palast vereinbarten die drei ein »neues Gleis« Richtung Frieden. Daraus wurde der Oslo-Prozess, der Jassir Arafat nach 27 Jahren im Exil die Rückkehr ins Heilige Land ermöglichte und ihn zum Chef der Palästinensischen Autonomiebehörde machte. Mit Sitz in Jericho, Gaza und später auch Ramallah kontrollierte die Behörde allerdings nur wenige Städte und Landstriche wirklich; das von Siedlerstraßen durchzogene Palästinensergebiet glich eher einem Bantustan als dem Nukleus für einen lebensfähigen Staat. Und dennoch keimte wieder einmal Hoffnung auf, auch als die israelisch-jordanischen Friedensverhandlungen zur Aufnahme diplomatischer Beziehungen führten. Unterzeichnet wurde das Dokument übrigens im November 1994 auf dem Mahagonischreibtisch des King-David-Hotels, der zur feierlichen Zeremonie an die Ufer des Sees von Genezareth transportiert wurde.

Itzhak Rabin bekam (gemeinsam mit seinem Außenminister Peres und Arafat) für seine Friedensbemühungen 1994 den Nobelpreis verliehen. Als ehemaliger Generalstabschef und harter Gegner arabischer Terroristen hätte er eigentlich jenseits der Vorwürfe von »Verrat« und »Ausverkauf« stehen müssen. Doch Rabin fiel bei einer Friedensveranstaltung in Tel Aviv dem Attentat eines rechtsradikalen Mörders aus den eigenen Reihen zum Opfer – dass jüdischer Terror sich gegen den Repräsentanten des Judenstaates richten konnte, schockierte die überwältigende Mehrheit der Israelis zutiefst. Im November 1995 reisten die Führer der Welt zum Abschiednehmen nach Jerusalem. »Es war die größte Ansammlung von Politikern, die wir je im King David hatten«, sagt einer der damaligen Rezeptionisten. »Clinton in Zimmer 621, Major in 522, Mubarak in 431 – aber es war gleichzeitig auch der traurigste Tag, den wir je in unserem Hotel erlebten.« Die Witwe Lea Rabin akzeptierte auch den Kondolenzbesuch des Palästinenserführers, der für viele damals noch ein Mann der Hoffnung war.

Ich habe Jassir Arafat, den Präsidenten des Palästinensischen Autonomierats, den Rais, wie ihn seine Mannschaft nannte, dann Ende der neunziger Jahre noch einmal zu einem Interview gesehen.

Ich wohnte im American Colony, wie es sich gehört, wenn man hohe arabische Politiker trifft. Ich musste warten, was nie schön ist – aber vielleicht am erträglichsten noch in diesem Hotel. Ein von zahllosen Füßen über Jahrzehnte glatt geschliffener Steinfußboden, polierte Messingtische und ziselierte Marmorportale, türkise Kacheln und Orientteppiche, baldachinbedeckte Himmelbetten; der neue Swimmingpool im Grünen und dann noch der Innenhof, auf eine beruhigende Weise unverändert, wie unverwundbar mit seinen Zitronen und Orangen, seinem Hibiskus und Oleander, der großen, gebogenen Palme, dem plätschernden Springbrunnen: Das Hotel kam mir wieder einmal vor wie eine Oase in dem ganzen nahöstlichen Chaos.

Doch diesmal wurden wir nicht im Colony zum Gespräch abgeholt. Arafat gab das Interview meinen *Spiegel*-Kollegen Volkhard Windfuhr, Jürgen Hogrefe und mir in Gaza-Stadt. Es war eine einzige Katastrophe. Der Palästinenserchef wirkte fahrig und gereizt, unwillig, kurz angebunden bei kritischen Fragen. Er zeigte sich nicht willens, der Gewalt als Mittel seiner Politik abzuschwören. Er war nicht bereit, über Fehler seiner Regierung auch nur zu diskutieren. Dabei hatten selbst seine eigenen Leute bei unseren Vorgesprächen die Korruption in Arafats Umfeld beklagt, das Verschwinden auch europäischer Aufbaugelder im großen schwarzen Loch. Als wir Arafat darauf ansprachen, stand er auf, schlug grußlos die Tür zu – und ward nicht mehr gesehen. Ende des Interviews. Wir nahmen die einzig mögliche Rache und warfen das Band nebst unseren Aufzeichnungen ungedruckt in den Papierkorb.

In den Jahren darauf bestätigte sich leider unser damaliger Eindruck. Und immer, wenn sich wegen Arafats unwürdiger Behandlung durch die Israelis, etwa bei der brutalen Belagerung seines Amtssitzes in Ramallah, Sympathie für ihn einstellen wollte, dachte ich an das Gespräch von Gaza zurück: Der »Präsident« hat den Sprung vom Untergrundkämpfer mit dem Decknamen Abu Ammar zum Staatsmann letztlich doch nicht geschafft. Die Likud-Politiker Benjamin Netanjahu und später Ariel Scharon haben allerdings auch alles getan, um dem Palästinenserführer mit ihrem völkerrechtswidrigen Ausbau der Siedlungen in den besetzten Gebieten den Weg zu einem Kompromiss zu erschweren. Mit dem Arbeitspartei-Premier Ehud Barak aber hätte es vielleicht Friedenschancen gegeben.

Im King David habe ich zuletzt im Herbst 2002 gewohnt – ich wollte den israelischen Vizepremier und Wohnungsbauminister Natan Scharanski treffen; sein Sekretariat hatte für mich selbstverständlich das prestigeträchtigste Haus von Westjerusalem gebucht.

Durch eine aufwändige, zwanzig Millionen Dollar teure Renovierung war das Hotel noch luxuriöser und technisch perfekter geworden. Individuelle Temperaturkontrolle, ISDN-Anschlüsse, Videorecorder und Faxgeräte im Zimmer: Das ehrwürdige King David mit seiner Kolonialarchitektur hatte sich verjüngt, was sich zum Glück nicht aufs Personal bezog. Da erkannte ich noch viele Haudegen aus den früheren Jahren wieder, beispielsweise Abu, den palästinensischen Kellner. Er beklagte sich über die Flaute, das Hotel stand wegen der fast wöchentlichen Terroranschläge in Jerusalem fast leer. »Für die ganze Welt sieht es so aus, als würden sich Israelis und Araber bis aufs Blut hassen. Wir Angestellten hier sind untereinander befreundet, egal, ob Juden oder Palästinenser. Es sind immer nur die Regierungen, die Probleme machen. Und die Radikalen beider Lager, die Hamas-Terroristen auf unserer Seite, die radikalen israelischen Siedler …«

Auf der Terrasse mit Sicht auf Pool und Garten sowie hinüber zur Altstadt wartete ich auf einen Anruf aus dem Ministerium. Scharanski, hatte es geheißen, wollte vielleicht zum Interview ins Hotel kommen. Zeit, sich noch einmal ins Archivmaterial über den Gesprächspartner zu vertiefen.

Wir hatten uns schon einmal getroffen, nachdem der berühmte Dissident aus dem russischen Gulag endlich die Sowjetunion hatte verlassen dürfen. Seine Unbeugsamkeit während der neun Jahre im Gefängnis und Arbeitslager hatte ihn an den Rand des Todes gebracht, immer wieder legte er sich mit seinen Aufsehern an, etwa wenn sie ihm sein Psalmenbuch wegnehmen wollten. Immer wieder Einzelhaft, die der Computerspezialist geistig nur überstand, weil er sich in seiner Zelle Schachrätsel ausdachte. Noch bei der Freilassung 1986 an der Berliner Glienicker Brücke, wo ihm sein russischer Aufpasser befahl, nun geradeaus auf die andere Seite zu gehen, war er ganz Refusnik. »Seit wann mache ich denn Deals mit dem KGB?«, hatte der Widerspenstige gerufen, ungezähmt, und war im Zickzack in die Freiheit geeilt.

Bei unserem damaligen Gespräch war Scharanski noch voller Ideale gewesen und wollte sich nicht von den politischen Parteien vereinnahmen lassen, die ihn umwarben. Er hatte mir bei einer Partie Schach (bei der ich, for the record, chancenlos war) in seinem neuen Jerusalemer Haus erstaunliche Sätze gesagt: »Ich bin nicht dazu da, eine Rolle zu spielen und mit Limousinen durch die Gegend zu fahren, die doppelt so groß sind wie meine ehemalige Zelle. In den Gefängnismauern wusste ich, wer Freund war und wer Feind. In der Freiheit fühle ich, wie mir mein Schicksal entgleitet. Vielleicht sollten mir die Russen erlauben, für einige Wochen in den Gulag zurückzukehren, dort könnte ich meinen Sinn fürs Wesentliche wiederfinden.«

1995 hat der Exdissident dann eine Partei für die Interessen russischer Immigranten gegründet und stand mit dieser bei den Wahlen ein Jahr später im Zentrum des politischen Kuhhandels: Durch seine knapp sechs Prozent Wähleranteil eroberte Scharanski im Kabinett des rechten Likud-Chefs Netanjahu das Handelsministerium. 1999 wurde er im Kabinett des eher linksgerichteten Barak Innenminister, unter dessen Gegner Scharon nach dem Sieg der Hardliner im Jahr 2001 sogar Vizepremier. Immer das Zünglein an der Waage, im Zweifel auch Übergriffe gegen die palästinensische Zivilbevölkerung und die Verletzung ihrer Bürgerrechte mittragend: Die Verrohung im Gulag hat Scharanski nichts anhaben können. Hat ihn die Verrohung im Nahen Osten mitleidsmüde gemacht?

Eine Hotelangestellte holt mich; der Vizepremier ist direkt am Apparat.

Wir sprechen über den neuen Bush-Plan zum Nahen Osten, von dem die *Washington Post* geschrieben hat, er gleiche fast wörtlich einem Vorschlag des Exdissidenten: »Arbeitet Scharanski jetzt als Redenschreiber fürs Weiße Haus?« Dass es so gesehen werde, freue ihn natürlich, sagt Scharanski. Man müsse, wie von ihm und jetzt auch von Bush gefordert, Arafat endlich abschreiben, mit dem PLO-Chef sei wirklich kein Staat zu machen. Und natürlich müssten alle Palästinenser der Gewalt abschwören und sich zur Einhaltung von Menschenrechten verpflichten. Dann sei es langfristig denkbar, den Palästinensern einen eigenen, entmilitarisierten Staat »zuzugestehen«.

Die aggressive israelische Siedlungspolitik, die Liquidierung von Hamas-Funktionären, die immer wieder auch das Leben von Frauen und Kindern als »Kollateralschäden« forderten – das ist keine Verletzung von Menschenrechten? »Ich bedaure zivile Opfer, aber diese Aktionen sind nötig.«

Bleibt die Frage, ob man von Natan Scharanski allein deshalb einen höheren moralischen Standard erwarten darf, weil er im Gulag war, weil er miterlebte, was Menschen mit absoluter Macht über andere Menschen anrichten können. Ehemalige Weggefährten wie Roman Bronfman werfen dem Exdissidenten vor, seine »Ideale verraten« zu haben. Scharanski lässt das nicht gleichgültig. »Aber ich denke, ich bin mir immer treu geblieben«, sagt der Mann fast trotzig, der zu einem knallharten Realisten des Nahostkonflikts geworden ist. Zu einem ganz normalen israelischen Spitzenpolitiker eben.

Dann werden wir unterbrochen. Eine Sekretärin auf der anderen Leitung teilt Scharanski mit, er sei bei einer Dringlichkeitssitzung des Kabinetts gefragt. In diesen Minuten hat sich gerade wieder ein furchtbarer palästinensischer Terroranschlag ereignet, diesmal ging der Sprengsatz des Islamischen Dschihad in der Cafeteria der Jerusalemer Universität hoch. Offensichtlich gab es viele Tote. In der Kabinettssitzung mit Scharanski soll nun die Vergeltung besprochen werden.

Ich gehe an diesem Nachmittag nicht zum Tatort. Sondern spaziere hinüber zum American Colony, dann wieder zurück zum King David. Die dicken alten Mauern der beiden Hotels haben etwas seltsam Beruhigendes, allein schon die Existenz funktionierender Rezeptionen und Restaurants wirkt tröstlich. Aber es ist schwer, die Graffiti zu übersehen, die an die Wände der Häuser von West- und Ostjerusalem geschmiert sind. Sie scheinen in dieser Heiligen Stadt immer noch teuflischer und hasserfüllter formuliert als anderswo. »Ihr Nazi-Zionisten, wir werfen euch alle ins Meer!« – »Ihr ungläubige arabische Mörderbande, wir rotten euch aus!«

Und wie ein Menetekel steht am Mandelbaum-Tor der Satz des Propheten Sacharja: »Ich werde dich, Jerusalem, zur steinernen Last aller Völker machen.«

HOTELBEWERTUNG KING DAVID:

NOSTALGIEFAKTOR: ****
LUXUSFAKTOR: *****
WOHLFÜHLFAKTOR: ***
PREIS-LEISTUNGS-FAKTOR: ****
ADRENALINSTOSS-FAKTOR: ****

Adresse:
King David Hotel
23 King David Street,
Jerusalem 94101, Israel
Telefon: 00972-2-620-8888
Fax: 00972-2-620-8882
E-Mail: kingdavid@danhotels.com

Zimmer:
Einzelzimmer ab 265 US-Dollar,
Doppelzimmer ab 288 US-Dollar
ohne Frühstück, plus 15 Prozent Steuern

HOTELBEWERTUNG AMERICAN COLONY:

NOSTALGIEFAKTOR: *****
LUXUSFAKTOR: ****
WOHLFÜHLFAKTOR: ***
PREIS-LEISTUNGS-FAKTOR: ****
ADRENALINSTOSS-FAKTOR: ****

Adresse:
American Colony Hotel,
Nablus Road, PO Box 19215,
Jerusalem 97200, Israel
Telefon: 00972-2-627-9777
Fax: 00972-2-627-9779
E-Mail: reserve@americancolony.com
oder wm@americancolony.com

Zimmer:
Einzelzimmer ab 207 US-Dollar,
Doppelzimmer ab 230 US-Dollar
ohne Frühstück, plus 17 Prozent Steuern

Oriental, Bangkok

Kurt, Kanapees und Könige

Das Oriental in Bangkok war die zweite Heimat berühmter Schriftsteller und gilt heute als eines der Tophotels weltweit. Geleitet wird es seit über 35 Jahren von dem Deutschen Kurt Wachtveitl, der schon über ein halbes Dutzend Staatsstreiche überstanden hat – mit der sanften Härte eines echten Thais.

Keuchend und schlaflos lag ich da, Schatten riesiger Pagoden wirbelten durch meinen Kopf, und große vergoldete Buddhas schlugen über mir zusammen. Die holzverkleideten Zimmer ließen jeden Ton schmerzlich genau an meine gefolterten Ohren dringen. Ich hörte die Managerin des Hotels sagen: »Ich will nicht, dass er hier stirbt. Sie müssen ihn wegschaffen.« Und ich hörte den Doktor antworten: »In Ordnung. Lassen Sie uns aber noch einen oder zwei Tage warten.« – »Schieben Sie's nicht zu lange auf«, sagte die Lady.

Somerset Maugham, der große britische Erzähler von Tropenschicksalen, überlebte seine Malaria-Anfälle im Jahr 1923 und schilderte die eigene Krankheitsgeschichte in seinem Reiseband »Der Herr im Salon«. Der studierte Mediziner überlebte auch die geschäftstüchtige Managerin Madame Maire – und kehrte immer wieder in das Hotel zurück, das ihn inspirierte und das er mitsamt seinem eigenwilligen Personal lebenslang mochte, obwohl es ihn in seinen Räumen nicht einmal hätte sterben lassen.

Maugham verschied 1965 in Südfrankreich mit 91 Jahren,

als weltberühmter Autor. Im Oriental zu Bangkok, seinem Lieblingshotel, haben sie eine Zimmerflucht nach ihm benannt. Geschnitzte Baldachinbetten, vergoldete antike Stühle, vom Meister signierte Bücher, natürlich neben allem, was man sonst so erwartet, wie Videoplayer, PC und eigenem Faxgerät: Es ist die schönste Suite im kostbar restaurierten alten Hoteltrakt, wo sie mit denjenigen der anderen schriftstellernden Oriental-Dauergäste Joseph Conrad, Noël Coward und James Michener konkurriert. Und reiche Leute mit dem Sinn für das Besondere anlockt, die mal locker neunhundert Dollar pro Nacht (plus Steuern, ohne Frühstück) ausgeben können und wollen.

War die Hotelchefin damals nicht gar zu herzlos? Wie würde ein Manager von heute mit einem Malariakranken im Fieberwahn verfahren?

»Mister Kurt« muss das wissen. Was Alan Greenspan für die Welt der Hochfinanz bedeutet, so etwas Ähnliches ist Kurt Wachtveitl für die internationale Hotellerie: der Elder Statesman, die Instanz, das Vorbild. 1967 wurde der gebürtige Allgäuer General Manager des Oriental – mit gerade mal dreißig Jahren. Er führt das Haus seitdem ununterbrochen, länger als irgendein Boss irgendein Luxushotel der Welt, inzwischen mehr als sein halbes Leben. Wachtveitl ist keiner dieser geklonten Topmanager, die ihre Computer auf Synergien programmieren und davon leben, dass die Maschinen beeindruckende Zahlen und Grafiken ausspucken. Er zählt auf so altmodische Werte wie Bildung und Menschenkenntnis. Er absolvierte die renommierte Lausanner Hotelfachschule mit Bravour, wie man das von einem Topmanager in seiner Stellung erwarten darf. Aber er studierte auch Philosophie an der Universität von Madrid und Kunstgeschichte an der Dante-Alighieri-Schule von Rom. »Das brachte mir mindestens genauso viel für meinen Job wie das Fachstudium«, sagt er.

Ein Mann von Welt für die Gäste von Welt. Der Anzug italienisches Design; die Krawatte von einem einheimischen

Modeschöpfer. Die Schuhe handgefertigt an der Londoner Savile Road? »Von wegen, das ist thailändische Wertarbeit«, sagt Kurt Wachtveitl und streicht seine silbergrauen Filmstarhaare aus seinem ebenmäßigen Filmstargesicht mit dem Filmstargebiss zurück. Obwohl er praktisch jeden Tag zum Geschäftsessen verabredet ist – manchmal sind es auch zwei am Tag – hat er kein Gramm Fett auf den Hüften. »Das kommt vom Tennis, aber wohl vor allem daher, dass ich tagsüber im Hotel ständig in Bewegung bin und nach dem Rechten sehe«, sagt Wachtveitl.

Er unterstreicht seine Worte mit eher weichen Gesten, seine Stimme wirkt sanft, als knallharten Chef kann man sich ihn schwer vorstellen. Und doch ist »Mister Kurt«, wie ihn die rund tausend Angestellten des Oriental vom Liftboy bis zur PR-Managerin ebenso liebe- wie ehrfurchtsvoll nennen (und natürlich auch deshalb, weil kein Thai »Wachtveitl« aussprechen kann), wegen seiner Ansprüche ans Personal auch gefürchtet. Gelegentlich gibt es Tränen, wenn er – in gnadenlos charmantem Plauderton – eine Nachlässigkeit anprangert. Ihm entgeht rein gar nichts, sagen die Vertrauten schaudernd.

Auch im Moment scheint der Chef nicht ganz zufrieden. Wachtveitl wirft einen schnellen Blick auf die Uhr, lässt beim Gespräch unauffällig die Augen schweifen. So als wolle er ausdrücken: Habe ich nicht vor drei Minuten Kaffee und Kekse bestellt, muss das so lange dauern? Nach genau dreieinhalb Minuten biegt der Kellner ums Eck, serviert formvollendet – wohl gerade noch innerhalb von Wachtveitls Toleranzbereich. Der Boss lässt sich in seinen Sessel zurückfallen, aber natürlich nur ein bisschen; denn gehen lassen will er sich nicht, nicht einmal einen Augenblick lang. Wir haben uns in die Bibliothek im Autorenflügel des Hotels zurückgezogen, wo es gemütlich und ein wenig plüschig ist und die Bücher der schreibenden Gäste in Regalen stehen. Sowie ein Teil der Pokale und Urkunden, die das Oriental über die Jahre bekommen hat: golden und silbern. Von Reisejournalisten, Geschäftsleuten oder Touristen wurde das Haus ausgezeichnet, beispielsweise als Top-Urlaubsadresse oder schlicht als bestes Hotel der Welt, und zwar immer wieder.

Wie ist das nun mit einem todkranken Malariapatienten und seinem Anspruch auf ein Oriental-Zimmer und Oriental-Pflege?

Wachtveitl mag seine Vorvorgängerin im Chefsessel nicht allzu harsch kritisieren. »Es kann schon vorkommen, dass die Hotelleitung einen Gast auf einen ärztlichen Ratschlag hin aus dem Hotel komplimentieren und ins Hospital verlegen muss«, sagt der General Manager. Aber so etwas geschehe natürlich diskret und selbstverständlich nach Rücksprache mit allen Beteiligten, weshalb die Madame Marie mit ihrer Heimlichtuerei schon einen Vertrauensbruch begangen habe. »Gott sei Dank kommt so etwas ganz selten vor. Schwere Krankheit und Tod eines Gastes sind der Alptraum jedes Hotelmanagers. Zum Beispiel ein Selbstmörder, der vom Dach des Oriental springt und so alle anderen belästigt ...« Wachtveitl mag gar nicht an diesen Fall denken.

Und da wir schon mal bei den Horrorerlebnissen eines Hoteliers sind, erzählt »Mister Kurt« von den anderen Tiefpunkten seiner Karriere. Da war mal ein saudischer Prinz, der versuchte in seiner Suite ein auf dem Markt gekauftes Lamm zu schlachten und auf einem mitgebrachten Spieß zu grillen – unter Hinweis auf die Hausordnung wurde der teure Gast dringend um Einstellung dieser Aktivitäten gebeten. Da gab es diesen Popstar, der die Einrichtung seines Zimmers so demolierte, dass förmlich kein Stein und kein Holzstück mehr auf demselben war – er wurde über sein Management um die Begleichung der über fünfzigtausend Dollar teuren Rechnung für neues Mobiliar gebeten und auf die schwarze Liste der Unerwünschten gesetzt. Da machten einmal die in der »Stadt der Engel« (Bangkok auf Thai) allgegenwärtigen leichten Mädchen durch ihre geballte Präsenz an den Oriental-Pools Sorgen – längst verschwand auch dieses Problem durch gutes Zureden, sanftes Abschieben oder knallharte Polizeiverbannung.

Bleibt die Belästigung durch die extrem schlecht oder zu notdürftig Bekleideten. Die Portiers an der Oriental-Tür sind angewiesen, nicht jeden in die Hotelhalle zu lassen. Aber was macht man, wenn Gäste des Hauses in Badeschlappen und abgerissenen Shorts durch die Lobby schlurfen? »Bei unserer Klientel ist so etwas recht selten«, sagt Wachtveitl, gibt aber zu, dass ihm in den vergangenen Jahren vor allem bei Besuchern aus den Vereinigten Staaten und deren Dresscode schon manchmal das Grausen gekommen sei. Der Hotelmanager sieht Besserung; er hat eine eigene Theorie entwickelt. »Nach den Terroranschlägen vom 11. September in New York und Washington gehen die Amerikaner im Ausland besser gekleidet – vielleicht, weil sie nicht mehr auf Anhieb als Amerikaner erkannt werden wollen.«

Wachtveitls Philosophie vom perfekten Hotelmanager ist einfach: »Belaste und belästige deine Gäste niemals mit irgendwelchen Problemen – und wenn deine Gäste Probleme mitgebracht haben, versuche, diese für sie aus der Welt zu räumen.« Die Menschen kommen nach Wachtveitls Überzeugung hauptsächlich aus einem Grund in ein Luxushotel: damit sie sich um nichts kümmern müssen und eine schöne Zeit erleben. Mit der Buchung eines Zimmers schlössen die Gäste nicht nur einen Vertrag über Bett und Raum, meint er, sondern auch einen Vertrag darüber, dass Management und Personal ihnen die lästigen Dinge des Lebens abnehmen. Und zwar möglichst unsichtbar und lautlos.

Wachtveitl sucht nach einem Vergleich. »Ich bin wie eine Flugente auf einem Teich«, sagt er schließlich. Um Poesie im manchmal doch recht prosaischen Hotelalltag ist er immer bemüht. Er mag Gedichte aus der Minnesängerzeit ebenso wie neuzeitliche Spionageromane von John le Carré. »An der Oberfläche des Wassers wirke ich ganz ruhig, aber unterhalb, wo es für die anderen schwer zu sehen ist, paddle ich mit aller Kraft.«

»Mister Kurt« glaubt, dass Gäste, die sich viel in Hotels aufhalten, ihn am besten verstehen. Mit den wirklich Prominenten aus Politik und Showbranche hat der Oriental-Chef deshalb wenig Schwierigkeiten. In den letzten Jahren waren George Bush senior und Margaret Thatcher, Richard von Weizsäcker und Jacques Chirac da; Norman Mailer schrieb Dankesbriefe und José Carreras sang auf der Terrasse für ausgesuchte Prominenz, Prinz Charles und Diana hielten hier in glücklichen Tagen Händchen. Wachtveitl hat Helmut Kohl bewirtet (»er aß drei Nachtische am Stück, so was hab ich noch nie gesehen«), mit Mick Jagger einen Drink genommen (»er schien fast ein wenig enttäuscht, dass ihn in der Hotelhalle keiner ansprach«) und erlebt, wie es sich ein ebenso schüchterner wie ob seiner Abgeschirmtheit unendlich glücklicher Michael Jackson in einer Oriental-Suite gemütlich machte. »Schon in dem Moment, in dem ich fortgehe, bin ich wieder auf dem Weg zurück ins Oriental«, hat Peter Ustinov ins Gästebuch geschrieben. Und weil es sich der Hotelchef zum Prinzip macht, auch weniger berühmte Stammgäste persönlich zu begrüßen und zu verabschieden, dürfte er in seiner gut 35-jährigen Amtszeit ebenso viele Hände geschüttelt haben wie der Papst. Mindestens.

Vor Königen und Kaisern heißt es sich zu verneigen – auch für Kurt: Im Jahr 1999 beispielsweise richtete der Oriental-Chef für die thailändischen Majestäten ein Galadinner zu Ehren des chinesischen Staatschefs und Möchtegernkaisers Jiang Zemin aus. Und fast jährlich geben König Bhumipol und Königin Sirikit im Oriental ein Fest zum Tag der Nation. »Dann spüren wir immer, dass unser Haus eben mehr ist als ein Hotel«, sagt Kurt Wachtveitl mit unverhohlenem Stolz in der Stimme. »Das Oriental ist eine nationale Institution, vielleicht der einzige für die Öffentlichkeit zugängliche Ort, in dem das alte Siam noch lebt, ebenso wie das dynamische, neue Thailand.«

Sieben oder acht Putsche habe er in Bangkok schon erlebt, erzählt der Hotelchef. Aber eben durchgehend auch die große Kontinuität, die Monarchie. Denn der am längsten wirkende Regent in Bangkok, das ist dann doch nicht der Manager aus dem Allgäu, sondern Bhumipol Aduljadeh, der König von Thailand – im Amt seit 1946. Und kein Putschist, aber auch kein Führer einer demokratischen Partei konnte in dieser konsensgeprägten Nation auf die Dauer reüssieren ohne majestätischen Segen.

Schon als Bhumipol mit dem Beinamen Rama IX. kurz nach dem Zweiten Weltkrieg den Thron bestieg, war die Dame Oriental nicht mehr taufrisch. Sie war eine rüstige Alte, manchmal vernachlässigt, gelegentlich geschändet, aber eben auch oft geliftet, geschminkt und aufgeputzt. Verehrt und umschwärmt. Auf diese Weise wurde die Grande Dame zum Spiegelbild der Zustände im Land der Thais, symbolisierte das Schicksal ihres Volkes. Ein siamesischer Zwilling sozusagen.

Entstanden ist das Hotel wahrscheinlich mit sündigem Geld, Mitte des vorletzten Jahrhunderts; von Drogenbossen und Sklavenhändlern ist in den Annalen die Rede, von einem Bordellkönig berichten andere alte Schriften. Das ursprüngliche »Etablissement für Seeleute« auf dem Grund und Boden des heutigen Luxushotels existierte jedenfalls nicht lange. Brandstifter sollen es abgefackelt haben, genau weiß das keiner mehr.

Es ist eine gefährliche Zeit für Siams Unabhängigkeit. Ganz Südostasien droht in die Hände der Kolonialmächte England, Frankreich und Holland zu fallen. Und lange Zeit sieht es so aus, als sollte es das Königshaus den Eroberern durch Streitigkeiten am Hof leicht machen. Im Jahr 1848 etwa verurteilt Rama III. den Kronprinzen Rakrannaret wegen »Hochverrat, Korruption und Homosexualität«, lässt ihn nach alter Thai-Sitte mit Sandelholzknüppeln zu Tode prügeln. Erst zwei erleuchtete Herrscher sichern durch ihre geschickte Politik und ihren Willen zu politischen Reformen Siam eine Zukunft: König Mongkut und sein Sohn, König Chulalongkorn.

Mongkut alias Rama IV. muss das Hotel in seiner Urform noch gekannt haben; betreten hat er den Treff der westlichen Opiumhändler und Matrosen wohl nie. Er ist ein moderner Monarch, der sich westlichem Gedankengut öffnet, ohne blindlings alles zu übernehmen. Er lässt eine moderne Schiffsbauindustrie errichten, geht beim Reisanbau neue Wege, trainiert seine Armee nach britischem Vorbild. Und schließt für beide Seiten günstige Verträge, indem er London zwar Handelsfreiheiten erlaubt, aber keine Stützpunkte einräumt.

Das Bild des Monarchen prägt freilich bis heute nicht seine geschickte Diplomatie oder seine Aufgeschlossenheit, sondern eine Fälschung im Westen. Die britische Lehrerin Anna Leonowens, die der König zur Erziehung seiner Kinder ins Land holte, schrieb Memoiren. Sie übertrieb darin ihren Einfluss am Königshof maßlos und deutete eine Liaison mit dem Monarchen an. Nichts spricht dafür, dass sich Rama IV. von der plumpen Erzieherin angezogen fühlte, wenn überhaupt, sah er sie nur kurz. Die traditionsbewussten, stolzen Thais betrachten die Aufzeichnungen der Erzieherin und die darauf basierenden Hollywoodfilme (»The King and I« mit Yul Brynner und Deborah Kerr, später gab es eine nur wenig bessere Version von und mit Jodie Foster) bis heute als nationale Beleidigung.

Die offizielle Geschichte des Oriental-Hotels setzt dann mit dem Jahr 1876 ein – mit einem neuen, etwas weniger anrüchigen Besitzer. »Familienunterkünfte, Ess-Saal, Amerikanische Bar und Billardsalon, geführt von C. Salje, Eigentümer«, preisen die Anzeigen in Bangkoker Blättern an. Die Geschäfte gehen allerdings nur mäßig. Acht Jahre später kauft der dänische Handelskaufmann H. N. Andersen, Gründer der »East Asiatic Company«, das Oriental. Er verpflichtet zwei italienische Architekten, die das Hotel in mediterranem Stil neu herrichten und ausbauen sollen: eine Riviera-Villa für Bangkok.

1887 feiert das Haus mit einem rauschenden Fest die offizielle Eröffnung. Vierzig luxuriöse Zimmer hat die idyllisch und zentral am Chao-Phya-Fluss gelegene Herberge jetzt – und gilt bald unbestritten als die beste Adresse in ganz Südostasien. Ein französischer Chefkoch gestaltet noch im gleichen Jahr die spektakulären Feierlichkeiten zum Thronjubiläum von Queen Victoria im Hotel. 1891 besucht der russische Kronprinz Nikolaus das Hotel und bestaunt das elektrische Licht: Das Oriental ist eines der ersten Gebäude in Bangkok, das über diesen Luxus verfügt.

Dann gibt auch der neue König von Siam, Majestät Chulalongkorn, dem Oriental die Ehre. Unter diesem tatkräftigen Monarchen – er regiert als Rama V. von 1868 bis 1910 – erlebt das Land endgültig Reformen nach westlichem Muster, die Sklaverei wird aufgehoben und die Schulpflicht eingeführt. Doch die Kolonialmächte machen Siam jetzt schwer zu schaffen. Der König muss Großbritannien und Frankreich große Gebiete seines Reichs abtreten: Teile des heutigen Laos im Norden und des heutigen Malaysia im Süden.

1893 verkauft der dänische Tycoon das Hotel an eine Gruppe von Investoren. Mitbesitzer wird Louis T. Leonowens, der Sohn jener Lügenbaronin Anna von »Der König und ich«. Er investiert nicht, versucht aus dem Oriental nur Geld zu schlagen; gemeinsam mit seinen Partnern ist er als Unternehmer schnell gescheitert. Bald schon wechselt das Hotel wieder den Besitzer – und muss monatelang schließen, als der amerikanischer Neueigentümer die Gehälter der Angestellten nicht bezahlen kann. Es sind schließlich zwei Damen, die das Oriental wirklich zum Blühen bringen: 1907 übernimmt Madame M. O. Bujault; 1923 wird Madame Marie Maire Direktorin. Die resolute »Freundin« des Schriftstellers Maugham behält diesen Posten fast so lang wie ihr Nachnachfolger Wachtveitl.

Die Zeiten Anfang des letzten Jahrhunderts sind gut für das Oriental, nicht immer so gut für Siam. Die Krönungsfeierlichkeiten für den neuen Monarchen Rama VI. im Jahr 1911 führen zwar illustre Gäste aus aller Welt ins Oriental; der russische Juwelier Carl Fabergé präsentiert seine exquisiten Kreationen in einer Suite des Hotels. Aber leider erweist sich der König, obwohl in Oxford und Sandhurst erzogen, nicht als würdiger Nachfolger seines Vaters und Großvaters. Er hinterlässt nach einer fünfzehnjährigen Regierungszeit leere Staatskassen und als dann sein Sohn übernimmt, kommt zur hausgemachten Korruption und Inkompetenz noch die Weltwirtschaftskrise hinzu. 1932 muss Rama VII. nach einem Coup die absolute Macht aufgeben und wird in die zwar wichtige, aber für die Tagespolitik nicht mehr entscheidende Rolle des konstitutionellen Monarchen abgedrängt. Der Rollentausch führt nicht zu einer Demokratisierung, sondern zu einer Militarisierung – und Nationalisierung. 1939 gibt sich der Staat einen neuen Namen: statt dem »fremdbestimmten« Ausdruck Siam soll nun die Mehrheits-Volksgruppe auch formal den Ton angeben: Land der Thai. Das Oriental profitiert inmitten des wirtschaftlichen Verfalls. »Es war auch damals, in schwierigen Zeiten, schon ein Treff der Reichen und Schönen«, sagt Direktor Wachtveitl, der die Geschichte seines Hotels genauer kennt als alle anderen, der sich in den Stammbaum der alten Dame vertieft hat und die Historie hegt und pflegt. »Wie das eben mit Familiengeschichten so ist.«

Anfang der dreißiger Jahre kommen die ersten Gäste mit dem Flugzeug in Bangkok an, der Flug von London mit den Imperial Airways dauert zunächst mit Zwischenstopps neun Tage. Prominente Gäste aus dem Showbusiness wie der amerikanische Filmstar Douglas Fairbanks steigen ganz selbstverständlich im Oriental ab. Sie loben die Aussicht auf den majestätischen Fluss, die modernen Einrichtungen, die romantischen Sonnenuntergänge zwischen den Palmen. Und kümmern sich nicht um die Politik, die – nur wenige hundert Meter entfernt und doch in einer anderen Welt – auf Bangkoks Straßen die Menschen bewegt. Es ist die Zeit, in der alles Fremde verhasst ist – und gleichzeitig angebetet wird. Thailands Politiker glauben durch einen Bündnisvertrag mit Japan im Zweiten Weltkrieg die an die europäischen Mächte verlorenen Gebiete wieder zurückerobern zu können. Ein schrecklicher Irrtum, der sich dann auch auf das Oriental auswirkt: Von 1941 bis 1945 wird Bangkok de facto von Japan besetzt, die Truppen des Tenno requirieren das Hotel, nehmen alle seine Einrichtungen in Beschlag.

Aber auch dieser Alptraum endet einmal – mit unterschiedlichen Folgen. Nach dem Sieg der Alliierten und der Befreiung Thailands muss das Oriental monatelang die aus den japanischen Gefängnissen befreiten Soldaten beherbergen, ebenso Kriegswitwen und Kinder. Ende 1945 wird das Haus dann vom amerikanischen Militär beschlagnahmt; zu den neuen Herren gehört auch ein gewisser Colonel Jim Thompson, der zum »thailändischen Seidenkönig« werden soll und später ein bis heute ungeklärtes Schicksal erleidet: Er verschwindet im Urwald – spurlos und geheimnisumwittert.

Nach den Wirren dieser Jahre ist es nur konsequent, dass in Friedenszeiten eine ehemalige Kriegskorrespondentin das Hotel als Chefin übernimmt: Germaine Krull. Sie renoviert das Oriental 1947 gründlich, erneuert das gesamte Mobiliar – und sorgt vor allem für ein anständig-unanständiges neues Nachtlokal. Die Bamboo Bar des Oriental (so heißt sie heute noch) wird nach 1949 zu einem der begehrtesten Treffpunkte. Und Bangkok entwickelt sich immer mehr zu einer Stadt mit Brückenfunktion zwischen den Welten: ein fernöstlich-exotischer Platz mit einem Hotel von feinstem westlichen Luxus.

Politisch geben sich die thailändischen Politiker betont amerikafreundlich. Aber die Kabalen um die Macht zwischen Königshaus, Militär und zivilen Politikern nehmen hinter den Palastmauern bizarre Züge an: König Ananda alias Rama VIII. wird in seinen königlichen Gemächern erschossen aufgefunden; ein Premier, der in das Attentat verwickelt gewesen sein soll, wird geschasst; dessen Nachfolger als Ministerpräsident muss um sein Leben schwimmen, als putschende Generäle der eigenen Armee ihn auf einem thailändischen Kriegsschiff angreifen.

Kurt Wachtveitl kommt in Deutschland gerade aufs Gymnasium und hat noch nie etwas von diesem merkwürdigen Land im Fernen Osten gehört, da tritt die Bangkokerin Ankana Kalantananda schon in die Dienste des Hotels. »Sie ist nun seit 55 Jahren im Oriental«, sagt der General Manager bei unserem Gespräch im Autorenflügel. Dann erhebt er sich von seinem Platz in der Bibliothek, deutet einen Diener an und sagt mit der Ehrfurcht eines Studenten, der eine nobelpreisgekrönte Professorin vorstellt: »Voilà, hier kommt sie. Darf ich vorstellen …«

Es wäre eine Beleidigung zu behaupten, dass man Frau Kalantananda ihre Jahre nicht ansieht. Fältchen haben sich um ihre Augen gelegt wie Jahresringe eines Baumstamms; die Lady trägt sie souverän. Nicht dass sie, sondern wie sie gealtert ist, macht das Besondere aus. Kerzengerade der Gang, die Bewegungen graziös, eine ewig junge Tänzerin im Ballett des Lebens. Das sorgfältig aufgetragene Rouge auf den Wangen und ein freundliches, vornehmes Lächeln lassen die Erziehung in einer alten thailändischen Adelsfamilie erahnen. Kalantananda, die Königliche: Die Farben des Seidenschals hat sie mit denen von Bluse und Rock perfekt abgestimmt.

»Das Oriental war mein Leben«, sagt sie. »Und was für ein Leben! Wo hätte ich sonst Gelegenheit gehabt, mit Alfred Hitchcock zu frühstücken, die Rolle der Frau in einer modernen Gesellschaft mit Eleanor Roosevelt zu diskutieren und mit Bond, *James Bond*, einen Drink zu nehmen?« Barbara Cartland, die schillerndste, stets in Pink gekleidete Verwandte der britischen Königin und eine erfolgreiche Romanschriftstellerin dazu, fand die PR-Dame aus dem Oriental so faszinierend, dass sie aus ihr, nur leicht verfremdet, die Hauptfigur in einem Liebesdrama machte.

Wie erklärt sie sich den Aufstieg des Oriental zum weltbesten Hotel nach dem Zweiten Weltkrieg, wodurch erwarb sich das Hotel seinen fast schon legendären Ruf? »Ich glaube, durch Service, Service und noch mal Service«, sagt die rüstige Rentnerin. »Nirgendwo werden Sie aufmerksamer und gleichzeitig unaufdringlicher bedient als bei uns. Die Gäste merken das und entwickeln eine besondere Loyalität – sie werden, wenn ich das so sagen darf, alle ein bisschen zu ›Orientalisten‹.« Wachtveitl strahlt; besser, meint er, hätte er das auch nicht sagen können. Bei den Thais sei die Freundlichkeit gegenüber Fremden wie die Bereitschaft zur perfekten Dienstleistung ausgeprägter vorhanden als bei irgendeinem anderen Volk. »Was immer sie für

Gäste tun, es kommt aus ihrem Herzen. Das ist das Geheimnis – und natürlich auch die ganz schlichte Tatsache, dass wir es uns in Bangkok immer leisten konnten, zwei Bedienstete pro Gast zu bezahlen, das geht im Westen nicht.«

1958 eröffnet Thailands Königin den Tower Wing des Oriental, ein architektonisch eher schlichtes zehnstöckiges Hotelgebäude neben dem alten Hotel. Im Frühjahr 1967 übernimmt die Italthai-Gesellschaft die Geschäfte und sucht nach einem neuen Manager; der bisherige hat sich wegen unerlaubten Besitzes geschmuggelter Antiquitäten nach Europa absetzen müssen. »Mister Kurts« große Stunde schlägt.

Der Kunst-, Literatur- und Hotelleriestudent aus dem Allgäu hatte sich an der Schweizer Universität in eine bildhübsche thailändische Kommilitonin verliebt. Nach Jobs im Beau-Rivage von Lausanne und dem Hilton in London folgte er seiner Penny Richtung Thailand. Wachtveitl übernahm zunächst ein kleines Hotel im damals noch idyllischen Badeort Pattaya. Er hatte durch Tatkraft und vorbildliche Dienstleistungen auf sich aufmerksam gemacht – die neuen Eigentümer des Oriental entschlossen sich, alle erfahreneren Bewerber zu übergehen und dem jungen Mann eine Chance zu geben. »Ich begrüßte als Erstes jeden einzelnen Angestellten nach Thai-Sitte und habe mit ein paar Worten in der Landessprache um seine Mitarbeit in der Oriental-Familie gebeten«, sagt Wachtveitl. »Dann fragte ich, ob sich jemand verändern wolle.« Manche ergriffen spontan die Gelegenheit. Beispielsweise Markanday Chand. Der hat sich damals als »Doorman« beworben – und blieb, inzwischen Chef der Bediensteten am Hotelempfang und längst über die Pensionsgrenze hinaus, bis heute.

In den Sechzigern herrschen in Bangkok die Generäle oder vom Militär abhängige Zivilisten; meist sind die bürgerlichen Freiheiten dem Kriegsrecht untergeordnet. Manchmal kommt es bei Auseinandersetzungen zwischen Studenten und Soldaten zu Dutzenden von Toten. Die Spannungen sind für Ausländer selten sichtbar, im Alltag kaum zu spüren. Der Vietnamkrieg, bei dem sich Thailand auf die Seite der USA schlägt und der amerikanischen Luftwaffe die Benutzung von Militärbasen erlaubt, macht Bangkok mit seinen Massagesalons dann zur Lieblingsetappe, zur Hauptstadt von »Rest & Recreation«. Die Hotels boomen. Im Oriental allerdings herrscht kurzzeitig Trauer: 1973 zerstört ein Feuer große Teile des ursprünglichen Gebäudes.

Der Manager reagiert schnell, der Autorenflügel wird in seinem »Originalzustand« wiederaufgebaut. Drei Jahre später eröffnet dann der River Wing mit 350 Zimmern, ein funktionales Hochhausgebäude mit sechzehn Stockwerken, das den Autorenflügel und den Palmengarten ein wenig in den Schatten stellt und der Gesamtanlage den Charme zu nehmen droht. Und doch: Da erst feiert das Oriental seinen endgültigen internationalen Durchbruch. 1981 wählen internationale Fachleute des *Institutional Investor* das Hotel erstmals zur Nummer eins weltweit. Nun ist das Oriental auch in Deutschland kein Geheimtipp mehr, sondern ein großes Hotel, in jeder Beziehung. Ein wenig hat es da für seine Kenner schon an Charme verloren. War es zu funktional geworden, mit seinen zubetonierten Flächen am Ufer (statt des alten, oft überschwemmten Rasens), den neuen Italien- und Chinarestaurants?

»Ach, mit dem Charme ist es so eine Sache«, sagt Kurt Wachtveitl, einen Moment lang wieder weniger Manager als der ewige Student der Philosophie. »Charme definiert jede Generation neu für sich. Als ich vor vierzig Jahren nach Thailand kam und von allem so fasziniert war, schauten mich die älteren Thai-Residenten mitleidig an und sagten: Du hättest das alles erst mal vor zwei Jahrzehnten sehen und erleben sollen.« Wichtig ist laut Wachtveitl, dass man nicht dem Massengeschmack nachläuft, dass man nicht »vulgär« wird. Der Einzige im Oriental, der gegenüber dem Gast eine freche Lippe riskieren darf, ist der Papagei auf der Terrasse. Der Hausvogel kann Flüche in verschiedenen Sprachen. »Gäste aus Tokio zucken zusammen, wenn sie ihn auf Japanisch krächzen hören, aber sie sind amüsiert«, sagt Wachtveitl.

Traditionen bewahren und sich trotzdem neuen Trends gegenüber aufgeschlossen zeigen: Es ist ein schmaler Grat, den »Mister Kurt« mit seinem Team entlangbalanciert. »Gerade ein legendäres Hotel darf sich nicht auf seinen Lorbeeren ausruhen, sonst ist es schnell weg vom Fenster.« Und so expandiert und erneuert sich das Hotel, in der Hoffnung, nicht seine Seele zu verlieren. Auf der Uferseite gegenüber entsteht 1983 ein neues Thai-Restaurant mit angeschlossenem Kulturprogramm. 1986 wird eine hoteleigene Kochschule ins Leben gerufen und erfreut sich schnell großer Beliebtheit. 1993 eröffnet das Oriental Spa, ein großzügiges Fitness- und Beautycenter (aus Platzgründen wieder auf der anderen Uferseite, mit kostenlosem Boot-Shuttle). 1995 und 1997 entstehen »Oriental Shops« in der Stadt, zusätzlich zu den Ladenpassagen im Hotel. Das Management organisiert Tanzwettbewerbe und Literaturveranstaltungen und hat für Luxuskreuzfahrten auf dem Fluss bis hin zur alten Thai-Kaiserstadt Ayutthaya selbstverständlich seine eigenen Schiffe.

Wer sich in Bangkok verwöhnen lassen will, muss die durchorganisierte Oriental-Welt nicht verlassen. Und bei einem wöchentlichen Treff mit Gemüsekanapees, Sushi und Drinks auf Kosten des Hauses können Stammgäste ihre Bekanntschaft wieder auffrischen. Da steht dann der ehemalige deutsche Wirtschaftsminister Otto Graf Lambsdorff ganz entspannt im Polohemd, unterhält sich mit einer Industriellengattin aus dem Rheinland – und entdeckt plötzlich seinen französischen Amtskollegen von früher, der hier gerade auch wieder mal einige Tage Urlaub macht: »Orientalisten« forever.

Die gute Nachricht für Individualisten ist: Keiner wird gezwungen sich irgendeiner Veranstaltung anzuschließen. Das Oriental bleibt auf wundersame Weise unaufdringlich und zurückhaltend – was nun doch mit den Eigenheiten dieses freundlich-verschlossenen Landes und seiner Bewohner zu tun haben muss. Kein Kellner schaut dem Gast im Lord Jim's oder dem Normandie Grill ständig über die Schulter; er ist da, wenn er gebraucht wird. Kein Zimmermädchen wartet ungeduldig auf dem Flur oder klopft gar, um Blumen zu bringen oder Obst zu servieren; die sorgfältig gesteckten Gebinde und die täglich neuen Tropenfrüchte (nebst einer Beschreibung, worum es sich genau handelt) werden bei einer auch nur kurzen Abwesenheit des Gastes blitzschnell platziert; ebenso wie abends die auf Pergament gedruckte, täglich neue Gutenachtgeschichte. Der Liftboy weiß spätestens am zweiten Tag ohne Nachfrage, welchen Etagenknopf er für jeden Gast drücken muss. Neben der örtlichen *Bangkok Post* erhält jeder auch täglich die *International Herald Tribune*. Und wer sich auch nur einige Minuten an einem der beiden Pools sonnt und ins Schwitzen gerät, bekommt von den Bediensteten ganz selbstverständlich ein Glas mit Eiswasser gereicht.

Es sind solche Kleinigkeiten, die ein wahres Luxushotel von den vielen First-Class-Hotels abhebt: Die »inneren Werte« der äußerlich austauschbarer gewordenen Dame Oriental bleiben unverwechselbar – und anziehend. Thailand gilt inzwischen nicht nur deutschen Touristen als eines der attraktivsten – inzwischen nach diversen Wahlen auch leidlich demokratischen – Urlaubsländer. In Bangkok haben deshalb in den letzten Jahren, trotz asiatischer Wirtschaftskrise, immer neue Fünfsternehäuser aufgemacht: das Shangri-La und das Sheraton, das Marriott und das Peninsula. Immer noch werden sie bei Meinungsumfragen unter den Reiseprofis vom Oriental abgehängt (derzeit die Nummer drei weltweit).

Das älteste Hotel hat die treueste Mannschaft: der »staff turnover« liegt unter fünf Prozent. So viel Loyalität entsteht wohl nicht allein dadurch, dass der Chef den Stolz auf die gemeinsame Leistung belohnt und von einer »Oriental-Familie« spricht. Seit mehr als zehn Jahren existiert auch ein spezielles hoteleigenes Ausbildungsprogramm für den Nachwuchs, das jungen Thais besondere Aufstiegschancen bietet. Wachtveitl will beweisen, wie sehr das Oriental seinem Gastland verbunden ist. Für die Küche eingeflogen wird nur das, was wirklich nicht im Land zu kriegen ist. Wachtveitl lässt beispielsweise das gesamte Gemüse für seine Restaurants im Norden des Landes kaufen – von einer thailändischen Farmerorganisation, die Schlafmohnfelder zerstört und sie der Landwirtschaft erschließt. Dem Manager werden solche Gesten abgenommen, seine »einheimischen« Krawatten und Schuhe wirken nicht als Anbiederung – schließlich spricht er die Landessprache und Jugendliebe Penny (längst seine Frau, sie haben inzwischen drei erwachsene Kinder) ist ja eine Thai.

Thais wie Touristen wissen: Es gibt für den Sonnenuntergang keinen romantischeren Platz als das Oriental. Dann strömen die Menschen aus allen Richtungen zu dem Hotel. Ein Streichquartett spielt in der Eingangshalle Mozart oder Vivaldi, im Autorenflügel fällt das letzte Licht auf die alten Stiche mit verschüchterten Prinzessinnen und kessen Prinzen, an der Terrasse unten am Fluss nähert sich die Zeit der Sundowner. Und auf dem Chao Phya, dem »Strom der Könige«, entfaltet sich vor den Augen des Daiquiri-gestärkten Zuschauers das allabendliche Panoptikum des Lebens. Lastkähne tuckern schwer beladen, tuten sich herrisch den Flusslauf frei. Fährboote tremolieren mit hellen Klingeln, von Fahrgästen bestürmt. Winzige Sampans tanzen dazwischen ängstlich über die Wellen.

Das Hotel hat einen eigenen Landesteg. Die »Oriental Express« steht für Shoppingtouren bereit, die »Oriental Queen« lädt zur Rivercruise mit Abendessen und Tanz, das schöne alte Oriental-Logo mit dem goldenen Fächer ist unübersehbar – fast schon zu viel des Guten. Aber immer gerade dann, wenn der Gast denkt, es könnte ein bisschen zu viel werden mit der kommerziellen Durchorganisierung des Hotels und seiner Historie, als ächze das Oriental gelegentlich unter seiner eigenen, strapazierten Legende – dann erlebt er eine Überraschung. Einen Hauch persönlicher Oriental-Geschichte, *seiner* Oriental-Geschichte.

»Was für eine Freude, Sie wiederzusehen, Sie waren doch zum ersten Mal im Jahr 1977 und zum letzten Mal vor zweieinhalb Jahren in unserem Hotel«, sagt beispielsweise lächelnd eine ältere Angestellte am Empfang. Liefert ein Gästecomputer auf Namensknopfdruck solche präzisen Informationen?

Aber wie kommen Sie denn darauf, meint die Angestellte fast entrüstet. »Wir verlassen uns auf unsere persönliche Erinnerung, auf unser Gedächtnis.« Solche Geschichten gefallen dem Chef, auch wenn sie ein wenig geflunkert sein mögen. Sie passen zu »Mister Kurts« Credo: »Im Oriental geht es auch um Träume und Illusionen.« Und er macht sich schnell eine Notiz, was wohl heißt: Diese aufmerksame Rezeptionistin sollten wir zur Beförderung vorsehen oder wenigstens zur »Angestellten des Monats« machen.

Ausländischen Investoren, die das Oriental in Amerika oder Europa »nachbauen« wollen, sagt Wachtveitl immer: »Okay, schickt drei Jumbos, die ich mit 1200 Thais voll packe, denn ohne die Thais geht es nicht.« Mit der deutschen Auffassung von Dienstleistung lässt sich seiner Meinung nach kein Hotel führen. »Ein Deutscher hat keine Probleme damit, verschmiert unter seinem BMW oder Mercedes zu liegen. Weil er mechanisch veranlagt ist und das Reparieren von Autos als eine wesentliche Lebensaufgabe sieht. Wenn er aber jemandem eine kleine Aufmerksamkeit – etwa einen Cappuccino – bringen soll, fühlt er sich versklavt.«

Kurt Wachtveitl ist auf der ewigen Suche nach Perfektion. Er hat in seiner Branche an Preisen so ziemlich alles abgeräumt, was zu kriegen ist. Er war mehrfach Hotelmanager des Jahres in Bangkok, auch »Persönlichkeit des internationalen Gastgewerbes« weltweit. In Deutschland erhielt er das Bundesverdienstkreuz; Thailands Königshaus hat ihn mit dem »Erhabenen Orden des Weißen Elefanten« ausgezeichnet.

Er wird wohl ein Leben lang weiterarbeiten an der Vervollkommnung seines Hotels – allgegenwärtig im Oriental, zugleich weitgehend unsichtbar. Ein Mann für große Auftritte wie für die Kleinigkeiten hinter der Kulisse. Und er wird nie aufhören, sich über seine Kunden zu wundern: den alten Politiker, der an jedem Weihnachtsfest kommt; sich immer Steaks medium-rare und alte Jahrgänge Beaujolais aufs Zimmer bestellt, das »Do-not-disturb«-Zeichen einschaltet, um dann tagelang ungestört alte Fußballvideos zu gucken; den jungen Geschäftsmann, der als Hobby das Sozialverhalten thailändischer Wasserbüffel erforscht und jedes Jahr vom Oriental aus zu seinen »Adoptivkindern« in die Dörfer zieht.

Nur reinreden wird er keinem Gast. Denn er fühlt sich für dessen Glück verantwortlich. Wenigstens während der Tage hier, in dieser thailändischen Stadt der Engel. In dieser Oase namens Oriental.

HOTELBEWERTUNG:

NOSTALGIEFAKTOR: ****
LUXUSFAKTOR: *****
WOHLFÜHLFAKTOR: *****
PREIS-LEISTUNGS-FAKTOR: *****
ADRENALINSTOSS-FAKTOR: *

Adresse:
The Oriental
48 Oriental Avenue,
Bangkok 10500, Thailand
Telefon: 0066-2-659-9000
Fax: 0066-2-659-0000
E-Mail: orbkk-reservations@mohg.com

Zimmer:
Einzelzimmer ab 280 US-Dollar,
Doppelzimmer ab 340 US-Dollar
plus 17 Prozent Steuern

Holiday Inn, Sarajevo

Das Fenster zum Krieg

Es war die längste Belagerung einer Stadt in der Neuzeit: 1395 Tage stand Sarajevo zwischen 1992 und 1996 unter serbischem Beschuss, mehr als zehntausend Menschen starben. Im Mittelpunkt: das Holiday Inn an der Sniper Alley. Heute kämpft das Hotel, wie ganz Bosnien, um ein zweites Leben.

Das Hotel Holiday Inn liegt an der Verlängerung der alten Tito-Straße Richtung Flughafen Sarajevo, unweit der historischen Innenstadt. Es ist ein ziemlich durchschnittlicher gelbbrauner Klotz und empfängt den Gast heute mit dem branchenüblichen Angebot eines Viersternehauses: Restaurants, Lobby-Bar, Andenkenladen und Friseur, im Empfangsbereich Topfpflanzen in weißen Kübeln. Auch die Zimmer sind so, wie man es von einem Holiday Inn weltweit erwartet: braune Fliesen und Doppelverglasung gegen den Straßenverkehr; TV mit Satellitenanschluss, Minibar, Bügelbrett und vier Kleiderbügel im Schrank; Fön im Bad, zwei Stück Seife, Hygienebeutel, Desinfektionsstreifen über dem Toilettendeckel. Ein Kärtchen mit dem »schriftlichen Versprechen der Gastfreundschaft« – wer die Zahnbürste oder den Rasierapparat vergessen hat, bekommt an der Rezeption Ersatz.

Nur wer das Hotel von früher kennt, glaubt sie zu sehen, die überputzten Einschusslöcher, die ausgebesserten Lücken in den Stahlstreben, die Granaten gerissen haben. Erstaunlich, wie die Restaurateure die beiden ausgebrannten oberen Stockwerke wieder hingekriegt haben. Keine Spur mehr vom Krieg. Aber das Ding da, fünfte Etage, nahe dem früheren

Zimmer des furchtbaren Psychiaters Radovan Karadžić (Nummer 503), könnte das nicht eine Kugel sein, die sie im Putz vergessen haben?

Der Mörtel hält. Bei den Menschen muss man nur an der Oberfläche kratzen, dann brechen die Narben wieder auf.

Samir, Taxifahrer des Holiday Inn Sarajevo, erzählt schon auf dem Weg vom Flughafen, was für ein unwahrscheinliches Glück er damals hatte: »Ich dreh' mich gerade zur Seite, als die Kugel einschlägt. Unmittelbar vor mir steht, für einen Moment unaufmerksam, mein Bruder. Er kriegt sie ab. Er ist seitdem querschnittgelähmt.« Das Zimmermädchen Gordana, das die neuen Handtücher bringt: »Meine Großmutter starb damals durch einen Querschläger. Wir konnten sie nicht begraben, wegen des Dauerbeschusses. Wir schlugen den Leichnam schließlich in alte Bettlaken ein und kippten ihn aus dem Hochhausfenster in den Garten.« Und die Empfangsdame Almasa an der Rezeption sagt: »Jeder hier hat seine Familientragödie. Über meine spreche ich nicht gern. Aber warten Sie, jetzt da wir uns unterhalten – wir kennen uns doch, von damals …«

Damals: Das ist das Schlüsselwort in Sarajevo. Damals meint das Mittelalter, die Pest, die in Europa wütete – und diese düstere Epoche ist gerade erst ein Jahrzehnt her. Vom 2. Mai 1992 bis zum 26. Februar 1996 wurde diese Stadt belagert, 1395 Tage lang von serbischen Scharfschützen ins Visier genommen. 10.615 Menschen starben in Sarajevo, darunter 1601 Kinder; über fünfzigtausend Menschen wurden verwundet, mehr als jeder zehnte Einwohner. Als einziges Hotel der Stadt blieb das Holiday Inn während dieser Belagerungszeit durchgehend geöffnet, Refugium für internationale Diplomaten, ausländische Journalisten, die heimische Elite. Während die Häuser um das Holiday Inn herum von den Hügeln her unter Dauerbeschuss standen und die meisten vollständig in Flammen aufgingen, während die Straße vor dem Haus als »Sniper Alley«, als Ziel der Scharfschützen, berühmt-berüchtigt wurde, bekam das Hotel relativ wenig ab. Überlebte.

Immer wieder gab es Gerüchte über geheime Abmachungen

der Hotelleitung mit den Angreifern, von denen freilich nicht alle Scharfschützen zu wissen schienen: Ein Granateneinschlag verletzte mehrere Journalisten in ihren Zimmern, andere entgingen nur um Haaresbreite dem Tod. Immerhin war privilegiert, wer im Holiday Inn unterkam: Fegefeuer statt Hölle. Und gegen Aufpreis ließ sich ein Stück Sicherheit mehr erkaufen. Teurer waren – weltweit wohl einmalig – die Zimmer *ohne* Aussicht, denn sie waren auch die Zimmer ohne Einsicht für die Männer mit den Waffen auf den nahen Hügeln.

Sarajevo hatte eine Tradition. Es galt lange Zeit als ein Symbol für religiöse und ethnische Toleranz in Europa. Die bosnischen Muslime, Nachfahren der auch durch das Christentum geprägten Bogomilen, vertraten einen aufgeklärten Islam, verstanden sich mit den Katholiken, Orthodoxen, Juden im Ort. Die türkischen Herrscher bauten Sarajevo während ihrer mehr als vierhundertjährigen Regentschaft prächtig aus; die k.u.k.-Herrscher Österreich-Ungarns verschönerten die Stadt noch einmal, bis zum Ausbruch des Ersten Weltkriegs. Der nahm 1914 mit den tödlichen Schüssen des serbischen Nationalisten Gavrilo Princip auf Thronfolger Franz Ferdinand allerdings von hier aus seinen Anfang. Da war die Tradition zum ersten Mal bedroht – und blieb doch erhalten.

Sarajevos Menschen wehrten sich gegen den Hass, Sarajevos Mauern überstanden den Krieg. Nur wenige Schritte waren es schon seit Menschengedenken von den großen Moscheen und Medressen zur römisch-katholischen Kathedrale, zur serbisch-orthodoxen Kirche, zur jüdischen Synagoge. Wer schlecht geträumt habe, hieß ein geflügeltes Wort aller Bosnier, solle diesen »Kreis von Sarajevo« abschreiten, in jedem Gotteshaus eine Spende hinterlassen. Dann könne ihm nichts passieren. Selbst unter den jugoslawischen Kommunisten, die regionale Eigenständigkeiten nicht gerade förderten, blühte die Kunst und Kultur hier am Schnittpunkt europäischer und orientalischer Welt relativ ungehindert. Sarajevo bewahrte sich unter Josip Tito seinen größten Schatz: seine multikulturelle Identität.

Dieses schöne, entspannte, weltoffene Sarajevo erhält den Zuschlag für die Olympischen Winterspiele 1984. Und das wird auch die Geburtsstunde des Holiday Inn, dessen Einweihung IOC-Präsident Antonio Samaranch ein Jahr vor dem Beginn des Weltsportfestes persönlich vornimmt. Die Stadt braucht dringend ein neues Viersternehotel, um dem internationalen Ansturm der Gäste standzuhalten. Stolz preist das Haus im ersten Prospekt seine Vorzüge: »Das modernste Hotel der Stadt bietet dem verwöhnten Gast – nur vierzig Minuten vom Skigebiet in zentraler Lage – 333 luxuriös ausgestattete Zimmer sowie vierundzwanzig Suiten, Nachtclub, Spielkasino, eigene Bäckerei inklusive!« Das Holiday Inn sei so etwas wie »das neue Zentrum der Stadt« geworden, heißt es in einer Broschüre der achtziger Jahre stolz. Es bleibt dann auch in den Neunzigern im Blickfeld – freilich anders und weitaus weniger erfreulich, als von den Managern erwartet.

Jugoslawien zerbricht. Was in einem losen Staatenbund vielleicht zu einem erfreulichen Mehr an Eigenständigkeit hätte werden können, entwickelt sich unter dem Einfluss nationalistischer Demagogen schnell zur Tragödie. Der größte Teil der muslimischen Bosniaken, Serben und Kroaten Sarajevos verhält sich im Jahr 1990 gegenüber den Nationalisten noch reserviert, obwohl die ethnisch geprägten Parteien bei den Wahlen erheblich an Stimmen gewinnen. Eine solche Entscheidung ist damals noch nicht gleichbedeutend mit dem Votum für einen Krieg; es gibt bei der muslimischen »Partei der Demokratischen Aktion« des Alija Izetbegović, bei der »Kroatischen Demokratischen Gemeinschaft« und selbst bei der »Serbischen Demokratischen Partei« noch besonnene und, den Parteinamen tatsächlich entsprechend, demokratische Kräfte.

Auch der Delegierte Sarajevos im jugoslawischen Staatspräsidium, Bogić Bogičević (übrigens ein bosnischer Serbe), will keine Teilung Bosnien-Herzegowinas. Er stellt sich allerdings auf die Seite Sloweniens, Kroatiens und Mazedoniens – gegen den serbischen Einheitsblock. Spätestens zu diesem

Zeitpunkt beginnt der Präsident Slobodan Milošević die Kriegsplanung gegen Sarajevo.

Das Regionalparlament Bosnien-Herzegowinas stimmt 1991 schließlich mehrheitlich für die Unabhängigkeit. In allen Volksgruppen gibt es nun Scharfmacher, aber die meisten der muslimischen und kroatischen Delegierten in Sarajevo träumen wohl noch von einem multiethnischen Staat mit den gleichen Rechten für alle Volksgruppen. Der serbische Fanatiker Radovan Karadžić hat ganz andere Pläne: Er tut alles, um ein gemeinsames Leben der Ethnien unmöglich zu machen. Das Leben jedes Serben sei im Fall einer Unabhängigkeit Bosnien-Herzegowinas bedroht, eine Abspaltung vom serbischen Mutterland »ein Verbrechen, das wir nicht zulassen dürfen«, predigt er. Und schmiedet im Hintergrund gemeinsame Pläne mit dem gleich gesinnten Slobodan Milošević.

Herr K. fährt häufig zu Beratungen nach Belgrad. Aber meist hält er in Sarajevo Hof, im Hotel seiner Wahl: im Holiday Inn. Dort richtet er im ersten Stock sein Büro ein und wohnt bald permanent im fünften Stock. Das abgespaltene »Serbische Parlament« von Bosnien-Herzegowina tagt ab Dezember 1991 regelmäßig in den Konferenzräumen des Hotels. »Normale« Gäste bleiben aus. Die Atmosphäre ändert sich dramatisch. Die Lobby füllt sich mit düsteren Gestalten, Tschetniks, serbische Terroristen, zu allem bereit und die Waffen stets in Griffweite. Und mit ihnen kommt die Karawane von Reportern, die hier den nächsten Krieg, die nächste große Story wittern.

Im Gegensatz zu den Tschetniks und seinen eigenen, stets grimmig dreinblickenden Leibwächtern wirkt der grauhaarige Psychiater bei seinen Holiday-Inn-Pressekonferenzen wie eine Lichtgestalt. Karadžić lächelt oft, ist höflich, charmant. Vor allem die Journalistinnen finden ihn sympathisch. Was er da mit sanfter Stimme erzählt, ist zwar starker Tobak. Aber muss man das alles ganz ernst nehmen? Schließlich zwinkert er ja manchmal schelmisch, wenn er Dinge sagt wie: »Es wird Krieg geben, wenn wir in einem Staat leben müssen, der von Serbien getrennt ist.« Oder: »Natürlich müssen die Ethnien getrennt voneinander sein. Ich bin für eine Dreiteilung Sarajevos, für einen Austausch der Bevölkerungsgruppen, ethnische Säuberung. Wir Serben beanspruchen landesweit zwei Drittel aller Gebiete.« Karadžić der Poet hat stets weniger Kreide gefressen als Karadžić der Politiker. In einem seiner schon früher erschienenen Gedichte hat er »die Vernichtung der Städte, den Tod aller (nichtserbischen) Bastarde« gefordert. Aber waren das nicht nur blumige Übertreibungen eines Möchtegernliteraten? Darf Poesie nicht alles?

Seine Kollegen im Krankenhaus von Sarajevo halten Karadžić für einen miserablen Psychiater, für einen gefährlichen Demagogen; das Personal im Holiday Inn schätzt ihn wegen seiner hohen Trinkgelder und seiner erlesenen Manieren. Er ist ein brillanter Politpsychologe und als solcher versteht er es, Ängste zu wecken. Als wegen eines privaten Streits eine serbische Hochzeitsgesellschaft in Sarajevo überfallen wird, kommt es zu einer Schießerei – Anlass genug für Karadžić, die »Landsleute« aufzuhetzen. In Sarajevo seien sie nun endgültig in ihrer Existenz bedroht. Tausende Eingeschüchterte verlassen ihre Heimat.

Überall in der Stadt, auch um das Holiday Inn herum, beginnen die Menschen Barrikaden zu bauen. Denn spätestens im Sommer 1991 ist klar, wo die von der zentralen Volksarmee eingesammelten Waffen Bosnien-Herzegowinas landen: Karadžić und Konsorten rüsten auf, schließen sich mit Spezialtruppen des Belgrader Innenministeriums und zu allem entschlossenen Freischärlern zusammen. Auch der berüchtigte Arkan taucht jetzt gelegentlich in der Bar des Holiday Inn auf, feiert mit den Tschetniks Verbrüderung und Saufgelage.

Doch meist ist es ruhig im Hotel, so ruhig wie im Zentrum eines aufkommenden Hurrikans. Noch funktioniert der Springbrunnen vor dem Haus. Der Kaffee wird in den grünen Sesseln der Lobby-Bar so höflich gereicht (und schmeckt fast so gut) wie im Hotel Sacher zu Wien, vierhundert Kilometer nördlich – man fühlt sich in Mitteleuropa. Und im Frühstücksraum trägt das weiße Geschirr immer noch das Symbol der olympischen Ringe. Der frühere Popmusiker und jetzige Friedensaktivist Cat Stevens, der zum Islam übergetreten ist, schäkert mit dem Personal in der Lobby, summt mit ihnen seinen Hit »Morning has broken«.

Doch hereinbricht die Nacht. Die Spaltung Bosnien-Herzegowinas ist nicht mehr aufzuhalten. In den von Karadžić militärisch kontrollierten Gebieten votiert die Bevölkerung im November 1991 mit großer Mehrheit für einen Anschluss an Serbien. In Sarajevo und den nicht-serbischen Regionen stimmen Ende Februar 1992 über 99 Prozent für einen souveränen Staat; die Wahlbeteiligung von knapp 64 Prozent legt nahe, dass sich die noch verbliebenen verunsicherten Serben Sarajevos am Urnengang nicht mehr beteiligt haben. Karadžić, Arkan und Co. beginnen mit Unterstützung der jugoslawischen Volksarmee ihre Provokationen – aus Mitteleuropa wird Mittelalter.

Die Stadt schwirrt vor Gerüchten. Schüsse fallen, auch aus Fenstern des Holiday Inn. Ein kollektiver Irrsinn scheint alle zu befallen. Auch die kroatischen Bosnier glauben sich nun zwischen den Fronten und wollen eigene Wege gehen. Muslim-Führer Alija Izetbegović ordnet die Generalmobilmachung der bosnischen »Territorialen Verteidigungskräfte« an. In den Bergen rund um Sarajevo aber sind längst Belgrads Panzer in Stellung gebracht, Karadžićs Scharfschützen eingegraben. Die Kanonenrohre richten sich in den Talkessel, dorthin, wo Sarajevo liegt: seine Marktplätze, seine Schulen, sein bestes Hotel. Zum Greifen, zum Terrorisieren, zum Auslöschen nahe.

Gelegentlich flammen Hoffnungsschimmer auf. Am 6. April 1992 erkennt die Europäische Gemeinschaft den neuen Staat Bosnien-Herzegowina an, einen Tag später vollziehen auch die USA diesen Schritt; andere Staaten folgen. Das Holiday Inn wird in Ermangelung von räumlichen Alternativen zum Diplomatenhotel, Repräsentanten der USA, Malaysias und Pakistans mieten sich ein. In der Stadt befindet sich zu dieser Zeit auch ein UNO-Hauptquartier. Doch letztlich sieht sich die internationale Gemeinschaft nicht in der Lage, irgendetwas gegen den heraufziehenden Krieg, gegen die sich abzeichnende Belagerung zu unternehmen.

In Sarajevo melden sich 25.000 Freiwillige, die den schlecht ausgerüsteten Truppen des neuen Staates zu Hilfe kommen wollen – unter ihnen sind immerhin zwölf Prozent serbische und achtzehn Prozent kroatische Mitbürger. Aber sie haben nicht einmal einen Bruchteil der Granaten, der Mörser, der Gewehre, über die die Gegenseite verfügt. Und es gibt keinen Weg, sich entscheidenden Nachschub zu beschaffen: Das Waffenembargo des Westens bevorzugt Milošević und Karadžić, wirkt auf sie, in den Worten des Balkankenners Erich Rathfelder »als Einladung zum Krieg«.

Die Freischärler haben, unterstützt von der regulären jugoslawischen Armee, wenig Mühe, die Gebiete um Sarajevo herum einzunehmen: Ilidža, Vogošća, Grbavica fallen schnell. Nach der Besetzung des Flughafens ist die Stadt komplett eingeschlossen. Als Sarajevo am 5. April 1992 zum ersten Mal von den Hügeln mit Panzergranaten von 82, 120, 150 und 250 Millimetern Durchmesser beschossen wird, beginnt die lange Leidenszeit. Ganze Viertel liegen unter Dauerfeuer. Manchmal halten die Angreifer scheinbar zufällig in die Gebäude der Stadt hinein. Dann wiederum nehmen sie sich bestimmte Ziele vor. Beispielsweise die Türme einer großen Stahlfirma direkt neben dem Holiday Inn. Die Bewohner Sarajevos haben sie nach einem serbisch-muslimischen Komikerduo »Momo« und »Uzeir« benannt. Die Angreifer schießen erst den »muslimischen« Turm in Brand, werden dann offensichtlich unsicher, ob sie den richtigen getroffen haben; wenig später nehmen sie auch noch den »serbischen« ins Visier.

Aber als schlimmste, weil unberechenbarste Gefahr erweisen sich die Sniper mit ihren Präzisionsgewehren; »Pazi Snajper!«, warnen bald die selbst gemalten Schilder der Eingeschlossenen vor besonders gefährlichen Stellen und Wegen. Die Scharfschützen haben offensichtlich nur ein Ziel: Sie wollen Terror verbreiten. Sie knallen manchmal Kinder ab, öfter Frauen, gelegentlich – und offensichtlich nur so zum Spaß – auch Hunde. Am schlimmsten wüten sie spätnachmittags, wenn sie getrunken haben. Allein in der Sniper Alley, der Straße der Heckenschützen, sterben zwischen dem Holiday Inn und der wenige hundert Meter entfernten Hauptpost insgesamt 225 Menschen.

Das Hotel hält die Tore offen. »Nichts ist wichtiger als ein Stück Berechenbarkeit inmitten des Irrsinns«, sagt jedem frisch Angekommenen die Englischprofessorin Almasa Sunarić, die ihren Job als Pädagogin gegen den einer Gästepsychiaterin ausgetauscht hat – als offizielle Empfangsdame des Holiday Inn ist sie die Mutter Courage wie die gute Seele des Hauses. Aus Wurstkonserven der BBC, aus Dosensuppen der *Washington Post* und aus Schwarzbrotreserven des Österreichischen Rundfunks lässt sie von den Küchendamen (Beinahe-)Gourmetdinners zaubern. Gibt es wieder einmal kein Licht, hat sie immer noch Kerzen. Selbst Radiobatterien, eine Kostbarkeit in der Stadt, scheinen ihr nie auszugehen. Und ab und zu muss sie auch die Trösterin spielen: Wenn wieder einmal ein Journalist in einem Weinkrampf zusammenbricht, von draußen, von der Straße kommend, wo Gehirnmasse aus einem zerschossenen Kopf quillt, ein von Granaten abgetrennter Arm im Rinnsal liegt. Oder eine alte Frau, weil zu langsam beim Überqueren der Straße, mit gebrochenen Augen in den Himmel starrt.

Ende 1992 haben die Botschafter das Holiday Inn verlassen, die meisten Gäste sind jetzt durchreisende Journalisten. Die Lage wirkt hoffnungslos. Aber so ganz hat die internationale Diplomatie Jugoslawien doch nicht aufgegeben; und ein Mann, der später noch eine große Rolle spielen soll, macht sich aus Eigeninitiative auf in die umkämpfte Region: Richard Holbrooke, ehemals Vize-Außenminister unter Jimmy Carter, zu dieser Zeit Vorstand der privaten Flüchtlingsorganisation International Rescue Committee. Für den als versnobt geltenden New Yorker wird Sarajevo zum Schlüsselerlebnis.

»Meine ersten beiden Tage in der Stadt haben mich für das ganze Leben geprägt«, erzählt er mir bei einer Tasse Tee in seinem New Yorker Büro Jahre später. »In den Straßen standen ausgebrannte Autowracks herum. Kein einziges Gebäude, das nicht irgendwie beschädigt war. Ständig Detonationen, Schüsse. In diesem Inferno diskutierten UNO-Vertreter mit den bosnischen Serben über jeden einzelnen Hilfskonvoi – es war, als verhandelte die Weltgemeinschaft mit dem Hinrichtungskommando Sarajevos darüber, ob die Stadt den Hunger- oder den Kältetod, ob sie langsam oder schnell sterben sollte.«

Holbrooke fährt mit einem von seinem Freund Lionel Rosenblatt gefälschten UNO-Ausweis durch die Stadt. Er verbringt den Silvesterabend 1992 im Holiday Inn. »Das merkwürdigste Hotel der Welt war das damals: ein eiskaltes Zimmer, kein Wasser, eine nur gelegentlich aufflackernde Lampe. Ständig von draußen ein Zischen und Knattern. Gewehrfeuer von Heckenschützen oder etwa doch Silvesterknaller? Und als ich mich nach Mitternacht mit einigen Freunden in eine nahe Kneipe wage – sie hieß treffend ›Das Loch in der Wand‹ – , sehe ich Blutspuren auf dem Teppich meines Flurs, offensichtlich von Toten oder Verwundeten.«

Der Überlebenskampf, die Lebenslust der Einwohner Sarajevos lassen den sonst so abgebrühten Politprofi nicht kalt. »Wir feiern in dieser Silvesternacht, bis die Sonne aufgeht. Dann zwei Stunden Schlaf. Um halb acht stehe ich auf, ich habe in meinen Kleidern geschlafen, Wasser zum Waschen gibt es ohnehin nicht. Ich zahle meine Hotelrechnung in bar, wie es von allen verlangt wird. Fahre dann mit einem gepanzerten Wagen durch eine Stadt, in deren Straßen bei eisiger Kälte zerlumpte Kinder im Schutt nach etwas Essbarem suchen.«

Bei allem nachempfundenen Schrecken, bei aller Sympathie: Es ist ein privilegierter Eindruck, der sich Diplomaten und uns Journalisten in Sarajevo bietet. Manchmal fällt es schwer, diese Bevorzugung nicht als obszön zu empfinden: Kaffeekränzchen bei Geiseln, die ständig vom Tod bedroht sind. Sorry: Wie viele Opfer waren es noch mal in ihrer Familie? Und warum noch mal habt ihr sie nicht alle begraben?

Wegen der Kämpfe ist der Landweg in die Stadt spätestens seit dem Sommer 1993 ausgeschlossen. Bleibt nur der Flugdienst mit den UNO-Militärtransportmaschinen unterschiedlicher Nationalität; sie starten von Ancona, Zagreb oder Split aus und werden wegen ihres unbestimmten Flugplans von den Reportern »May-be-Airlines« getauft. Doch wer mitgenommen wird, kann sich darauf verlassen, auch wieder zurücktransportiert zu werden, plus/minus ein, zwei Tage. Außerdem hat er Anspruch darauf, in einem der kugelsicheren Personentransporter zum Holiday Inn gebracht zu werden.

»Zimmer zum Krieg, oder eines der sicheren?« Nur die Waghalsigsten und die finanziell Klammen entscheiden sich für einen Raum, der den Angreifern Einblick geben könnte; verbarrikadieren das Fenster dann mit Schränken oder dem aufgestellten zweiten Bett.

Fünfzig Dollar kostet einer der Risikoräume, das Fünffache (und für Amerikaner gelegentlich das Zehnfache) ein sicheres Zimmer. Die Preise legt die Hotelleitung offensichtlich nach Angebot und Nachfrage fest – Marktwirtschaft gehört zu den wenigen Dingen, die auch im belagerten Sarajevo noch funktionieren. Zu sehen auch an den ukrainischen UNO-Soldaten, die mit ihren Essensrationen, Zigaretten und Filmen in der Hotelhalle Schwarzhandel betreiben: Dollars horten für die Zeit danach. Zu erkennen bei der unterschiedlichen Ausstattung der anreisenden Journalisten. Der reiche Sender CNN beispielsweise besitzt einen Landrover mit kugelsicheren Scheiben und besonderen Reifen, die angeblich auch über explodierende Minen rollen und dann noch mindestens zwanzig Kilometer weit fahren können. Redaktionen kleinerer Zeitungen und Sender statten ihre Reporter nicht einmal mit kugelsicheren Westen aus.

Es gibt auch in diesen Tagen angenehme Überraschungen

im Holiday Inn und die verbreiten jedes Mal so etwas wie einen Hauch von Weihnachten. Manchmal gehen im dunklen Restaurant plötzlich die Lichter an, die Heizung funktioniert, weiß Gott warum, endlich wieder. Jemand hat ein paar Flaschen Bordeaux beschafft, XO-Cognac von irgendwoher. Spontankonzert eines Streichorchesters. Eine Tanzeinlage. Die Wahl zur »Miss Sarajevo«.

Inela Nogić, siebzehn Jahr, blondes Haar, ist gemeinsam mit anderen jungen Schönheiten im Badeanzug paradiert, auf deren Schleifen stand: »Don't let them kill us.« Sie ist unser aller Kriegsprinzessin. Grüne Augen, sportliche Figur, an die einsachtzig groß, präsentiert sich Inela nach ihrem Sieg den wartenden Kollegen im Hotelfoyer. Sie wirkt nicht mehr wie ein Teenager, um die Augen und um den Mund sind kleine Fältchen, die sich wie Spinnweben auszubreiten beginnen: Spuren des Alltagsstresses. Freund Boris, ihre erste große Liebe, ist Serbe; er kämpfe auf der anderen Seite, erzählt sie, ständig präsent sei die Angst. Und ja, natürlich, sie würde gern am Miss-Universe-Contest und Modelwettbewerben teilnehmen. »Aber wie soll ich denn, ich werde doch wie alle Einwohner von Sarajevo festgehalten in diesem Käfig …«

Der Balkanspezialist Erich Rathfelder von der Berliner *tageszeitung* gehört wie Renate Flottau, die Belgrad-Korrespondentin des *Spiegel*, zu den wenigen Journalisten, die sich öfter und über lange Zeiträume im Kessel von Sarajevo aufhalten. Für sie ist die Gefahr groß, obwohl sie sich, wie sie sagen, »Instinkte der Angst, automatisch funktionierende Vorsichtsmaßnahmen« angewöhnt haben. »Man hat immer den nächsten Hauseingang im Blick«, sagt Rathfelder. »Man läuft wegen der Scharfschützen nicht mehr auf offenem Gelände.« Und Flottau: »Man weiß über die Artilleriepositionen auf den umliegenden Bergen genau Bescheid, prägt sich alles ein.« Mit der Zeit aber häufen sich für die Sarajevo-Dauergäste die riskanten Situationen, die den »Schnuppertouristen« unter den Journalisten nach den Gesetzen der Wahrscheinlichkeit meist erspart bleiben. Erstaunlicherweise lesen sich die Berichte der Reporter von einem 24-Stunden-Trip aber immer am dramatischsten.

Es gibt Wendepunkte während der Besatzung, die sich erst heute als Einschnitte zeigen: Die Ernennung Richard Holbrookes (zwischenzeitlich ein Jahr als US-Botschafter in Bonn) zum für Europa zuständigen Assistant Secretary of State durch Bill Clinton im Sommer 1994 ist so einer. Nachdem sich die USA sträflich lange aus dem Konflikt herausgehalten haben, bekommt Holbrooke vom neuen Präsidenten den Spezialauftrag, auf dem Balkan Frieden zu stiften. Anfang 1995 muss der Amerikaner keinen Pass mehr fälschen. Er kann in höchst offizieller Mission nach Sarajevo und bald danach auch nach Zagreb und Belgrad reisen: Holbrooke bekommt alle Gesprächspartner, die er möchte, und er kann anders als die zerstrittenen Europäer den Kriegsparteien Daumenschrauben anlegen. Wenn er denn will.

Das Massaker an mehr als siebentausend Muslimen in Srebrenica während dreier Tage im Juli 1995 ist ein weiterer historischer Einschnitt. Hilflos und beschämt sieht die internationale Gemeinschaft dem Wüten zu und muss begreifen, dass die Serbenführer Ratko Mladić und Radovan Karadžić auch vor so genannten UNO-Schutzzonen nicht Halt machen. Und kurz darauf rüttelt noch eine Ungeheuerlichkeit die Welt auf: Ein Granatenangriff auf den Markale-Markt von Sarajevo am 28. August 1995 reißt mehr als vierzig Frauen und Kinder in Stücke, achtzig Menschen werden verstümmelt, Blut fließt in Bächen die schmalen Gassen der Altstadt hinunter.

Die Kombination dieser Ereignisse führt zu einer neuen Politik: Die Nato beginnt mit massiven Bombenangriffen auf die serbischen Stellungen rund um Sarajevo. Im Oktober kommt es zu einem ersten Waffenstillstandsabkommen, einen Monat später zu den Friedensverhandlungen in Dayton, USA. Dann der 21. November 1995: Die Hotelangestellten im Holiday Inn, die Empfangsdame Almasa, die Kellner und die Zimmermädchen ebenso wie die Chefs, lassen die Arbeit liegen: Alle sitzen gebannt vor den Fernsehapparaten und diskutieren die

Details des gerade im TV verlesenen Abkommens – hauptsächlich Richard Holbrookes Werk. Der wird später sagen, in den letzten Monaten hätte ihm der Muslim-Führer Izetbegović mit seiner Unversöhnlichkeit gegenüber den anderen Volksgruppen fast noch größere Probleme bereitet als der Großserbe Milošević. Andere werden Holbrooke, womöglich nicht einmal zu Unrecht, später unterstellen, er hätte einen geheimen Appeasementdeal mit Karadžić, Mladić und Co. gemacht.

So viel wird offiziell bekannt: In einem Stufenplan sollen sich die Armeen zurückziehen. Eine internationale Friedenstruppe soll diesen Prozess überwachen. Bosnien-Herzegowina wird als Gesamtstaat wiederhergestellt, aber de facto in zwei Entitäten zerfallen: in die »Bosnisch-Kroatische Föderation« mit Sarajevo als Hauptstadt und in die »Republika Srpska«. Keine diplomatische Meisterleistung, eher ein allerkleinster gemeinsamer Nenner. Kann das gut gehen – Karadžić und Co., oder zumindest deren Gesinnungsgenossen, an der Macht in Pale, kaum dreißig Kilometer von Sarajevo entfernt? Was wird mit der Rückkehr der »ethnisch Gesäuberten« in ihre angestammten Viertel?

So viele Fragen, so viele Probleme. Aber bei den Hotelangestellten überwiegt, wie bei fast allen Bewohnern Sarajevos, an diesem Tag die Erleichterung. Der Belagerungsring um die Stadt soll aufgehoben werden, es dürfte bald keine Engpässe an Wasser, Lebensmitteln und Elektrizität mehr geben. Zweifel werden zurückgedrängt, überspielt. Von der heldenhaften Balance am Abgrund zurück in die Normalität, in den banalen Alltagsfrust von Aufräumen und Abwaschen – wir werden das schon irgendwie hinkriegen, nichts haben wir uns doch mehr gewünscht. Aber wenn wir erst mal zum Nachdenken kommen über das, was passiert ist – werden wir das aushalten?

Am 26. Februar 1996 wird die Nordwestpassage zur Stadt geöffnet, internationale Truppen rücken in Sarajevo ein. Die Belagerung ist nach 1395 Tagen offiziell beendet. Im Holiday Inn gibt die Hotelleitung ein Festessen, Čevapčići, das Bier, der Schnaps, alles zu Sonderpreisen. Ein Architekt legt schon am nächsten Tag Pläne für die Wiederherstellung des Hotels vor. Und das große Reparieren beginnt. Professorin Almasa Sunarić will nicht mehr zurück in den Lehrberuf, sondern an vorderster Linie im Holiday Inn weiterarbeiten. Das ist der Platz, wo künftig die Musik spielt, denkt sie: statt Kriegsmärsche Friedensschalmeien. Schon sprechen Stadtpolitiker euphorisch davon, ein Kulturfestival in die Stadt zu holen, dann eine internationale Touristikmesse. Und manche glauben sogar an eine baldige Neubewerbung für die Olympischen Spiele.

Auf die glanzvollen alten Zeiten, prosten sie sich zu in dieser Nacht: Sarajevo, mon amour. Ach was, auf die noch besseren kommenden Zeiten! Die ganze Stadt ertrinkt in Euphorie, in Lebenslust, in Zukunftsglauben. Wer oder was soll Sarajevo jetzt noch bremsen – eine Heldenstadt freut sich darauf, den Alltag zu proben.

Sieben Jahre später im Holiday Inn, ein Tag im Sommer.

Die Wiederherstellung des Hotels ist gelungen, die Fassaden sind vernarbt. Doch die Gäste sind ausgeblieben. Viele Träume gingen nicht in Erfüllung. Nein, sagen alle Gesprächspartner: Sarajevo hat nicht wieder abgehoben. Es ist abseits der Touristenzüge geblieben. Von einer Neubewerbung in Sachen Olympia ist längst nicht mehr die Rede, auch wenn ein Teil des Frühstücksgeschirrs im Hotel immer noch die fünf Ringe zeigt. Bosnien-Herzegowina ist politisch und ökonomisch bestenfalls ein Teilerfolg geworden.

Auf den ersten Blick überwiegt das Positive – wie sollte es anders sein angesichts der Vorgeschichte dieser Stadt. Lufthansa und Austrian Airlines haben die »May-be-Airlines« abgelöst, landen jetzt täglich in Sarajevo. Die Sicherheitslage ist gut, auch dank der allgegenwärtigen internationalen SFOR-Soldaten, die immer noch in der Stadt patrouillieren; an die 18.000 Mann sind es noch im Jahr 2002, jeder Zehnte aus Deutschland. Fast zweihundert Hilfsorganisationen kümmern sich um Kriegsopfer. Sie sind die größten Arbeitgeber von

Bosnien-Herzegowina, dessen Arbeitslosigkeit über vierzig Prozent liegt.

Die Industrieanlagen von Sarajevo verrotten, neue Investoren sind nicht zu finden. Wie unabhängig der Staat politisch ist, bleibt Ansichtssache. Zwar ist Bosnien formal souverän und das Amt des Staatspräsidenten wechselt alle acht Monate turnusmäßig von einem Bosniaken zu einem Serben und dann zu einem Kroaten; aber das Sagen hat doch eher der internationale Hohe Vertreter, der das Daytoner Friedensabkommen überwacht, und vielleicht ist das angesichts gelegentlich wieder aufbrechender Gegensätze und Korruptionsvorwürfe auch gut so. Der Österreicher Wolfgang Petritsch (im Juni 2002 von dem Briten Paddy Ashdown abgelöst) kann Gesetze gegen den Willen der gewählten Legislative erlassen – was er in über einhundertvierzig Fällen tat – und unbotmäßige Politiker zum Rücktritt zwingen; in siebzig Fällen geschehen. Was er offensichtlich nicht kann: die in und um Pale im Untergrund wirkenden, vom Internationalen Kriegsverbrechertribunal Gesuchten Mladić und Karadžić verhaften. Sieben Jahre nach ihren Gräueltaten leben sie weiter in Freiheit. Zwar gibt es immer mal wieder ein Kommandounternehmen, das den ernsthaften Wunsch der internationalen Staatengemeinschaft zur Ergreifung der Massenmörder demonstrieren soll, aber rätselhafterweise sind die immer schon vorgewarnt.

Ein Symbol der ethnischen und religiösen Toleranz, des gelebten Miteinanders der Zivilisationen, ist Sarajevo nicht wieder geworden. Während vor dem Krieg die muslimischen Bosnier etwa die Hälfte der vierhunderttausend Einwohner stellten, die orthodoxen Serben mehr als ein Viertel und die katholischen Kroaten sieben Prozent, hat die Belagerung einen Bevölkerungsaustausch erzwungen. Viele der serbischen »Ureinwohner« Sarajevos, die ihre Stadt aus Angst vor Rache verlassen haben, sind nicht mehr zurückgekehrt. Und nicht wenige haben, wie von Fanatikern aus ihren Reihen gefordert, ihre alten Häuser durch Feuer und Zerstörung unbewohnbar gemacht. Bäuerliche Flüchtlinge aus dem Umland nahmen ihren Platz ein; die muslimischen Bosniaken stellen jetzt um die neunzig Prozent von Sarajevos Bevölkerung.

Für das kosmopolitische Flair der Stadt sorgen heute neben den SFOR-Soldaten und den allgegenwärtigen internationalen Helfern allenfalls noch die Rucksacktouristen. Seit das amerikanische Nachrichtenmagazin *Newsweek* Sarajevo zu einem der zehn weltweiten »Geheimtipps« für junge Leute erkoren hat, proben die Backpackers hier in den Sommermonaten die friedliche Invasion. Als besonders hip gelten die »Chaos-und-Kommunikationstage« (so der Titel einer Sommerbiennale für junge Künstler). »Prag und Petersburg sind out, weil zu überlaufen und zu teuer«, sagt der Freiburger Student Roland in der Fußgängerzone. Und seine Freundin Jacqueline aus Lyon, grüne Strähnen im Haar, fügt hinzu: »Sarajevo ist en vogue, es hat diesen besonderen Kriegs-Chic.«

Unterm Arm tragen beide das beliebteste Souvenir der Stadt, die im Touristenbüro wie im Holiday-Inn-Shop für fünf Euro erhältliche »Survival Map«. Plastisch und präzise sind da die Hügel mit den serbischen Granatwerfern abgebildet, die Stellen der Massaker eingekreist; ein schwarzes Männchen, fliehend, ist Symbol für den gehetzten Sarajevo-Bürger. Roland, Jacqueline und all die anderen Travellers legen für ein Foto auch gern die Hand in die von einer Granate gerissenen Straßenvertiefung am Marktplatz. Lokale Künstler haben die Beulen zur Erinnerung mit rotem Lack ausgemalt. Den erneuern sie ab und zu, damit der Glanz nicht nachlässt, das Blut wie ewig fließt: Sarajevo-Stigma.

Die Brennpunkte der Belagerung sind nicht zu übersehen: das frühere Parlament, auf sein Skelett reduziert; die einst so prächtige Nationalbibliothek, noch immer mit verrammelten Fenstern; der Trainingsplatz des Fußballstadions, zu einem gigantischen Friedhof mit Tausenden Holzkreuzen umgepflügt; das Bürohaus der Zeitung *Oslobodenje*, wie von der Hand eines bösen Riesen zerdrückt. Die Journalisten wollen das zerstörte Gebäude als Symbol erhalten. Sie haben ihr Blatt auch in schlimmsten Belagerungszeiten herausgebracht. Im Mai 2001 allerdings streikte die Redaktion, für sechs Tage. Die von der Regierung versprochene Unterstützung für die Zeitung war ausgeblieben, man verlor die wirtschaftliche Unabhängigkeit – ein Unternehmen aus Slowenien übernahm einen 38-prozentigen Anteil.

Auch das »berühmte Kriegshotel Holiday Inn« (*New York Times*) steht auf der Besichtigungstour der jungen Sarajevo-Besucher. Meist gehen sie nur schnell durch die Halle, verschwinden wieder, es ist ja nichts zu sehen. Und das Viersternehotel ist ihnen zum Übernachten viel zu teuer, auch die Getränke sind in den kleinen Kneipen und Absteigen der Altstadt um die Hälfte billiger. Anders die Einheimischen. Wie magisch zieht es sie hierher. Alle Wege scheinen immer noch zum Holiday Inn zu führen, zum Symbol des Weltoffenen in Zeiten der Belagerung. Der hässliche gelbbraune Klotz – offensichtlich kein Klotz am Bein der Menschen von Sarajevo, sondern ein ganz besonderer Ort ihrer Identität.

Zum Beispiel für Alija Kurtiš, Anfang zwanzig, langes braunes Haar, eher schüchtern. Sie kommt selten in das Café in der Hotelhalle, weil es wenig gemütlich ist. Aber ab und zu nimmt sie hier einen Tee oder ein Mineralwasser, warum, weiß sie selbst nicht zu erklären. »Eben ein besonderer Platz«, sagt sie.

Alija hat ein Problem. Sie kann Kaninchen und Tauben nicht ausstehen – ein Trauma, das in den meisten Berufen kaum ins Gewicht fiele. Aber Alija ist Illusionistin. Sie vermag Hüte und Hände weg- und herbeizuzaubern, manchmal auch ganze Menschen. Nur keine Tiere. Ein Nachteil für jemanden, der Magie zu seinem Broterwerb machen will. Der Vater, erzählt sie stolz, habe ihr alle Tricks beigebracht: Nijaz Kurtiš, Computerexperte und Meisterzauberer. Gemeinsam haben sie viele Preise eingeheimst, damals vor dem Krieg. Die alten Fotos hat Alija aber weggeschlossen. Zu schmerzhaft die Erinnerungen. Ihre Freundinnen berichten von Bildern eines würdigen Herrn mit Zylinder, seiner kindlichen Assistentin mit leuchtenden Augen – und einem Kaninchen, das beide liebkosten.

Als der furchtbare April 1992 kommt und die Belagerung beginnt, ist Alija zehn, als sie endet, dreizehn. Die Künstlerfamilie übersteht das Martyrium unversehrt, äußerlich jedenfalls. Alija erlebte eine Kindheit im Zeitraffer, bald schon mit Erwachsenenpflichten konfrontiert. Brachte bei improvisierten Hinterhofaufführungen die Leute noch ein paar Mal zum Staunen und Lachen, in den Pausen zwischen dem Granatenbeschuss. Zauberte manchmal auch auf dem Schulhof. Ging mit einem Hut herum, Betteln um Geld, damit im bitterkalten Winter die Schule wenigstens ein paar Tage beheizt werden konnte.

Heizöl zu Hause – ein undenkbarer Luxus. Für ein bisschen Wärme in den eigenen vier Wänden rissen die Kurtiš, wie so viele der eingeschlossenen Familien von Sarajevo, in den öffentlichen Anlagen erst Zweige ab. Dann schlugen sie Bäume. Und am Schluss zerhackten sie die Parkbänke, die sie im Freien finden konnten. In ihrer Nachbarschaft warfen manche sogar die Wohnzimmerschränke und Stühle ins Feuer. »Wir waren wie in einer Zeitmaschine«, sagt Alija heute. »Zurückgeworfen in die Ära der Sammler und Jäger.« Das Essen, erinnert sie sich, wurde immer knapper. Es gab so gut wie niemals Fleisch. Auch das Kaninchen und die Tauben auf dem Balkon litten. Eines Tages, erzählen Alijas Freundinnen, seien sie weg gewesen. Die junge Zauberin fragte nicht einmal nach, winkte nur ab, als die Freundinnen sie auf den Verlust ansprachen. Und die Eltern gaben keine Erklärung für das Verschwinden – damals, als es fast unmöglich war, noch etwas Nahrhaftes zu finden, etwas in die Kochtöpfe zu zaubern.

»Nach dem Krieg habe ich nicht mehr mit Tieren gearbeitet«, sagt Alija.

Der Vater ist längst gestorben; vielleicht an einer schweren Krankheit, vielleicht an gebrochenem Herzen. Die Tochter mag nicht darüber sprechen. Sie bleibt besessen von der Magie. Manchmal führt sie an seinem alten Schminktisch etwas vor, nur für sich und ihn, stolz auf die Vervollkommnung eines Tricks: Sieh her, Papa, ich kann's. Mit der Karriere geht es jetzt aufwärts. Seit der Frieden ausgebrochen ist, hat Alija schon Gastspiele in Slowenien und Tschechien gehabt. Sie träumt von einer Tour mit David Copperfield, von einem Auftritt mit Siegfried und Roy in Las Vegas. Aber wegziehen, wie so viele? Nein, das kann sie sich kaum vorstellen. Sarajevo ist und bleibt ihre Stadt.

Sie bewundert die neuen, schicken Cafés in der Fußgängerzone, die kosmopolitisch »Galeria« heißen oder »Brazil« und bei Salsaklängen internationale Drinks servieren, wie Caipirinha und Cuba Libre. Und doch zieht es die junge Künstlerin immer wieder ins Holiday Inn zurück, vielleicht, weil sie ihren Vater damals in Kriegszeiten manchmal hierher begleiten durfte. Heute bestaunt Alija wieder die Ausländer, diesmal die vielen jungen Leute aus aller Herren Länder, die mit ihren großen Rucksäcken auf dem Rücken lässig durch die Hotelhalle und anschließend durch die Straßen der Stadt ziehen. Wie die es wohl durch die feindlichen Linien geschafft haben, fragt sie sich dann manchmal instinktiv. Und tippt sich an die Stirn: So ein Unsinn. Sieben Jahre währt nun schon der Frieden, und immer noch die Reflexe. Diese Belagerungsmentalität würde sie gern wegzaubern, sagt sie mit einem tieftraurigen Lächeln. »Aber das ist eine Illusion.«

Auch Zlatan Čučić spricht nicht gern von früher. Natürlich weiß er, was die Psychiater sagen: »Sie sagen, dass man alptraumartige Erlebnisse aufarbeiten soll, indem man immer wieder von ihnen erzählt, und all diesen Quatsch.« Aber seit ein Psychiater namens Karadžić unaufgefordert in sein Leben getreten ist, gibt er nicht mehr viel auf die Zunft. »Ich weiß, es ist nicht fair«, sagt der Diplomingenieur, dem während der Belagerung seiner Heimatstadt alle Haare ausgegangen sind, »aber die Berufsgruppe ist für mich diskreditiert, ein für alle Mal.«

Karadžićs Sniper haben seine Frau auf offener Straße erschossen, ganz in der Nähe des Hotels. Er ist seitdem mit den beiden Kindern allein. Manchmal, wenn er in der Atrium-Bar des Holiday Inn ein Bier trinkt, erkennen ihn die Menschen, grüßen respektvoll, sogar bewundernd. Zlatan will das nicht, es ist ihm peinlich. Aber da kommt schon wieder ein Hotelangestellter, verneigt sich und sagt: »Sie sind doch der Erfinder. Sie haben vielleicht mehr Menschen in Sarajevo gerettet als jeder andere. Wir werden Ihnen das nie vergessen.«

Zlatan ist damals, in den schlimmsten Zeiten, nachts von Haus zu Haus geschlichen. Vorsichtig, um den Tschetniks kein Ziel zu bieten und seine Kinder nicht zu Vollwaisen zu machen. Behutsam, um sich im Dunkeln nicht in den zerrissenen Drahtseilen der Straßenbahn zu verfangen. Er hat seinen Mitbürgern gezeigt, wie man in den Zeiten der Not ein Licht bastelt: eine leere Bierdose mit Öl gefüllt, einen Zünder durch die Metallpatrone eines Stiftes gezogen, den ein in Stanniolpapier gewickelter Korken an der Oberfläche hält. Bald aber gab es kaum noch Öl, ein Liter kostete auf dem Schwarzmarkt dreihundert Euro, doppelt so viel sogar wie ein Kilo Zucker. Da entwickelte der Tüftler ein Verfahren, das aus einer Wasser- und Gasmischung Energie freisetzte und den Bürgern von Sarajevo über das Netz wenigstens stundenweise Licht und Wärme spendete.

Seit dem Ende des Krieges arbeitet Zlatan der Erfinder an ähnlichen Projekten für den kommerziellen Energiemarkt. Er hat für seine Solarwärmepumpen und Dieselaggregate auf den Erfindermessen von Nürnberg und Brüssel schon Preise gewonnen. Doch der Diplomingenieur kann in Sarajevo so viele Eingaben machen, wie er will – der neue bosnische Staat gewährt ihm keine Kredite. »Unsere Politiker sind die wahren Illusionisten«, sagt Zlatan. »Sie lassen internationale Hilfsgelder, die für den Aufbau moderner Industrien gedacht sind, meisterhaft unauffällig in den eigenen Taschen verschwinden.« Er sagt es nicht bitter, eher in der Art, als müsse er mal eben eine unumstößliche Tatsache zu Protokoll geben. Rache und Resignation haben keinen Platz in seinem Leben.

Und so bewirbt sich Zlatan weiter, sucht seine Chance. Dass er jetzt wenigstens einen hochwertigen Computer und ein kleines Büro in der Innenstadt hat, verdankt er der Weltbank. Sie hat ihm einen Kleinkredit gewährt – vielleicht wird es also doch noch etwas mit der eigenen bosnischen Firma für den Erfinder. Denn die Stadt, die Heimat verlassen, das will er nicht: »Hat sich bei mir eingebrannt, dieses Sarajevo.« In seiner Freizeit bastelt Zlatan an komplizierten Modellen für eine computergesteuerte Kunsthand. »Freunde in meiner Nachbarschaft brauchen so etwas«, sagt er wortkarg, und dass er jetzt aber wirklich nach Hause müsse. Die Kinder.

Auch Dževad Šabanagić schaut in der Holiday-Inn-Bar vorbei, eher selten allerdings, denn der Mann ist sehr angespannt in seinem Job. Er ist Professor für Musik und Konzertmeister der Sarajevo-Philharmonie – in den Zeiten der Belagerung haben ihn die Einwohner der Stadt ihren »musikalischen Engel« genannt. Das findet er reichlich hochgestochen. »Na, ein Schutzengel war ich jedenfalls nicht«, sagt er. »All diese Opfer, all diese Zerstörung.«

Damals war Dževad Violinist in einem Streichquartett. Als der Krieg richtig schlimm wurde, hat er mit seinen Freunden fast jeden Abend kostenlos Musik gemacht. Mal in der angeschossenen Konzerthalle, mal in den Trümmern der völlig zerstörten Nationalbibliothek, mal in der Kathedrale im Zentrum, die wie eine Trutzburg alle Angriffe unbeschadet überstand. »In dem Gotteshaus haben wir bei Minusgraden ohne jede Heizung und nur bei Kerzenschein gespielt«, erinnert sich der Mann, der mit seiner grandiosen Gestik und dem schneeweißen, wilden Haar wie die Hollywood-Idealbesetzung eines Maestro wirkt. »Beethoven, Mozart, Grieg. Und dann schlug eine Granate ein, ganz nahe. Wir sprangen hoch. Aber wir haben das Konzert nicht unterbrochen.«

Wenn der Musiker täglich die drei Kilometer von seinem Haus durch die Schusslinie ins Zentrum lief, dachte er immer: Sollten sie mich treffen, hoffentlich nur in die Beine, ich brauche die Hände zum Spielen. Aber er entging allen Kugeln, wenn er auch in den drei Jahren Krieg 22 Kilo abgenommen hat. Unwesentlich für ihn. Denn er konnte etwas beobachten, was ihn innerlich zutiefst befriedigte: wie die Musik den Menschen Kraft gab.

Dževad Šabanagić hat ein neues Streichquartett zusammengestellt, nachdem zwei seiner früheren Kollegen – ein Kroate, ein Serbe – ins Ausland gegangen sind. Er pflegt die Klassik. Aber er hat auch David Wildes neues Werk »Crying for Sarajevo« gefördert und seine Uraufführung in der Philharmonie angeregt. Wobei der Titel des modernen britischen Opus ihn eher stört – zum Weinen ist dem Konzertmeister nicht zumute. Alles Sentimentale ist ihm fremd, seine Lebensweisheit eher pragmatisch. »Man darf sich nur nicht aufgeben«, sagt er. »Man muss einfach immer weitermachen mit dem, was einem wichtig ist. Das ist das ganze Geheimnis.«

Wenn die banale Kontinuität eine Waffe gegen den Wahnsinn ist, die Allerwelts-Durchschnittlichkeit ein Beleg für zurückkehrende Normalität – dann wird Sarajevo durch nichts so symbolisiert wie durch das Holiday Inn und dessen genormtes »Versprechen der Gastfreundlichkeit«. So sieht es auch die hoch gebildete und eigentlich weit überqualifizierte Empfangsdame Almasa: Die Professorin fühlt sich hier wohl. Sie will ihrem Arbeitgeber deshalb weiter die Treue halten. Tiefpunkte in der Nachkriegsgeschichte des Hotels mag sie nicht kommentieren – etwa die dubiose Teilprivatisierung im Jahr 2000, die so wenig Geld einbrachte, dass der Verdacht aufkam, örtliche Mafiosi hätten die Hand im Spiel gehabt. Auf »historische« Hotelhöhepunkte ist sie so stolz, als seien sie eine familiäre Auszeichnung – Bill Clintons Besuch im August 1999 etwa, das Treffen der Präsidenten Bosniens, Kroatiens und Rest-Jugoslawiens im Juli 2002.

Almasa hält die Fäden zusammen, kennt tout Sarajevo, weiß von vielen »Damaligen«, wo sie verblieben sind. Doch manche Spuren verlieren sich. Was ist wohl aus der Polizistin geworden, die täglich sorgfältig geschminkt und in einem besonders engen Rock tapfer den Verkehr weiterregelte, wo es doch gar nichts mehr zu regeln gab? Was ist mit dem Irren passiert, der sich aus Zeitungspapier einen Hut bastelte und mit diesem »Schutz« gegen den Kugelhagel nachmittags um fünf seelenruhig die Sniper Alley hinunterspazierte? Wo lebt der junge Autor, der so pointiert eine bosnische Staatsverfassung gefordert hat, die das »Recht auf einen natürlichen Tod« einschließt? Und was, bitte, treibt »Miss Sarajevo 1993« heute?

»Kommen Sie wieder und finden Sie's heraus«, sagt Almasa, zuckt die Schultern und geht zur Tagesordnung über. An der Rezeption fehlen Stadtpläne. Eine neue Angestellte hat ihren Orangensaft auf dem türkisfarbenen Teppich der Eingangshalle ausgekippt. Die elektronische Kasse streikt.

Zum Abschied erzählt Almasa Sunarić dann doch ein wenig von ihrer eigenen Geschichte, den persönlichen Verwundungen. »Meine Ehe ist durch den Krieg gescheitert, mein Mann längst nach Belgrad abgereist. Er war ein guter Mensch, hat keinem etwas angetan. Aber er glaubte, hier in der Stadt nicht mehr leben zu können – als Serbe.« In allen Augen der Einwohner Sarajevos meinte er Hass, Anklage, Vorwurf zu erkennen. »Ich denke, er sah nur Gespenster«, sagt die Empfangsdame des Holiday Inn.

HOTELBEWERTUNG:

NOSTALGIEFAKTOR: ***
LUXUSFAKTOR: ***
WOHLFÜHLFAKTOR: **
PREIS-LEISTUNGS-FAKTOR: ***
ADRENALINSTOSS-FAKTOR: ****

Adresse:
Holiday Inn
Zmaja od Bosne 4,
71000 Sarajevo, Bosnia & Herzegovina
Telefon: 00387-33-288-000
Fax: 00387-33-663-862
E-Mail: holiday@bih.net.ba

Zimmer:
Einzelzimmer ab 110 Euro,
Doppelzimmer ab 120 Euro
inklusive Frühstück und Steuern

Grand Hotel Europa, St. Petersburg

Weiße Nächte, schwarze Seelen

Im Jahr 1875 eröffnet, gerade gewählt zum besten Hotel des heutigen Russland, im Mai 2003 ein Zentrum der Petersburger Dreihundertjahrfeier: Das »Jewropeiskaja« hat Revolutionären, Besatzern und Parteibonzen getrotzt. Präsident Putin liebt das Hotel – ebenso wie lokale Oligarchen und Mafiosi.

Alexander Sergejewitsch Puschkin hat einst über diese Stadt geschrieben wie über ein angebetetes Wesen.

Ich liebe dich, du Schöpfung Peters
Ich lieb die strenge, gerade Pracht
Der Newa majestätisch Fließen
Ihr Ufer in Granit gebracht
Auch deine vielen Eisengitter
Und deine nachdenkliche Nacht
Durchsichtig-weißes Lichtgezitter
Die ich in meinem Raum verbracht.

So heißt es in seiner berühmten Erzählung »Der eherne Reiter« über St. Petersburg, über »das Wunder mitternächt'ger Lande«.

Fjodor Michailowitsch Dostojewski sah den Ort in »Schuld und Sühne« eher kühl und distanziert. »Dies ist die Stadt der Halbverrückten … Selten finden sich so viele dunkle, scharfe und seltsame Einflüsse auf die menschliche Seele wie in Petersburg.« Er empfand das Klima als schrecklich, die Atmosphäre als schwierig, die zwischenmenschlichen Konflikte als schwelend.

Genies mit unterschiedlichen Wahrnehmungen, mit unterschiedlichen Vermächtnissen. Und so ist es vielleicht auch nicht allzu überraschend, dass die beiden Ururenkel der großen russischen Dichter im heutigen St. Petersburg ganz verschiedene Wege gehen. Alexej Dostojewski ist Straßenbahnschaffner und käme nicht auf die Idee, im Grand Hotel Europa zu dinieren – sein Monatsgehalt reichte in der Caviar Bar nicht einmal für eine Order Blini mit Sevruga-Kaviar, vom dazugehörigen Wodka ganz abgesehen. Außerdem fühlte sich der eher grobschlächtige, auf einfache Datschafreuden getrimmte Arbeiter in dem zelebrierten Luxus kaum wohl. Kenneth Puschkin hingegen ist ein international erfolgreicher Geschäftsmann, lässt sich gern im Jewropeiskaja sehen, wird auch gern gesehen. Die Hochglanzbroschüre des Fünfsternehotels hat ihn gerade wieder als einen der Stargäste beim »Musical Olympus Festival« gefeiert. Fesch sieht er aus, wie er da so im Ballsaal steht mit Smoking und Fliege, ein strahlender Mann von Welt, an seiner Seite die diamentenbehängte Irina Nikitina. Fast zu verwechseln mit einem Kennedy.

Das Grand Hotel Europa ist das erste Haus am Platz, eines der »Leading Hotels of the World«, der unumstrittene gesellschaftliche Mittelpunkt von St. Petersburg. Es hat als »Russlands Hotel des Jahres 2002« sogar die gesamte Moskauer Konkurrenz aus dem Feld geschlagen und stand bei den Dreihundertjahrfeiern der Stadt im Frühjahr 2003 mit seinen Bällen und Ausstellungen wieder besonders im Mittelpunkt. Schon die Lage könnte besser und zentraler nicht sein: Newski Prospekt, Ecke Michailowskaja Uliza. Die Eremitage wie die St. Isaak-Kathedrale sind von hier leicht zu Fuß erreichbar, das Russische Museum, die Philharmonie und das Mussorgski-Opern- und Ballett-Haus um die Ecke. Das ganze Hotelgebäude ist als nationales Kulturgut geschützt; ein besonders gelungenes Beispiel der Architektur des 19. Jahrhunderts, mit einer eindrucksvollen, in Gelbtönen gehaltenen Barockfassade und prächtigem Art-Nouveau-Interieur.

Die 301 Zimmer des Europa – darunter 31 Suiten – haben

allesamt die herrschaftliche Höhe und Großzügigkeit von einer Villa vergangener Tage, sie sind mit Antiquitäten eingerichtet und in warmen Farben gehalten. Neben CNN und BBC lassen sich auch deutsche TV-Kanäle empfangen. Selbstverständlich funktioniert der Zimmerservice 24 Stunden am Tag, ist die Minibar von Champagner bis zu Schokolade mit allem bestückt. Damit darf man in einem Luxushotel dieser Preisklasse rechnen und bekommt es in St. Petersburg auch von anderen (allerdings in für eine Weltstadt erstaunlich knapper Anzahl vorhandenen) Fünfsternehäusern geboten. Was das Europa einmalig macht, ist seine Atmosphäre, ist die Geschichte, der man hier auf Schritt und Tritt begegnet. Beispielsweise im Restaurant des ersten Stocks, der Alternative zur Caviar Bar sowie zu dem hoteleigenen Italiener Rossi's und dem Chinesen Chopsticks. Da überwältigt das Art déco den Gast geradezu mit seinen kostbaren Glasornamenten an der Decke, den fünf ausgeschmückten Balkonen und der palmenumrankten Empore: Man genießt die Mahlzeit im Museum, so wie es schon Elisabeth II. und Bill Clinton hier getan haben.

Befrackte Kellner servieren in diesem Restaurant L'Europe auch das Frühstück. Stilvoll umrahmt die Orchestervirtuosin Natascha, leicht erhöht sitzend, auf ihrer Harfe das allmorgendliche geschäftliche Geraune und das Kaffeetassengeklapper: Prokofjew zum Birchermüsli.

Erkundigt sich manchmal einer der Gäste nach dem kostbaren alten Instrument, nach den Musikstücken? »Ganz selten«, sagt die Dame verlegen lächelnd und diplomatisch verständnisvoll. »Die haben sicher ganz anderes im Kopf als meine Harfenmusik.« Für Natascha mit dem streng zurückgekämmten Haar und den traurigen dunklen Augen aber ist der Hoteljob mehr als nur ein Zubrot; von ihrem Gehalt in der Philharmonie könnte sie kaum ihre Tochter und den derzeit arbeitslosen Mann durchbringen.

Die PR-Managerin des Grand Hotels bittet zu Tee und Apfeltorte ins hoteleigene Mezzanine Café, dessen gewölbtes

Glasdach den Blick zum Himmel freilässt. Schwarzes Designerkostüm, blonde Haare, gewandtes Auftreten, Anfang dreißig: Sneschana Samaliewa, fließend in vier Sprachen und mit einem Diplom in Businessmanagement, könnte man sich in jedem Spitzenhotel der Welt vorstellen. Sie weiß alles über ihr Europa, über seine Geschichte, über die Auszeichnungen, die es erhalten hat. Sie mag ihre Kollegen. »Wir sind hier ein nettes Team, perfekt eingespielt«, sagt sie bei unserem Treffen im Herbst 2002 routiniert.

Gerade ist Sneschana von einem Urlaub mit ihrem Freund aus Florida zurückgekommen. Beruflich muss sie demnächst nach Berlin und London, sie reist viel. Was ist denn noch spezifisch petersburgisch an ihr und ihrem Leben? Sie denkt einen Augenblick nach und sagt dann zögernd: »Na beispielsweise das, was ich in meiner Freizeit mache.« Und das wäre? »Ich schreibe gerade meine Dissertation für die historische Fakultät an der Uni fertig – über das organisierte Verbrechen in Petersburg, über die hiesige Mafia. Manche unserer Gäste aus dem Westen würden sich wundern, wenn sie wüssten, wie in dieser Stadt nach dem Untergang der Sowjetunion und in den wilden Zeiten des Raubtierkapitalismus die Macht verteilt wurde.«

Ich erzähle, dass ich vor einigen Tagen Michail Chodorkowski vor der Hotelboutique Machiavelli wiedersah, den Chef des Jukos-Ölkonzerns und mit einem geschätzten Vermögen von acht Milliarden Dollar reichsten Mann Russlands – ich hatte ihn zuvor in seinem Moskauer Firmensitz interviewt. Er berichtete damals abenteuerliche Geschichten von seinem Leben als Jungunternehmer zu Komsomol-Zeiten, immer am Rand der Gesetze; sprach von den harten Bandagen, mit denen er zum Banker, dann zum Ölmagnaten und schließlich zum CEO westlichen Zuschnitts wurde: ein russischer Rockefeller, halb Räuberbaron, halb Vorzeigeunternehmer. Die Hotelangestellte mit der Mafia-Doktorarbeit winkt ab: »Chodorkowski mag einmal ein dubioser Oligarch gewesen sein, aber er schaffte den Sprung, heute ist er weitgehend unbestritten ein hoch angesehener Geschäftsmann, angefeindet nur aus politischen Gründen. Nein, nein, da kümmere ich mich hier in der Stadt um zwielichtigere Typen.« Generell müsse sie sich beeilen beim Recherchieren, sagt Sneschana Samaliewa – denn einige ihrer Dissertationshelden hätten schon frühzeitig und durchaus nicht immer unblutig das Zeitliche gesegnet.

Was hält sie von Wladimir Kumarin, dem angeblichen Chef der kriminellen Vereinigung Tambow, der hier nach Beobachtung von Kollegen regelmäßig diniert? Was weiß sie über diesen angeblichen »König der Unterwelt«, der im Schutzgeldgeschäft Anfang der Neunziger Millionen gemacht haben soll und als zumindest flüchtiger Bekannter Wladimir Putins gilt? »Über mögliche Gäste in unserem Hotel kann ich natürlich keine Auskünfte geben«, sagt die PR-Dame etwas förmlich. Lächelnd fügt sie hinzu: »Wenn ich mich jetzt hier so umgucke, entdecke ich jedenfalls keinen meiner Wunschgesprächspartner.«

Den größten Anteil am Grand Hotel Europa besitzt mit 54,5 Prozent die Stadt St. Petersburg, gemanagt wird es von der deutschen Kempinski-Gruppe. Mit Elmar Greif, seit mehr als vierzig Jahren im Hotelbusiness, leitet ein Deutscher das Petersburger Vorzeigehotel (»Wir sind ein Wahrzeichen dieser Stadt, aber das heißt nicht, dass wir nicht alles versuchen, noch besser, noch perfekter zu werden«); sein Personalchef ist der Petersburger Andrej Krutilin, ein früherer Philosophieprofessor an der hiesigen Universität und späterer Managementberater bei der SPD-finanzierten Friedrich-Ebert-Stiftung.

Die deutsch-petersburgischen Überschneidungen und Gemeinsamkeiten sind im Grand Hotel Europa besonders auffällig, aber natürlich beschränken sie sich nicht auf dieses Haus. Die Hansestadt Hamburg verbindet eine besonders herzliche und aktive Städtepartnerschaft mit der Metropole an der Newa. Gerade erst wurde mit Mitteln der Ruhrgas AG das Bernsteinzimmer glanzvoll wiederhergestellt, jenes »achte Weltwunder«, das der Preußenkönig Friedrich Wilhelm I. im

Jahr 1709 seinem Freund Peter dem Großen geschenkt hatte und das dann, in düsteren Zeiten, von der Wehrmacht 1941 verschleppt worden war. Und ein bisschen gehört auch der jetzige erste Mann im Staate selbst zu den Brückenbauern. Präsident Wladimir Putin, der als Vizebürgermeister in seiner Heimatstadt St. Petersburg seine politische Karriere begann, wird wegen seiner Vergangenheit als KGB-Repräsentant in der DDR und wohl auch wegen seiner preußischen Arbeitsweise von Biografen »der Deutsche im Kreml« genannt; als ersten Ausländer führte er jetzt seinen »Freund Gerhard«, Bundeskanzler Schröder, durch das rekonstruierte Bernsteinzimmer.

Die Wahlverwandtschaft lässt sich noch weiter zurückführen – bis zur Gründung der Stadt an der Newa. Sie sei von Anfang an ein »deutscher Fleck auf der Landkarte Russlands« gewesen, behauptet reichlich kühn die Historikerin Olga Wendina in der Fachzeitschrift *Osteuropa*. Der Italiener Francesco Algarotti hat zu Puschkins Zeiten die wohl zutreffendere Einschätzung abgegeben: Die Stadt sei Russlands »Fenster nach Europa«, ein wieder und wieder zitierter Satz. Dieser Mythos lebt bis heute – und mit ihm die Rivalität zu Moskau.

Peter I. hat die alte Hauptstadt nicht geliebt, sie schien ihm wohl wie ein Symbol für die verknöcherte alte Zeit, für Aberglauben und Vorurteile. Der Zar versuchte alles, um frischen westlichen Wind an die Moskwa zu tragen: Er veranstaltete neuartige Feste mit Feuerwerken, er befahl das Abnehmen von Bärten, er ordnete sogar das Tragen von Kleidung »ungarischer, sächsischer und französischer Muster« an. Aber seine Versuche, die Traditions-Metropole zu »europäisieren«, stießen auf hinhaltenden Widerstand. Moskau war misstrauisch gegenüber allem Fremdländischen, in der Orthodoxie gefangen. Peter I. hätte sich deswegen allein aber wohl kaum zur Gründung einer neuen Hauptstadt entschlossen: Im Nordischen Krieg (1707–1721) brauchte er eine Festung gegen die Schweden, einen funktionierenden Hafen. Er suchte sich dafür ein sumpfiges, auf mehreren Inseln gelegenes, ständig von Überschwemmungen bedrohtes Gelände aus, im Grunde ungeeignet für den Bau einer großen Stadt.

St. Petersburg entstand als eine Trutzburg trotz der Natur, gegen die Natur – als strategische Kopfgeburt. Menschenleben zählten nicht bei der Verwirklichung der Utopie. Zwischen sechzigtausend und hunderttausend Zwangsarbeiter sollen bei der Trockenlegung der Sümpfe und den Bauarbeiten in dem harschen Klima ums Leben gekommen sein. Aber der Zar peitschte das Unternehmen durch. Im Jahr 1712 machte er seine Reißbrettmetropole zur Hauptstadt, zwang murrende Adelige, Bürokraten und Kaufleute von Moskau in den Norden. Vor allem aber lud er die besten Architekten Europas zur Gestaltung von Straßen, Häusern und Theatern ein: Peters Vision war eine Stadt von Welt, die nur das Beste in sich vereinigen sollte. Als der Herrscher 1725 starb, war das Fenster kulturell weit aufgestoßen. Und obwohl Moskau wichtigste Handelsstadt blieb, floss schon bald der Großteil des Exports über die Kapitale an der Ostsee, über die Stadt des neuen Hofadels und der verfeinerten Sitten.

St. Petersburg war eine sehr merkantile, handfeste, kosmopolitische Metropole – und behielt doch in den Augen russischer Intellektueller immer die Aura vom ewigen Trugbild, von der trügerischen Halluzination. Dass die Stadt ebenso schnell wieder verschwinden könnte, wie sie entstanden war, schrieben manche Dichter, angeregt von den weißen Nächten: St. Petersburg sei etwas »Verwunschenes«, das der Himmel geschaffen habe und sich jederzeit wieder nehmen könne. Auch der französische Autor Alexandre Dumas notierte 1858 bei einer Reise wie im Fiebertraum die »perlgraue Atmosphäre mit dem irisierenden Schillern eines Opals … ein mattes, doch keineswegs trübes Licht, alles von allen Seiten beleuchtend. Nirgendwo Schatten. Eine transparente Dunkelheit, die nicht Nacht ist, sondern Abwesenheit des Tages.«

Wo Dumas während seiner Petersburg-Tage abstieg, ist unbekannt. Aber eine neue Stadt auf dem Weg zum Weltruhm benötigte natürlich auch ein Hotel internationaler Klasse. Der

Newski Prospekt war als Hauptstraße nach Plänen des französischen Architekten Jean-Baptiste Leblond schon bald nach der Stadtgründung aus den sumpfigen Wäldern als Schneise herausgeschlagen worden. Doch viele Nebenstraßen, wie auch die Michailowskaja, wurden später aufgeschüttet und erst um 1830 bebaut. Der Italiener Carlo Rossi erwarb sich dabei große Verdienste, weil er ein ganzes Ensemble von zueinander passenden Gebäuden schuf. In einem dieser Häuser eröffnete ein französischer Geschäftsmann eine zunächst noch recht bescheidene Absteige: das Coulon's. Wenige Jahre später machte direkt daneben der geschäftstüchtige deutsche Kaufmann Wilhelm Klee sein Rossija auf und kaufte, als sein Konkurrent in Pension ging, 1839 dessen Besitz. Er erweiterte das Hotel und machte den Vorläufer des heutigen Europa zu einem beliebten Treffpunkt vor allem von Schriftstellern.

Théophile Gautier verbrachte dort viele Wochen und prägte das St. Petersburg-Klischee vom »Venedig des Nordens«. Iwan Turgenjew schrieb hier an seinen Werken und lud im Mai 1862 seinen Kollegen Dostojewski zum Abendessen ein. Beide waren angetan vom »Haus des Deutschen«. Klee führte sein Hotel erfolgreich, doch reich wurde er erst durch den Verkauf des Hauses. Im Jahr 1872 taten sich einige russische Geschäftsleute zusammen, von denen keiner in der Stadt so recht wusste, wie sie zum großen Geld gekommen waren; unter ihnen ein Baron und ein ehemaliger hoher Staatsbeamter. Gemeinsam machten sie dem deutschen Hotelier ein Angebot, das er nach den Worten des Petersburger Historikers Igor A. Bogdanow »einfach nicht ausschlagen konnte«. 1873 begannen die neuen Besitzer mit dem Ausbau und der Umgestaltung, sie wollten mehr Zimmer, mehr Luxus. Am 25. Januar 1875 fand unter dem neuen Namen »Jewropeiskaja – Grand Hotel de l'Europe« die feierliche Einweihung statt.

Dostojewski missfiel das neue, riesige Etablissement, er soll den »wachsenden Einfluss der Geschäftsleute« in der Stadt lautstark beklagt haben. Auch ein Reporter der Zeitung *Peterburgsky Listok* schloss sich der Kritik an: Er prangerte besonders die Praxis der neuen Eigentümer an, für jeden Service, einschließlich des Koffertragens, gesonderte Gebühren zu berechnen. Doch die meisten Petersburger schlenderten stolz durch die luxuriösen Boutiquen des Hotels, testeten den Kaviar und tranken sich durch den exquisiten Weinkeller. Oder gönnten sich, wenn sie es sich leisten konnten, auch mal eine Nacht in einem der 260 exklusiven Zimmer (mit Eismaschinen auf jedem Stock und dem Service eines Telegrafenamts).

Pjotr Tschaikowski, der Komponist von »Nussknacker« und »Schwanensee«, feierte in dem neuen Luxushotel 1877 seine Flitterwochen. »Wir haben uns im Jewropeiskaja eingerichtet«, schrieb er an seinen Bruder in Moskau. »Sehr gut, um nicht zu sagen, luxuriös.« Im Hotelrestaurant stellte er seine Frau den Verwandten vor; dort servierten nur Tartaren, von denen es zu jenen Zeiten hieß, sie seien aufmerksamer, ehrlicher und auch dem Alkohol nicht so ergeben »wie alle anderen«. Der Ehe Tschaikowskis half das alles freilich nichts, das Paar trennte sich nach wenigen Monaten. Treuer war der Komponist dem Hotel, er kehrte noch zu mehreren Besuchen zurück. Und auch Turgenjew kam immer wieder, hielt in seinem Zimmer literarische Zirkel ab.

Die Stadt veränderte mit dem Aufbruch ins 20. Jahrhundert ihr Gesicht. Die Industrialisierung spülte eine Flut fast mittelloser Arbeiter in die Stadt, Lebensmittelengpässe, knapper Wohnraum und immer schlimmere sanitäre Verhältnisse führten zu Verzweiflung und Aufruhr. Am 9. Januar 1905 schossen die kaiserlichen Truppen in eine friedlich demonstrierende Menge, die am Winterpalast eine Petition an den Zaren übergeben wollte; Hunderte starben an diesem »Blutigen Sonntag«. Tags darauf zog am Luxushotel ein Trauerzug stummer, verzweifelter, aber auch empörter Menschen vorbei, den Newski Prospekt hinunter. »Es war ein ergreifendes Bild«, sagte Hotelgast Isadora Duncan, die für ihre ungewöhnlichen Auftritte berühmte amerikanische Solotänzerin, gerade einige Wochen für Proben in der Stadt.

Es war mehr als ein Klischee, es war die Wahrheit: In den

Arbeitervierteln hungerten die Armen, im Grand Hotel schwelgten die Reichen. Noch im Jahr des Blutigen Sonntags begann der Architekt Fjodor Lidwall mit der Verschönerung der Europa-Räume durch Jugendstilelemente. 1913 machte das Hotel seine eigene Bäckerei auf, mit Sachertorten, Schwarzwälder Kirsch und anderen Köstlichkeiten aus aller Welt. Seinen »verehrten, distinguierten Gästen« bot das Management einen besonderen Wodkadeal: Für den ersten Drink mussten sie einen Rubel zahlen, für alle nachfolgenden nur zwanzig Kopeken. Da konnte man es schwerlich bei nur einem Gläschen belassen – vor allem, wenn wieder eine der berühmten, ausschweifenden Flamenco-Nächte im Europa angesagt war.

Familien des Hochadels dachten in jenen Zeiten nicht daran, ihre Kindern zu einer »proletarischen« Ausbildung in ein Hotel zu geben; aber für alle anderen wurde das Europa zu einem begehrten Arbeitsplatz. Manche meldeten ihre Sprösslinge schon im zwölften Lebensjahr als Liftboys oder Jungkellner an.

Am Anfang des Ersten Weltkriegs 1914 schwappte dann eine Welle des Patriotismus über das ganze Land. Das kosmopolitische St. Petersburg blieb davon nicht unberührt, was sich auch in symbolischen Handlungen zeigte. Die Stadt änderte ihren Namen, wurde zu Petrograd russifiziert; im Volksmund blieb sie immer »Piter«. Im Europa spürte man zunächst noch wenig von den neuen Zeiten. Den glanzvollen Nächten im Grand Hotel tat noch nicht einmal Abbruch, dass zehntausende Russen auf den Schlachtfeldern starben. Grigori Rasputin, der berühmt-berüchtigte Geistheiler und Vertraute der aus Hessen stammenden Zarin Alexandra, feierte mit seinen Freunden und zahlreichen attraktiven Damen noch in der Nacht zum 13. Januar 1916 im Europa-Restaurant ein Gelage, »bis morgens um zwei Uhr«. So steht es nach Recherchen des Historikers Igor Bogdanow in den Polizeiunterlagen des Zaren – Nikolaus II. ließ den umstrittenen Rasputin von seinen Leuten Tag und Nacht überwachen.

Arbeiter protestierten, ein Generalstreik legte alles lahm.

Die Truppen rebellierten, erzwangen im März 1917 das Ende der Monarchie. Es war sicher kein Zufall, dass gerade Peters Stadt zur Wiege der bolschewistischen Revolution wurde. Linken Intellektuellen hatte die »auf Gebeinen gebaute Stadt« immer imponiert: als Symbol des Menschenmachbaren, als endgültiger Triumph des Willens, als Unterordnung des Individuums im Sinne einer Sache. »Zweihundert Jahre nach Peter I. trat Lenin mit gleichem Drang nach Zerstörung und Umgestaltung der Welt an, mit derselben rigorosen Abkehr von der üblichen Lebensweise und Tradition«, schreibt die Historikerin Olga Wendina. »Diesmal sollte jedoch nicht nur das Russische Reich umgekrempelt werden, sondern gleich die ganze Welt.«

Dabei legte man besonderen Wert darauf, die Symbole der alten Dekadenz auszulöschen: Aus dem Grand Hotel Europa wurde 1918 für kurze Zeit ein Heim für Waisenkinder, 1920 entstand daraus das »Haus der sowjetischen Angestellten«, wieder mit Hotelbetrieb; aus Petrograd wurde nach dem Tod des Gründers der UdSSR und zu seiner – vermeintlich – ewigen Erinnerung 1924 Leningrad. Die Hauptstadt allerdings hatten die Kommunisten da schon längst nach Moskau zurückverlegt, gleich nach ihrem Sieg und in dem (Unter-)Bewusstsein, dass dort die nationale Idee besser aufgehoben war.

Das Hotel an der Leningrader Hauptstraße empfing auch unter neuem Namen extrem interessante Gäste. Einige standen mit ihrem Schicksal für die große Hoffnung, die von der Revolution geweckt wurde. Der Komponist Sergej Prokofjew und der Schriftsteller Maxim Gorki glaubten an die Kommunisten und wurden von ihnen hofiert – nicht zuletzt durch die großzügige Bereitstellung kostenloser Zimmerfluchten in der alten Nobelherberge. Auch der Dichter Wladimir Majakowski, Stammgast in Suite 26, erfreute sich lange der besonderen Gunst Stalins, weil er sich in seinen Frühwerken so leidenschaftlich gegen die Auswüchse einer verlogenen bürgerlichen Gesellschaft gewendet hatte. Doch Majakowski geißelte in zunehmendem Maße auch die Grausamkeiten der Sowjetbürokratie und das Spießertum im neuen sozialistischen Gewand. Von der Revolution bitter enttäuscht, in eine unglückliche Liebesaffäre verstrickt und von den Autoritäten an der Ausreise in den Westen gehindert, beging er 1930 Selbstmord.

Sergej Kirow verbrachte seine ersten Nächte in der Stadt an der Newa im ehemaligen Grand Hotel. Stalin hatte ihn als Ersten Sekretär der Leningrader Parteiorganisation geholt, der Politkommissar mit Erfahrungen im Kaukasus sollte Abweichler skrupellos beseitigen. Das tat Kirow auch, stieg zum Mitglied des Politbüros auf – und fiel dann 1934 selbst einer Säuberung zum Opfer. Nach allem, was man heute weiß, hat Stalin persönlich den Auftrag zu Kirows Ermordung gegeben. Die Tat wurde zum Beginn der ungeheuerlich brutalen und allumfassenden »großen Säuberung« in der Sowjetunion.

Fast parallel dazu lief eine Charmeoffensive der Partei gegenüber dem Ausland: Die UdSSR wollte sich vor allem den geneigten Geistesgrößen des Westens als Utopia präsentieren. Dazu bedurfte es auch repräsentativer Hotels und entsprechender Gästebetreuung. Die staatliche Intourist wurde aus der Taufe gehoben; sie durfte Hotels restaurieren und nach Luxuskategorien klassifizieren. Das Europa erhielt seinen Namen wieder – als Leningrads Intourist-Hotel Nummer eins. Der kommunistenfreundliche irische Schriftsteller George Bernard Shaw war 1934 ein begeisterter Gast, schwärmte von seinem »großherzoglichen Appartement« und der wunderbaren Betreuung. Unklar ist, ob diese Betreuung auch den Besuch einer der handverlesenen elf Highclass-Prostituierten einschloss, die sich damals – streng überwacht vom Geheimdienst und gegenüber der Partei informationspflichtig – im Hotelrestaurant Kryscha ihre besonderen Kunden suchen durften.

Schreckliche Jahre folgten. 1939 wurde das Hotel geschlossen und als militärisches Hauptquartier genutzt: Die Sowjetunion schickte Ende November ihre Truppen Richtung

Finnland. Eineinhalb Jahre später startete Hitler sein »Unternehmen Barbarossa«. Dieses Mal war Stalin, der Hitler belauerte und von seinen Plänen hätte wissen können, der Angegriffene. Ab dem 8. September 1941 belagerten deutsche Truppen die Stadt; über 3,3 Millionen Menschen, darunter vierhunderttausend Kinder, wurden eingeschlossen – und blieben, von einer zeitweisen »Eisstraße« über den gefrorenen Ladogasee abgesehen, von der Außenwelt abgetrennt. Insgesamt 872 Tage. »Irgendwann wird der Hunger als unser Bundesgenosse wirksam sein«, hieß es in den Plänen der Nazis. Und Adolf Hitler war sich seines Triumphes so sicher, dass er bereits ein Hotel für die Siegesfeier bestimmt hatte: das Astoria. Wohl weil dessen Balkone, anders als die des Jewropeiskaja, den Blick auf einen großen Platz mit vielen Menschen erlaubten.

Mitte September 1941 wurde das Hotel Europa zu Leningrads »Krankenhaus Nr. 991« umfunktioniert. Hastig transportierten Helfer Röntgenapparate und OP-Tische in die Suiten, versuchten sich über einen Dynamo auch während der Bombardierungen Notlicht für die Operationen zu sichern. In einer improvisierten Apotheke wurden Pillen gemixt, Spritzen aufgezogen, Vitaminpräparate aus Piniennadeln destilliert. Unter denkbar dramatischen Umständen arbeiteten 43 Ärzte rund um die Uhr. Die Verpflegung wurde immer knapper, die für ein paar hundert Betten angelegten Räume mussten bald über 1300 Verletzte beherbergen. Manchmal fielen die Temperaturen in den Krankenzimmern unter null Grad; dann versuchten die Helfer zu heizen, womit auch immer. Sie trugen vom Hoteldach Platten ab und machten daraus kleine Öfen. Sie zerhackten die letzten verbliebenen antiken Stühle, lösten die Holzverkleidungen von den Decken, rissen die Fensterrahmen heraus und steckten alles, was brannte und ein bisschen Wärme brachte, in die provisorischen Heizkörper.

Die Fernsehjournalistin Rita Knobel-Ulrich hat eine Zeitzeugin von damals vor die Kameras bekommen: Magarita Wassilewna. Sie erzählte davon, wie sie jeden Tag oben auf dem Dach des Gebäudes stand, nach angreifenden Flugeugen Ausschau hielt, sofort Alarm gab, wenn es wieder einmal so weit war. Wie sie damals, als es gar nichts mehr zu essen gab, von Brotkrumen träumte und auf 32 Kilogramm abmagerte. Wie sie ihre verletzte Mutter pflegte, die dann aber doch in den improvisierten Krankenräumen, einige Stockwerke unter ihrem Warnposten auf dem Dach, an Erschöpfung starb. Die alte Dame zitterte bei dem Interview und musste am Schluss weinen. »Wie immer bei dieser furchtbaren Erinnerung«, sagte sie.

Am 27. Januar 1944 wurde der Blockade-Ring endlich gesprengt. Fast achthunderttausend Menschen waren umgekommen, durch Bomben, durch Krankheit, durch Hunger. Leningrad erhielt von den Kommunisten nach dem Sieg über Nazideutschland den offiziellen Beinamen »Heldenstadt«.

Für eine kurze Zeit trat selbst die Rivalität mit Moskau in den Hintergrund. Doch beim weiteren Aufbau des Staatssozialismus rückte die Hauptstadt dann immer mehr ins Zentrum der Chefplaner, auch unter Nikita Chruschtschow, dem Nachfolger des 1953 verstorbenen Stalin: Das große Geld des Wiederaufbaus wurde für Moskau ausgegeben. Die Kreml-Metropole erhielt eine mit Marmor und Bronze geschmückte Vorzeige-Untergrundbahn, Forschungsinstitute, eine neue Universität (später mit dem Rossija auch ein Paradehotel). Moskau sollte zum Schaufenster der neuen Sowjetunion werden, bekam den Status einer »kommunistischen Musterstadt«. Leningrad besann sich zwangsläufig im Gegenzug wieder auf die »intelligentnost«, auf seine Intellektualität und Betonung geistiger Werte, auf seine Rolle als Kulturkapitale.

Das Hotel Europa wurde schon 1949 notdürftig renoviert und dann nach und nach verschönert. Es blieb Stückwerk. Immerhin fanden sich schon Ende der Fünfziger auch wieder die ersten internationalen Berühmten im Hotel ein, Politiker wie Künstler. Wichtiger für das Selbstverständnis der Leningrader war die Rückkehr eines verlorenen Sohnes der Stadt: Der Komponist Igor Strawinsky verließ nach Jahrzehnten sein amerikanisches Exil und kam 1962 in seine Heimatstadt zurück. Er wohnte im Europa.

Der Lebensstandard der Bevölkerung in der Stadt erreichte erst in diesem Jahr wieder die Vergleichswerte der Vorkriegszeit. Leningrads Antlitz war grau, seine schönsten Gebäude zerfielen, sein Alltag wurde von den Lügen des Systems geprägt. Westliche Konsumgüter konnten sich nur die Parteibonzen leisten, die Zugang zu ihren eigenen Intershops hatten. Oder Prostituierte, Westtouristen abzockende Taxifahrer, auf dem schwarzen Markt Kaviar verkaufende Kellner. Wer Devisen hatte, musste zum Luxuseinkauf nicht einmal das Hotel verlassen. Ein Berioska-Laden im ersten Stock bot gegen Dollar alles an, was das Herz begehrte; die beiden Hard-Currency-Bars schenkten deutsches Bier, französischen Rotwein und Cognac aus. Sogar westliche Zeitungen waren erhältlich. »Ein Besuch im Jewropeiskaja ist wie fünf Minuten in Amerika« – vermutlich meinte der Leningrader Spruch, der damals aufkam, auch diese sonst so unerreichbaren Freuden.

Nach den bleiernen Breschnew-Jahren und einer Übergangszeit mit schnell ablebenden Übergangsgeneralsekretären, brachte Michail Gorbatschows Wahl zum KP-Chef 1986 die große Wende. Mit seinen 53 Jahren war er ein Benjamin im Machtapparat der Partei. Aber entscheidender als sein Alter war sein offener Geist – die Begriffe Glasnost und Perestroika standen für die Anpassung der Ideologie an die Realität, während es in all den Jahren zuvor immer andersherum gewesen war.

Auch in Leningrad kam bald ein Reformer zum Zug: Anatoli Sobtschak wurde 1989 zum neuen Bürgermeister gewählt. 1991 ließ er über die Rücktaufe seiner Stadt abstimmen; eine knappe Mehrheit entschied sich für den alten Namen St. Petersburg (die umliegende Region aber heißt bis heute »Leningradskaja Oblast« – »Gebiet Leningrad«). In Sobtschaks Stab arbeitete bald ein junger Mann, der zu einem der OB-Vizes befördert wurde: Wladimir Putin. Doch 1995 verlor das Team die Wahlen knapp, womöglich nicht unberechtigte Korruptionsvorwürfe gegenüber dem Team Sobtschak-Putin spielten dabei eine Rolle. Aber erst Nachfolger Wladimir Jakowlew machte den Nepotismus in der Stadt dann zum Regierungsstil.

Noch in den frühen Sobtschak-Tagen hatten die Behörden das alte Grand Hotel zu einer Generalüberholung gedrängt: Sie wollten der Stadt baldmöglichst den Anstrich einer internationalen Metropole geben, brauchten dazu ein vorzeigbares First-Class-Etablissement. Das Europa schloss die Tore und begab sich – Schwedenfeind Peter I. hätte es wohl mit einem lachenden und einem weinenden Auge gesehen – in die Hände Stockholmer Experten. Die beiden Unternehmen SIAB und RESO besorgten innerhalb von sechsundzwanzig Monaten die Generalüberholung des Hotels. Mit Hilfe von Anzeigen versuchten die findigen Restauratoren, verschwundene Originalverzierungen aus dem alten Grand Hotel wiederzufinden. Die zurückgekauften Stücke wurden bei der Renovierung eingearbeitet.

Die glanzvolle Wiedereröffnung feierten die oberen Zehntausend am 21. Dezember 1991. Staunend betrachteten die Petersburger die erneut entstandene Pracht und lasen sich ungläubig aus den an der Rezeption ausliegenden Prospekten vor: Präsidentensuite Gorbatschow, 1700 Dollar pro Nacht. Mehrfach hat der in Deutschland so beliebte und in Russland so umstrittene »Gorbi« dem Hotel die Ehre gegeben, ebenso wie sein Nachfolger Boris Jelzin. In den Suiten des Grand Hotel Europa, seit 1995 von der Kempinski-Gruppe geleitet, nächtigte zwischenzeitlich so ziemlich alles, was in Politik, Wirtschaft, Sport und Kultur weltweit Rang und Namen hatte: Königin Elisabeth II., Jimmy Carter und Helmut Kohl; Exschachweltmeister Anatoli Karpow, Tennisstar Michael Stich, Sänger José Carreras; die Schauspieler Jane Fonda, Sharon Stone und Richard Gere. Der Prince of Wales machte das Hotel zu seinem Hauptquartier für ein Business Leader's Forum. Popstar Elton John nutzte das Restaurant für eine Sondervorführung vor geladenen Gästen.

Wie schon in Frühzeiten des Grand Hotels gilt es wieder als Ehre, hier zu arbeiten. Das liegt sicher am internationalen Management, das sich besondere Mühe gibt, die eigenen hohen Standards möglichst ohne Arroganz an die lokalen Angestellten weiterzuvermitteln. Der deutsche Generalmanager hält sich regelmäßig Zeit frei, um sich auch nach den Nöten von Kellnern und Zimmermädchen zu erkundigen. Und er lässt in die Hotelglanzbroschüre neben Fotos von Majestäten ein Bild der Belegschaft einrücken. Das kostet nicht viel, und so entsteht Corporate Identity.

Als oberster Küchenchef wirkt der Österreicher Engelbert Gamsriegler. Solange alles klappt, ist er eine Seele von Mensch. Rein figürlich betrachtet ein schwerer Brocken, bewegt sich Gamsriegler trotz aller Pfunde erstaunlich schnell, was ihm den Spitznamen »Kugelblitz« eingebracht hat. In puncto Qualität kennt der Mann keine Kompomisse. Er lässt jede gelieferte Dose Kaviar öffnen und besteht auf Vorkosten, um die Frische der Ware zu testen. Bei seinen Mitarbeitern kommt auch gut an, dass sich der Maître (»Ich bin kein besonderer Liebhaber russischer Küche«) besonders auf lokale Petersburger Produkte stützt. Pilze bezieht das Hotel aus einem Betrieb in einem Vorort, der immer noch als »Morgenröte des Kommunismus« bekannt ist, aber die Qualität längst den spitzenkapitalistischen Ansprüchen angepasst hat.

Die Petersburger Angestellten im Hotel sind eine verschworene Gemeinschaft – und vermitteln eine Ahnung von den Schwierigkeiten in dieser Stadt, eine der Ausbildung adäquate Stellung zu finden. Denn viele der Bediensteten im Europa sind, ihr Enthusiasmus für das Haus in allen Ehren, hoffnungslos überqualifiziert für den Job. Das gilt für den Mann an der Bar, der in Sowjetzeiten als Geologe durchs Nordmeer bei Spitzbergen gefahren ist und jetzt Drinks mixt – »Eis ist Eis«, sagt er, mit einem nur leicht traurigen Lächeln um die Mundwinkel. Das gilt auch für die Dame in der Wäscherei, die froh ist »über das deutsche Management und die pünktliche Bezahlung«, aber als Studienrätin für Englisch und Geschichte eigentlich Kindern etwas für eine bessere Zukunft beibringen müsste. »Wie soll ich von einem Lehrergehalt leben?«, sagt sie und stopft weiter schmutzige Bettlaken in einen großen Korb. Und dann sind da ja noch der Philosophieprofessor als Personalchef, die Dame mit der Mafia-Dissertation an ihrem Schreibtisch für Öffentlichkeitsarbeit.

Sneschana Samaliewa spielt zu Beginn des Jahres 2003 mit dem Gedanken, ihren Hoteljob vorübergehend an den Nagel zu hängen; man hat ihr die Leitung des größten und prestigeträchtigsten Fitness-Studios der Stadt angeboten. Was sie eines Tages mit ihrem Doktortitel machen will, weiß sie noch nicht. Zu ihren Recherchen für die Dissertation über das einheimische organisierte Verbrechen schweigt sie wie ein Grab – die Gründe wird sie kennen. Zwar hat das Petersburger Untersuchungsgefängnis »Kresty« (Kreuze) jetzt ein angeschlossenes Museum, das jeder Tourist – mit Einblick in den laufenden Knastbetrieb und gegen eine Sechs-Dollar-Gebühr – besichtigen darf, aber in der Szene der Topkriminellen geht es wenig lustig zu. Da steht zu viel auf dem Spiel und häufig geht es auch um große Politik.

Im August 1997 wurde Michail Manewitsch, die Schlüsselfigur der Privatisierung in St. Petersburg, von Unbekannten erschossen. Dann traf es die liberale Duma-Abgeordnete Galina Starowitowa, die im Milieu aufräumen wollte; offensichtlich ein Auftragsmord, bis heute unaufgeklärt. Auch Alt-Oberbürgermeister Sobtschak, um den sich Ende der Neunziger Korruptionsvorwürfe rankten und der ins Exil nach Paris geflohen war, starb im Jahr 2001 bei einem Aufenthalt in Kaliningrad möglicherweise eines unnatürlichen Todes – jedenfalls mochten angesichts so vieler ungeklärter Fälle viele Petersburger nicht an sein Herzversagen glauben. Wegen krimineller Delikte wird derzeit gegen mehrere hohe Stadtpolitiker ermittelt, darunter gegen vier frühere Vizebürgermeister und mehrere Abgeordnete. Der Vorgänger Putins als Berater des OB sitzt wegen Mordverdachts, ein anderer wurde wegen Wahlfälschung verurteilt.

Hinter Gittern ist es manchmal sicherer als in Freiheit. Zuletzt erledigten Unbekannte »Kostja, das Grab« mit gezielten Kopfschüssen. Er galt früher als einer der einflussreichsten Paten von St. Petersburg (»einer der wenigen richtig netten«, sagt Forscherin Sneschana) und fand jetzt nach einer prunkvollen Bestattung auf dem Prominentenfriedhof am Alexander-Newski-Kloster neben Dostojewski, Tschaikowski und den in den letzten Jahren ermordeten lokalen Spitzenpolitikern seine letzte Ruhe. Ausländische Journalisten schlossen heimlich Wetten ab, wer von den Trauergästen mit ihren kugelsicheren Westen unter den schwarzen Maßanzügen der Nächste sein würde. Das Venedig des Nordens: ein Schlachtfeld der Unterwelt – ein Venedig des Mordens, sozusagen?

Alles Unsinn, sagen die einheimischen Experten, die Innenstadt von St. Petersburg sei nicht gefährlicher als die von Berlin, Paris oder London. Längst schon sind nach ihrer Auffassung die wesentlichen Claims abgesteckt. Die Zeit der Shootouts sei vorbei, die großen Gangster hätten sich nach den wilden Zeiten der Privatisierung und Schutzgelderpressung längst aufs legale Geschäft von Aktien und Alkohol, Öl und Autos verlegt – die mafiosen Gruppen seien mit den staatlichen Strukturen bereits untrennbar verbunden. Allenfalls noch die eine oder andere Privatfehde führe zum Mord. Wie in Moskau werde die raubtierkapitalistische Übergangszeit mit Mord und Totschlag bald überwunden sein. Im ewigen Konkurrenzkampf um wirtschaftlichen Fortschritt hat Moskau jedenfalls längst wieder die Nase vorn. Schon unter Boris Jelzin haben in der Hauptstadt zahlreiche neue Banken, Hotels und Einkaufszentren aufgemacht, St. Petersburg fiel weit zurück.

Ist die Stadt an der Newa dazu verdammt, ökonomisch zweitrangig zu bleiben, interessant nur als kulturelle Kapitale? Sucht Wladimir Putin, der berühmte Sohn der Stadt, womöglich Kompromisse mit den neuen Paten, um seine zurückgebliebene Metropole mit allen Mitteln nach vorne zu bringen – und sei es nur über den schönen Schein ihrer restaurierten Fassaden, als Kulisse für Gespräche mit den Führern der Welt?

Ich treffe mich mit einem Mann namens Alexej, der behauptet, als Schulfreund des Präsidenten die gleichen Klassenbänke gedrückt zu haben wie Putin.

Wir sitzen auf Gartenstühlen draußen vor dem Europa, im Sadko's, dem ungezwungensten und preiswertesten der Hotelrestaurants. Der Blick geht auf den Newski Prospekt und die Michailowskaja. Wie immer das alles finanziert wurde: Die Innenstadt von St. Petersburg hat sich erfolgreich herausgeputzt für das Jubeljahr 2003, schillernd wie ein stolzer Pfau. Rot und gelb und braun leuchten die satten Farben, selbst auf dem Trottoir glänzen geleckt die neuen Steine. Engel blicken von verzierten Simsen aus schwindligen Höhen herunter; es sieht von unten fast danach aus, als wollten sie sich vor so viel Schönheit verneigen. Touristen wie Einheimische flanieren fröhlich über die Boulevards: St. Petersburg gibt sich als die Strahlende. So, als könnte sie kein Wässerchen trüben, als fischte hier nie jemand im Trüben.

Eine »über den Abgrund geworfene glänzende Decke« hat der große Dichter Osip Mandelstam einmal diese Stadt genannt, mehr Schein als Sein. Selbst St. Petersburgs Bewunderer (und von dessen Einwohnern Bewunderter) Alexander Puschkin sah die Ambivalenz der Heimat und schrieb ihr im Jahr 1828 ein mahnendes Gedicht: »Stadt der Armut, Stadt des Reichtums«. Die Unterschiede zwischen den Schichten sind seit damals wohl nicht viel kleiner geworden. Und mit Geld geht offensichtlich auch heute wieder alles. Während sich Alexej in die Restaurantkarte vertieft, blättere ich in der kleinen Broschüre des Grand Hotel Europa, die dem Gast mit dem Schlüssel ausgehändigt wird und die er immer bei sich tragen soll. Sie preist neben den Hotelboutiquen auch das nahe Spielkasino Premier (Newski 47) an, und den erotischen Nachtclub Golden Dolls (Newski 60).

»Ich kann dieses Klischee vom Präsidenten als KGB-Mann nicht mehr hören, dieses Einmal-Tschekist-immer-Tschekist«, sagt Putins Schulfreund Alexej (der als »Mann aus der Wirtschaft« kein Interesse daran hat, mit vollem Namen zitiert zu werden, »man weiß ja nie«). »Er hat einige seiner Bekannten zu sich in den Kreml geholt – alle vernünftigen Politiker umgeben sich mit Leuten, denen sie vertrauen. Wladimir ist ein cleverer Präsident mit einer harten Hand, genau das, was Russland braucht. Und für Petersburg ist er sowieso ein Segen, ohne ihn wäre diese Stadt noch weiter zurückgefallen.«

Dass die Innenstadtbewohner während des Hauptfesttags zum dreihundertsten Geburtstag ihr Viertel nur mit Berechtigungsscheinen betreten dürfen, dass den illustren Gästen Bush, Blair, Chirac und Schröder, ohne Chance auf einen Stopp auch in den zahlreichen verfallenden Vierteln, nur die restaurierte Pracht gezeigt wird – Alexej hat keine Einwände. Er ist uneingeschränkt stolz auf seine Stadt. »Ganz normal, ganz gesund«, findet er jederzeit und immer das Verhalten seines Präsidenten.

Alexej verrät zum Abschied noch ein kleines Geheimnis aus Schultagen. »Wissen Sie, dass Wladimir Putin früher immer um dieses Hotel herumgeschlichen ist? Er soll einmal sogar gesagt haben: Das Jewropeiskaja gefällt mir, hier will ich mal arbeiten. Aber nur, wenn ich Chef werden kann.«

HOTELBEWERTUNG:

NOSTALGIEFAKTOR: *****
LUXUSFAKTOR: *****
WOHLFÜHLFAKTOR: ****
PREIS-LEISTUNGS-FAKTOR: ****
ADRENALINSTOSS-FAKTOR: **

Adresse:
Grand Hotel Europa
Newski Prospekt / Michailowskaja Uliza 1/7,
191011 St. Petersburg, Russland

Telefon: 007-812-329-6000
Fax: 007-812-329-6001
E-Mail: hotel@ghe.spb.ru

Zimmer:
Einzelzimmer ab 290 US-Dollar,
Doppelzimmer ab 290 US-Dollar
ohne Frühstück, plus 20 Prozent Steuern

Peace, Schanghai

Give »Peace« a chance!

Gebaut von einem jüdischen Playboy und Opiumdealer, gefeiert als Heimat von Luxus und Laster, genutzt von Maos linksradikaler Viererbande – und heute ein beliebter Treff von Nostalgikern: Das Peace Hotel in Schanghai ist Monument und Markstein chinesischer Geschichte.

Von Maos bedürfnislosem »neuen Menschen« keine Spur mehr: Die Lichter, der Luxus und das Laster – sie sind zurück in dieser Stadt, der wahren Hauptstadt Chinas. Schon eingekauft im Plaza 66, wo so viele internationale Designer in einer Passage versammelt sind wie kaum sonst irgendwo auf der Welt? Schon flaniert im Vergnügungsviertel Xintiandi, wo ein Restaurant in Sichtweite des Gründerhauses der chinesischen KP mit seinem »dekadenten Ambiente« wirbt? Schon geflirtet in den Bars und Karaoke-Clubs an der Julu Lu nahe des Hilton, wo die Schönen der Nacht für ein paar Drinks sehr ansprechbar sind?

Es ist fast wieder wie Anfang der dreißiger Jahre in Schanghai, als die Metropole am Huangpu »Paris des Ostens« genannt wurde, »Paradies der Abenteurer« oder auch »Prostituierte Asiens«. Als Marlene Dietrich mit erotisch tiefer Stimme den Satz hauchte: »Es bedurfte mehr als eines Mannes, um mir den Namen Schanghai Lily zu verdienen.« Als ein westlicher Missionar den verzweifelten Ruf ausstieß: »Wenn Gott dieses Schanghai gewähren lässt, schuldet er Sodom und Gomorrha Abbitte!« Und mittendrin, dort, wo sich die berühmte Flusspromenade, der Bund, mit der nicht minder berühmten

Einkaufsstraße Nanjing Lu kreuzt, ein Etablissement, das Emporkommen, Niedergang und Wiederaufstieg dieser Stadt symbolisiert wie kein anderes: das Hotel Peace. Es ist ein mächtiges, graubraunes Gebäude. Äußerlich eher schlichte Architektur, nur wo der Koloss zum Himmel strebt, ist der Pharao in dem Baumeister durchgegangen. Er setzte eine grüne Pyramide auf das Dach.

Wer in dieser Stadt irgendetwas zählt, kommt irgendwann einmal durch die Drehtür in die Lobby dieses Hotels, heißt ein berühmter alter Schanghai-Spruch – er gilt immer noch. Heute beispielsweise kommt Li Qinfu. Er ist einer der reichsten Männer in der Volksrepublik, das amerikanische Wirtschaftsmagazin *Forbes* schätzt ihn auf gut 75 Millionen US-Dollar. Er trägt einen dunklen Maßanzug und eine italienische Krawatte, im Schlepptau hat der junge Unternehmer zwei Parteifunktionäre; Li lädt zum Businessdinner ins Peace. Die Herren beachten das prächtige Foyer gar nicht, die Lalique-Lampen, die Art-déco-Verzierungen, die Glasfenster und kostbaren Lüster. Sie streben an der Rezeption vorbei zum vergitterten Aufzug, den Bilder des »berühmtesten Hotels der Welt« (Peace-Eigenwerbung) zieren. Ihr Ziel ist Stockwerk acht mit dem Restaurant »Phönix und Drache«, wo sie eine der hübschen Serviererinnen mit tiefem Schlitz im Kleid empfängt und zu einem besonderen Fensterplatz geleitet. Er bietet die schönste Aussicht auf Schanghai.

Perlen gleich sind am Bund die architektonischen Wunderwerke vom Anfang des vorigen Jahrhunderts aneinandergereiht und erstrahlen im Scheinwerferlicht. Die Banken und die großen Handelshäuser des Westens versuchten damals einander auszustechen, mit immer neuen Kuppeln und Türmchen, Säulen und Skulpturen, Balkonen und Baldachinen: das Customs House, die Bank of Communications, Jardine & Matheson's – allesamt Machtmanifestationen in Marmor und Stein. Sämtliche Stile sind vertreten, vom Maurischen über die italienische Neorenaissance bis zum Chicago-Tudor. Wie kostbare Sandburgen sehen manche Gebäude aus, an denen eben erst das Wasser abgetropft ist und fantastische Formen schuf – nun festgefroren für die Ewigkeit.

Auf der anderen Seite des Huangpu-Flusses, über den schwere Lastschiffe, Fähren und schlanke Boote schippern, die einander im aufkommenden Nebel mit ihren dumpfen Sirenen warnen, da türmt sich die Zukunft: Der Blick aus dem Peace-Fenster fällt auf Pudong. In nicht viel mehr als einem Jahrzehnt haben die Schanghaier seit 1990 eine neue Geschäftsstadt aus dem sumpfigen Boden gestampft, fast schon ein zweites Manhattan. Futuristische Architekten knallten Gebäude hin, als hätten sie Raketenrampen für Außerirdische entwerfen sollen. Und riesige Baukräne arbeiten an einem Spargelwald von Wolkenkratzern, 24 Stunden am Tag, sieben Tage die Woche, immer auf der Jagd nach neuen Superlativen. Der Fernsehturm »Perle des Orients«, mit 468 Metern dritthöchstes Gebäude der Welt; das Hyatt Hotel im Jinmao-Turm mit seiner Rezeption im 54. und seiner Bar im 87. Stock: höchstes Hotel der Welt. Ein neues Welthandelszentrum soll in wenigen Jahren die Wolken durchbohren, weiter hinaus in den Himmel als alles bisher Dagewesene. China als Nummer eins – das ist der Platz, der dem Reich der Mitte nach Ansicht der Parteiführung und wohl auch weiter Kreise der Bevölkerung zukommt.

Der Unternehmer Li Qinfu lädt die jüngeren Funktionäre häufig nach drüben in die Zukunftsstadt ein, in die supermoderne Cloud-9-Bar des Hyatt von Pudong. Bei den älteren Parteigrößen käme er nie auf diese Idee, für die ist das Peace Hotel mit seiner nostalgischen Atmosphäre und seiner exzellenten traditionellen Schanghai-Küche das Wahre. Li verbringt einen Großteil seiner Zeit mit der Pflege von »guanxi« (Beziehungen), sie ist Teil seines Erfolgsgeheimnisses. »Wenn du in China Erfolg haben willst, musst du zu den Mächtigen Kontakte haben. Wir brauchen immer noch Genehmigungen für dies und jenes«, hat er in einem Interview einmal gesagt. Offensichtlich zieht der Chef von Matsuoka Co. die richtigen Strippen. Er kann es sich leisten, für jährlich

1,8 Millionen Dollar die obersten drei Stockwerke in einem der modernsten Bürogebäude der Stadt zu mieten. Er hat in Pinghu, 45 Autominuten südlich von Schanghai, ein exakt dem US-Capitol in Washington nachempfundenes Firmenzentrum gebaut – statt der New Yorker Freiheitsstatue freilich steht ein Denkmal mit den Gesichtszügen des Firmenchefs Li vor dem Gebäude. Gestrafft der Körper, ausgestreckt die Hand, den Blick kämpferisch nach vorn. Vorwärts in eine strahlende Zukunft.

Herr Li stellt Firmenuniformen her, hauptsächlich für den japanischen Markt; auf dem chinesischen Markt verdient er hauptsächlich mit seinen riesigen Druckereien, er fertigt fast alle Airlinetickets und millionenfach Quittungsbelege für Mehrwertsteuern an. »Wenn man die richtigen Aufträge hat, ist das wie Gelddrucken«, sagt der Mann mit dem runden Gesicht und dem durchdringenden Blick. Ein wenig ähnelt er dem Großen Vorsitzenden, aber das hört er nicht gern, denn jede Form von Anspielung auf den Roten Gott ist immer noch tabu. Mao wird pflichtschuldigst verehrt, seine Lehre im Alltag allerdings längst verraten und verspottet.

Bauernsohn Li, ältestes von fünf Kindern aus der Schanghaier Umgebung, hat während der Schulzeit mit den Pionieren noch Bajonettangriffe gegen den »kapitalistischen Feind« geprobt. Er flog wegen »marktwirtschaftlicher Umtriebe« aus einem Staatsbetrieb – und machte dann nach mehreren Rückschlägen mit ungeheurem Fleiß eine alte Kleiderfabrik wieder flott, der Beginn seiner steilen Unternehmerkarriere. Jetzt arbeiten mehr als zwanzigtausend Leute für ihn. Li Qinfu erwägt in diesen Tagen sogar einen Partei-eintritt, seit Juni 2001 hat sich die KP ja dazu durchgerungen, auch Unternehmer aufzunehmen. Li pflegt freilich Gedanken, die ihn in Konfrontation mit den Mächtigen bringen könnten. Er klingt wie ein Manchester-Kapitalist, wenn er sagt, die Unterschiede zwischen Arm und Reich in China dürften ruhig größer sein, Neid sei eine gute Antriebskraft. »Es gibt noch wenig Wettbewerb bei uns, die Menschen sind zu selbstzufrieden«, meint

Li Qinfu. Aber den Neid durch öffentliches Protzen zu provozieren, so weit will der Unternehmer dann doch nicht gehen. Zu den Geschäftsessen ins Peace Hotel kommt er mit dem Taxi. Lässt sein neuestes Spielzeug, den purpurroten Lamborghini, bei den BMWs und Mercedes-Sportwagen in der Garage.

Nach »betrunken« gemachten Garnelen in brodelnder Reiskruste und den haarigen Krabben mit Bambussprossen in der goldgetäfelten Phönix-und-Drache-Halle führt Boss Li seine Funktionärsgäste gern noch zu einigen Gläsern scharfen Maotai-Schnaps auf das Dach des Peace Hotels, wo vor kurzem unmittelbar vor der Pyramide eine Freiluftbar eröffnet worden ist. Da sitzt er auf Pepsi-Cola-Stühlen und schaut hinüber auf das Lichtermeer von Pudong, wo die überlebensgroße Coca-Cola-Werbung rot flackert. Hinunter auf den Bund, wo Liebespaare flanieren, Rentner rasten, kleine Jungs Touristen anbetteln. »Oops, I did it again«, singt Britney Spears über das Stereosystem der Dachbar, die allerweltsmodern eingerichtet ist. Ein Stilbruch in dem sonst wie in einer Zeitkapsel bewahrten Peace.

Da passt die Jazzbar im Erdgeschoss schon besser zum traditionsreichen Hotelambiente. Eine holzgetäfelte Decke und in die Wand eingezogene Stämme wecken die Vorstellung eines alten englischen Landsitzes. Und die Band, die hier jeden Abend bis zwei Uhr morgens spielt, ist Nostalgie pur: sechs gestandene Herren, Durchschnittsalter über siebzig. Am Schlagzeug etwa wirbelt Cheng Yueqiang, Jahrgang 1918; mit dem Saxophon bläst sich Gu Jinlong, Jahrgang 1926, die Seele aus dem Leib; das Klavier behämmert das Nesthäkchen Zhang Jingyu, Jahrgang 1940. Bandleader und Seele des Ganzen ist Zhou Wanrong, Jahrgang 1920, der kühne Trompetensoli schmettert. Gemeinsam nehmen sie die Klassiker in Angriff, »Summertime«, »Sentimental Journey«, »Slow Boat to China«, und wenn sie gelegentlich mal nicht die richtigen Töne treffen, so machen sie das durch Enthusiasmus mehr als wett. Besonders die ausländischen Gäste haben Spaß am

Sound der Rentnerband. Immer wieder drängen Paare auf die kleine Tanzfläche, und die Frauen werfen den alten Herren Kusshände zu.

Was könnte Zhou, jenseits der achtzig, für Geschichten erzählen! Vom Glanz und Glamour des alten Schanghai, das er noch als Teenager erlebte. Von den schrecklichen Kriegswirren und der japanischen Besatzung Schanghais. Von den rigiden neuen Herren und der schrecklichen Kulturrevolution, die Mitte der sechziger Jahre hier besonders schlimm wütete und während der allen »dekadenten« Pianisten, die Beethoven oder Jazz spielten, die Finger gebrochen wurden. Aber der Bandleader, der früher Cheftrompeter im Schanghaier Symphonieorchester war, mag nicht ins Detail gehen. Da ist immer noch die Angst, eine Bemerkung würde »von den Autoritäten« falsch verstanden, das seit der Gründung der Gerontokraten-Combo im Jahr 1980 Erreichte könnte gefährdet werden. Die »Old Jazz Band« verdient heute nicht schlecht, vor allem durch Trinkgelder und Anteile an der CD, die im Hotelshop verkauft wird. Bevor sich der alte Herr aufs Fahrrad schwingt, das Instrument sorgfältig verstaut, verrät er immerhin eines: »Ich erinnere mich noch daran, als das Peace Hotel eröffnet wurde – es war das Tagesgespräch in der Stadt.«

Vielleicht war die Faszination Schanghais nie größer als in den Peace-Gründertagen Ende der Zwanziger. Der Schriftsteller Aldous Huxley fand hier eine schöne neue Welt – und auch das krasse Gegenteil davon: »Nirgendwo sonst in Ost oder West hatte ich berauschende und bedrückende Eindrücke von solcher Intensität«, schrieb er. »Es war das Leben, nicht weniger als das Leben, in allen erdenkbaren Formen.«

Eine Stadt von Welt, eine Stadt zweier Welten. Im südlichen »Chinatown«, der ummauerten Altstadt mit ihren engen Gassen, lebten die einfachen Chinesen meist in unsäglicher Armut. Sie schufteten in Fabriken, vierzehn Stunden am Tag, starben früh an giftigen Dämpfen oder einfach an Erschöpfung. Ihre durchschnittliche Lebenserwartung: 27 Jahre. Und wenn sie aufmuckten oder gar zu streiken wagten, wurden sie wie im Jahr 1927 brutal verfolgt, manche enthauptet, ihre Köpfe in Käfigen zur Schau gestellt. In den beiden anderen Stadtteilen aber herrschten die »Westler« mit jedem erdenklichen Luxus wie importierten Marmeladen aus der Provence und der – von chinesischen Dienern stets aufgebügelten – *Times*. Die großen Handelsnationen Europas hatten Chinas Kaiser Mitte des 19. Jahrhunderts Teile der Stadt als de facto exterritoriales Gelände abgepresst. Beschaulich war die Französische Konzession mit ihren villenumsäumten Parkwegen; geschäftig und dynamisch die Internationale Niederlassung im Westen und am Huangpu-Ufer.

Am Bund trafen sich die Welten. Millionenschwere britische Geschäftsleute in Flanell schimpften mit ihren ausgemergelten chinesischen Rikschafahrern, erbärmlich in ihren dreckigen Lumpen. Mittellose weißrussische Emigranten diskutierten und spielten Schach mit geflohenen Juden aus Deutschland – keiner fragte hier nach Pässen. Amerikanische Matrosen staunten alten, seidenbekleideten Chinesinnen mit ihren zur »Schönheit« verkrüppelten Füßen hinterher. Pockennarbige Bettler verfolgten schreiend, feixend, schwielige Hände aufhaltend verängstigte Kreuzfahrttouristen: »No mama, no papa ... no Whisky Soda!« Und überall das Versprechen von Sünde – Schönheit auf der Suche nach Kunden. »Salzwasserschwestern«, »Sing-Song-Girls« oder »Wilde Lilien« nannten sich die Damen blumig und waren doch alle nur Prostituierte. Über 668 Bordelle verfügte Schanghai Anfang der Dreißiger. Für Kenner wurde in der »Allee des konzentrierten Glücks« monatlich eine Liste der hundert Topmädchen angeschlagen. Schanghai war anziehend und abstoßend, schön und schrecklich zugleich – eine Stadt, in der man sich verstecken konnte oder mit seinen Extravaganzen Aufsehen erregte; eine Stadt, in der es sich feiern und feuern ließ, huren und heiraten, dealen und dinieren wie in keiner anderen.

In diesem »Paradies der Abenteurer« tummelten sich auch

generationenlang die Sassoons. Den Grundstein für den sagenhaften Reichtum der jüdischen Familie aus dem Irak hatte David Sassoon gelegt, der Bagdad verließ und als Kaufmann in Asien sein Glück versuchte. 1833 richtete er ein Handelshaus in Bombay ein, 1844 gründete er eine Niederlassung in Hongkong, ein Jahr später in Schanghai. Er importierte Tee und Seide nach Europa – und exportierte im Gegenzug als einziges Produkt Opium. Tonnen über Tonnen des Rauschgifts landeten die ehrenwerten Geschäftsleute aus dem Westen damals in China an. Sie machten so große Teile der Bevölkerung süchtig und damit abhängig – die Sassoons immer vorneweg. Im Jahr 1900 konnte man in Schanghai ganz legal unter fünfzehnhundert Opiumhöhlen wählen, »Schwalbennester« genannt. Die meisten Schanghaier Mittelklassehotels hatten einen »Room Service«, der Opium ebenso selbstverständlich wie Tee mit Plätzchen aufs Zimmer servierte.

Ein ganz anderes Hotel, absolute Highclass, eines der besten der Welt: So etwas zu bauen schwebte Ellice Victor Sassoon vor, dem Erben des Vermögens in der vierten Generation. Zeitzeugen zufolge muss er ein merkwürdiger Kauz gewesen sein, ein Draufgänger, ein Spieler, ein skrupelloser Opiumhändler – und ein tief gläubiger Jude, der sich über sich selbst und die Seinen lustig machen konnte. »There is only one race greater than the Jews, and that's the Derby«, pflegte er zu sagen.

Er hatte mit Ach und Krach ein Geschichtsstudium am Trinity College in Cambridge geschafft, kämpfte dann für die Engländer im Ersten Weltkrieg und zog nach einem Unfall das linke Bein so nach, dass er nur mit Hilfe eines Stocks gehen konnte. Er war überzeugt, dass er jede ins Bett kriegen konnte. Aber er war sich gleichzeitig sicher, dass ihn Frauen ausschließlich seines Geldes wegen lieben könnten. Victor Sassoon schwor, ein Leben lang nicht zu heiraten (und brach seinen Eid, als er kurz vor seinem Tod, 75-jährig, seine Krankenschwester ehelichte).

»Sir Victor«, wie ihn ganz Schanghai bewundernd nannte,

begann der Stadt in den Roaring Twenties seinen Stempel aufzudrücken. Schon vor seiner Ankunft 1923 hatte er sich große Grundstücke und Apartmentblocks gesichert. Nachdem er sich niedergelassen hatte, kaufte er nach und nach über zwei Dutzend Firmen und wurde zum Immobilienkönig von Schanghai. Was ihm fehlte, war ein Gebäude für die Ewigkeit, ein »Wahrzeichen«. Victor Sassoon entschloss sich, die besten Architekten der Welt mit dem Bau des besten Hotels der Welt zu beauftragen. Die Macher nahmen ihn beim Wort und steckten in das Gebäude am Bund, Ecke Nanjing, die für damalige Verhältnisse gigantische Summe von einer Million Pfund. Dafür lieferten sie die besten Art-déco-Dekorationen und den letzten Stand an Luxus: in allen Zimmern Airconditioning, in den marmornen Bädern aus Silberhähnen fließendes Mineralwasser, gepumpt aus den Bubbling Well Springs im Schanghaier Vorland; rote Samt- und Seidentapeten, eingebaute Mahagonischränke.

»Cathay« hieß das Luxushotel zunächst. Sir Victor sicherte sich für den eigenen Gebrauch die Penthousesuite mit einem Rundumblick auf die Stadt. Ganz mit dunkler Eiche getäfelt waren die Privaträume, die Lampen aus der Werkstatt des französischen Künstlers René Lalique, kostbar verziert mit Blattgold. Von seinem riesigen Balkon aus musste sich der Tycoon wie auf dem Gipfel der Welt fühlen – nur noch Gott und diese merkwürdige sphinxische Pyramide konnten auf ihn herabsehen. Und unter ihm, nahe des Huangpu-Parks, drängten sich die Einheimischen, ohne Zutritt zum Grün zu erlangen. Ein Verbotsschild sollte die Machtverhältnisse klar machen: »Für Chinesen und Hunde verboten.«

Bald war das Hotel nicht mehr wegzudenken von der Skyline des Bunds, zahlungskräftige Gäste aus aller Welt strömten in die 214 Zimmer und neun Suiten. Selbst die verwöhntesten Europäer und Amerikaner kamen aus dem Staunen kaum heraus. Bewunderten die Lobby mit ihrem rosagrauen Marmor und den dunklen Säulen, die gewölbte Eingangshalle im Tudorstil, von der aus eine glamouröse Treppe aus schwarzem

Marmor zum vergitterten Aufzug führte. 24 Stunden am Tag warteten an der Rezeption unter einem in Kupferfarbe bemalten Kronleuchter zwei chinesische Butler im Frack und gestreiften Hosen auf Anweisungen der Gäste, und ihr Englisch hatte – zum Entzücken des europäischen Hochadels – sogar einen Oxford-Akzent. Zimmermädchen, Kellner und Wäscherei waren per Haustelefon zu erreichen, eine damals im Westen noch kaum verbreitete Extravaganz.

Prominenz aus aller Welt wusste den Schanghai-Chic im Sassoon-Hotel zu schätzen: Charlie Chaplin und George Bernard Shaw, Mary Pickford und Douglas Fairbanks, Joseph von Sternberg und Eugene O'Neill, der im Hotel einen seiner berüchtigten Nervenzusammenbrüche hatte. Vicky Baum setzte dem Etablissement in ihrem 1939 erschienenen Roman »Hotel Schanghai« ein Denkmal (wählte freilich für das »prächtige Haus an der Nanjing-Straße, in dem getanzt wurde bis drei Uhr nachts und der Pianist so lange spielte, bis der Letzte ging«, einen fiktiven Namen). Der ebenso geniale wie eitle Noël Coward reiste im Winter 1930 mit 27 Koffern an und war zur Verblüffung des Personals stark geschminkt; er holte sich eine schwere Erkältung, die ihn an das Bett in seiner Suite fesselte. Das hinderte Coward nicht daran, bis tief in die Nacht seinem mitgebrachten Grammofon zu lauschen und in vier Tagen eine höchst amüsante Komödie zu schreiben: »Private Lives« (»Intimitäten«).

Der Hausherr genoss den Erfolg des Hotels – und mehrte seine Berühmtheit durch legendäre Partys in seinen Sälen. Nichts konnte Sir Victor exzentrisch, frivol und dekadent genug sein. So schmiss er in der Stadt, in der weite Teile der Bevölkerung hungerten, fieberten, ihren Untergang verzweifelt hinauszuschieben versuchten, das »Fest der Wracks«. Die illustren Gäste sollten in Kostümen kommen, die eine Flucht vom sinkenden Schiff in die Rettungsboote symbolisierte. Der erste Preis ging an ein Paar, das sich in einen durchsichtigen Duschvorhang drapiert hatte, nur mit einem Handtuch bedeckt: Sie seien von der Katastrophe im Bad ihrer Kabine überrascht worden, erklärten sie unter dem Gelächter der Versammelten. Und ließen sich anschließend von Sir Sassoon mit Champagner duschen.

Nicht minder berühmt-berüchtigt war die jährliche »Zirkusparty«. Die Reichen und die Mächtigen Schanghais verkleideten sich als Clowns und Jongleure, als Akrobaten und Dompteure, die Frauen in knappsten Kleidchen als Nummerngirls. Die Rolle als Chef im Zirkusring war dem Hoteldirektor vorbehalten: Victor Sassoon hatte sich einen violetten Umhang umgeworfen, trug Zylinder und schwang die Peitsche. Gern zog er den hübschesten Mädchen eins über, bis die kreischend davonliefen – und oft bei entsprechender Vergütung wiederkamen, hinauf in sein Penthouse. Der Tycoon hatte im Büro einen Extrafonds (»für vorübergehende Mitglieder meines Sekretärinnenpools«) eingerichtet, aus dem er sich zu diesem Zweck bediente. Weil Sir Victor zwar sein Bett gern teilte, aber es hasste, wenn sein Badezimmer »überbevölkert« war, richtete er in seiner Suite gleich mehrere Bäder für die Gespielinnen ein.

Unter die reichen Geschäftsleute und Literaten mischten sich auch dubiose Gestalten. In der Horse-and-Hounds-Hotelbar im Erdgeschoss, im Grill Room wie in dem mit Hyazinthendüften besprühten Restaurant Rooftop beanspruchte beispielsweise Du Yuesheng seinen Stammplatz – der Al Capone von Schanghai. Obwohl er weder lesen noch schreiben konnte und sich nach dem frühen Tod seiner Eltern schon mit zehn Jahren als Hafenarbeiter hatte durchschlagen müssen, hatte der skrupellose »Riesenohr-Du« einen rasanten Aufstieg geschafft. Er schlug mit seiner Green Gang sogar den berüchtigten »Pockennarben-Huang« aus dem Feld. Seit er 1927 Tschiang Kai-schek geholfen hatte, einen kommunistischen Arbeiteraufstand mit größter Brutalität niederzuknüppeln, und von dem Nationalistenführer als »Ehrengeneral« ausgezeichnet worden war, standen ihm alle Türen offen.

Du Yuesheng kontrollierte mit seinen Leuten weitgehend die Spielhöllen, die Bordelle, die Opiumhöhlen der Stadt.

Schanghais Pate aber strebte zeitlebens nicht nur nach Geld, er suchte Macht und gesellschaftliche Anerkennung. 1931 ließ er sich in den Stadtrat wählen, wurde – obwohl immer noch größter Rauschgiftimporteur – offiziell von der Kuomintang-Regierung zum Rauschgiftdezernenten ernannt. Solche Erfolge wollten gefeiert werden, und der Emporkömmling mit dem guten Geschmack wusste wo: im besten Hotel der Stadt, bei Sir Victor Sassoon.

Ob der Pate und der Tycoon einander gut kannten oder gar besonders nahe standen, ist nicht überliefert. Fest steht aber, wie die Schanghaier Gesellschaft mit den beiden umging. Sie tolerierte den Gangster. Zwar eher naserümpfend, aber als Kontakt zum immer mächtiger werdenden Tschiang Kaischek war er nicht zu unterschätzen. Es gab wenig hochgezogene Augenbrauen, als »Riesenohr-Du« wie ein inoffizieller Bürgermeister und Statthalter des Generalissimo in Schanghai agierte, 1937 sogar Präsident des örtlichen Roten Kreuzes wurde. (Du Yuesheng floh in den Bürgerkriegswirren einige Jahre später nach Hongkong, trat zum Katholizismus über und starb, in der britischen Kronkolonie als Wohltäter geschätzt, 1951.)

Die Gesellschaft akzeptierte neben dem Gangster auch den Geschäftsmann Sassoon – aber viele taten das mindestens ebenso naserümpfend. Seine Millionengewinne aus dem Opiumhandel galten als weniger degoutant als seine jüdischen Wurzeln. Denn obwohl sich die Elite Schanghais weltoffen gab, existierten doch Dünkel gegenüber Männern nahöstlicher Herkunft. Als Sir Victor Sassoon bei einer Tischgesellschaft in seinem eigenen Hotel einmal erwähnte, dass er England als seine Heimat betrachte, räusperten sich einige britische Lords vernehmlich. Und bei der anschließenden Diskussion darüber, mit welchem Verkehrsmittel man London am besten erreiche, beugte sich einer der Snobs zu Victor Sassoon und sagte: »Sie haben's leicht. Sie reiten da ja vermutlich immer mit dem Kamel ein.« Der Hotelier wusste sich zu rächen. Er schüttete der Gattin des Unverschämten eine Flasche Champagner in den

Ausschnitt. Und bestrafte den vornehmen britischen Nachtclub, der ihm wegen seiner Herkunft keinen Tisch reservieren wollte, durch den Bau eines eigenen, noch luxuriöseren Clubs in unmittelbarer Umgebung.

Die Große Depression hinterließ in Schanghai, anders als in Amerika und Europa, kaum Spuren. Bis Mitte der dreißiger Jahre genossen die Reichen und Schönen das »beste Hotel und das aufregendste Nachtleben der Welt« (so ein zeitgenössischer Reiseführer). Noch einmal profitierte Schanghai, inzwischen eine der fünf größten Städte der Welt, von der Energie und Arbeitskraft der zahlreichen Flüchtlinge und Immigranten und dem Strom der zwanzigtausend aus Deutschland geflohenen Juden. Nie gab es so viele Kaffeehäuser, Bars, Musiksalons, aber auch bettelarme Rikschafahrer wie 1937.

Doch der Krieg zwischen Tschiang Kai-schek und Tokio rückt immer näher. Am 12. August 1937 stampft unter Führung des Kreuzers »Idzumo« eine Flotille von 26 Kriegsschiffen den Huangpu hinunter bis an den Bund. Die Gäste in der Rooftop-Bar des Luxushotels halten den Atem an. Noch fällt kein Schuss. Aber zwei Tage später bricht die Welt des alten Schanghai endgültig zusammen. Kampfflugzeuge kreisen über der Uferpromenade, unmittelbar vor dem Hoteleingang des Cathay wie auf dem Dach des gegenüberliegenden Palace (ein Viersternehotel, auch in Sassoon-Besitz) schlagen Bomben ein. Ein roter Blitz durchzuckt den Himmel. Chaos, Schreie. Augenzeugen erinnern sich später, wie sie wie in Trance durch die Stadt getaumelt sind, überall zerfetzte Körper und Blut. 729 Menschen sterben, 861 werden verwundet. Feuerwehr und Rettungskräfte kommen nicht durch, weil wenige hundert Meter weiter die Nanjing-Straße hinauf ein aus den Flugzeugen abgeworfener Sprengsatz detoniert. Noch einmal 1011 Tote, 570 Verletzte – die höchste Zahl an zivilen Opfern, die bis dahin jemals ein Kriegstag gefordert hatte.

Die genauen Ursachen des Blutbads wurden nie aufgeklärt, fest steht nur, dass es keine japanischen Bomben waren, die einen Teil Schanghais in Schutt und Asche legten. Hatten die Piloten des Generalissimo Tschiang in Panik gehandelt oder war der Angriff gar ein grausames Kalkül, um westliche Mächte an diesem »Blutigen Sonntag« zum Eingreifen an nationalchinesischer Seite zu bewegen? Die Ausländer flohen jedenfalls in großer Zahl. Der Hafen war nun oft gesperrt, die Wirtschaftsleistung sank binnen eines Jahres um 55 Prozent. Tschiang Kai-schek verlor den Krieg um Schanghai, die Japaner setzten eine Marionettenregierung ein.

Am 8. August 1941 – einen Tag nach Pearl Harbour – übernahmen die Soldaten des Tenno dann auch die Internationale Niederlassung am Bund mitsamt den beiden Hotels von Victor Sassoon. Im Januar 1943 schließlich verzichteten die ausländischen Mächte endgültig auf ihre Ansprüche. Damit hatte die genau hundert Jahre dauernde Vorherrschaft der Westler über Schanghai ein Ende – freilich auf andere Weise, als sich die Chinesen das gewünscht und gedacht hatten.

Der Zweite Weltkrieg endete für die Stadt am Huangpu und für ihr Luxushotel, in das sich die Besatzer einquartiert hatten, relativ unspektakulär. Unmittelbar nach der Kapitulation zogen die Japaner Anfang September 1945 aus Schanghai ab. Die Kuomintang unter Tschiang verschmolz die chinesische Stadt mit den früheren Konzessionen zu einer Stadt der »Nationalistischen Administration«. Die Kommunisten, zwischenzeitlich (bis 1941) Verbündete im Kampf gegen die japanischen Aggressoren, wurden nun so verbittert wie in den zwanziger Jahren als Feinde verfolgt.

Der Generalissimo nutzte die Gewinne aus den wiedereröffneten Fabriken zum Bürgerkrieg gegen seinen Rivalen Mao Tse-tung. In der Stadt herrschten einmal mehr Willkür und Grausamkeit. Gangsterbanden lauerten reichen Ausländern auf, teilten sich mit den korrupten Tschiang-Vertrauten die Beute. Sir Victor Sassoon erkannte, dass es Zeit war zu gehen. Er verkaufte 1948 seine Schanghaier Besitzungen einschließlich des Cathay zu niedrigen Preisen und verlegte seinen Firmensitz auf die Bahamas. »China hat mich aufgegeben und ich habe China aufgegeben«, sagte der Tycoon zum Abschied und nahm, bei einem letzten Drink, Abschied von seinem einstigen Luxushotel. Er starb 1961 in Nassau als Multimillionär, aber mit gebrochenem Herzen – ohne China und sein Cathay noch einmal wiedergesehen zu haben.

In ihren letzten Tagen überzogen die Nationalisten Schanghai noch einmal mit Mord und Totschlag, alle kommunismusverdächtigen »Verräter« wurden öffentlich erschossen. Als sie merkten, dass die Niederlage nicht mehr abzuwenden war, packten Tschiang und seine Generäle ein, was nicht niet- und nagelfest war und flohen auf die Insel Formosa. Am 24. Mai 1949 zogen die Truppen Maos in der Stadt ein – meist Bauernjungen, die so eine Stadt wie dieses Schanghai, dekadent, mächtig, selbst in seinem Niedergang grandios, noch nie gesehen hatten.

Schwer zu ermessen, wer in den ersten Stunden der kommunistischen Machtübernahme wen misstrauischer beäugte: die Eroberer die Eroberten, oder umgekehrt. Die kommunistischen Krieger weigerten sich von den neugierigen, aber durchaus positiv gestimmten Städtern auch nur eine Tasse Tee anzunehmen; sie trugen in ihren zerschlissenen Rucksäcken, viele auch auf mitgeführten Maultieren ihre eigene Notverpflegung: heißes Wasser und getrocknete Heuschrecken. Fürchteten sie vergiftet zu werden? Genierten sie sich angesichts ihrer Lumpenkleidung vor den seidengewandeten Reichen? Und die sophisticated Shanghainese auf der anderen Seite: Belächelten sie insgeheim diese primitive Bauernarmee? Ängstigten sie sich vor der kommunistischen Rache an der »dekadenten Bourgeoisie«?

Überliefert ist, dass Maos Truppen in Victor Sassoons Hotel erst einmal ehrfürchtig stehen blieben: So viel Pracht hatten sie noch nie gesehen. Dann aber sicherten sie Stockwerk für Stockwerk, Zimmer für Zimmer. Legten sich in die marmornen Badewannen. Lagerten den ihnen servierten Reis in den ihnen gänzlich unbekannten Toiletten – bis einer mal aus Versehen die Spülung betätigte. Innerhalb weniger Jahre überzogen die neuen Herren die Stadt mit einer Kampagne gegen »Übel und Ausschweifungen«: Alle Bars und Bordelle wurden geschlossen, die Prostituierten in Umerziehungslager gesteckt, die Pferderennbahn diente als Grundstück für den »Volkspark«. Kaufleute wurden enteignet, Unternehmer vor Gericht gestellt – Schanghai wandelte sich zu einem »Paradies der Proletarier«. In der ehemaligen Stadt der Sünde gingen im wahrsten Sinn die Lichter aus. Aber immerhin erhielten jetzt auch die Ärmsten eine Schulbildung, wie ideologisch gefärbt auch immer sie sein mochte.

Sir Victors Luxushotel blieb von den Veränderungen nicht verschont. Die westlichen Nachfolgebesitzer verzichteten schon bald nach der kommunistischen Machtergreifung »freiwillig« auf das Gebäude, vermachten es der Stadtverwaltung gegen die Zusicherung von Auslandsvisa. 1953 wurde das Cathay (mit dem gegenüberliegenden Palace) als Hotel neugeboren: Es hieß nun Peace (»Heping Fandian«). Und wurde für Kader aus Peking und die wenigen ausländischen Staatsgäste wieder das erste Haus am Platz – natürlich im Besitz und unter der Kontrolle der Kommunistischen Partei. Da Luxus und westliche Lebensart als verpönt, wenn nicht gar strafbar galten, verfiel der Glanz ein wenig. Aber immerhin zerstörten die Puritaner nicht die kostbaren Lalique-Glasfenster, die Fresken, das Art-déco-Mobiliar.

Mao und sein Politbüro legten ihr Misstrauen gegenüber dem einst so dekadenten Schanghai nie ganz ab; andererseits aber hatte die Stadt als Gründungsort der KP und Stätte von Arbeiteraufständen ja eine revolutionäre Tradition und war ihnen besonders ans Herz gewachsen. Der Große Vorsitzende entschloss sich aus diesen Gründen, Schanghai zur Speerspitze seiner kühnen Pläne bei der Schaffung eines revolutionär-anspruchslosen »neuen Menschen« zu machen. Er hievte in der Stadt am Huangpu besonders treue und radikale Parteigänger an die Macht, darunter seinen Propagandachef Zhang Chunqiao. Und startete von Schanghai aus seine Große Proletarische Kulturrevolution, um unter seinen ideologischen Widersachern aufzuräumen, Intellektuelle zur körperlichen Arbeit aufs Land zu verbannen, Schüler gegen ihre Lehrer aufzuhetzen. Aus dem Chaos sollte die Revolution gestählt hervorgehen – und die KP-Konkurrenz vernichtet.

Im November 1965 begab sich Mao selbst nach Schanghai, um den Angriff auf die ihm unbequem gewordene Pekinger Parteizentrale vorzubereiten. An seiner Seite war eine Gruppe von ihm bedingungslos ergebenen Fanatikern: Maos Frau Jiang Qing, der Propagandachef Zhang Chunqiao, der Journalist Yao Wenyuan, der Arbeiterführer Wang Hongwen. Später wurde das Quartett als »Viererbande« weltberühmt. Die Revolutionäre hatten zwar proletarische Bescheidenheit auf ihre Fahnen geschrieben, aber sie tagten und speisten besonders gern in dem Relikt der Bourgeoisie – im Peace Hotel am Bund. Dort wurde beschlossen, eine Million Schanghaier Jugendliche zur Landarbeit in die Provinzen zu schicken, »Rechtsabweichler« mit Kontakten zum Westen in Narrenkappen durch die Straßen zu führen und anspucken zu lassen, den Jiangan-Tempel zu zerstören, die Xujiahui-Kathedrale zur Müllhalde umzufunktionieren. Es ist zu vermuten, dass die Kostbarkeiten der Art-déco-Epoche im Peace nur deshalb der Zerstörungswut der Viererbande entgingen, weil sich die drei Herren und die Dame selbst an Schönheit durchaus zu erfreuen wussten.

»Besonders der Arbeiterführer Wang aus dem Kreis der Viererbande war oft bei uns im Restaurant und ließ sich vom Feinsten servieren«, erinnert sich Ye Guanchen, der heutige Generaldirektor des Peace Hotels. »Und doch kontrollierte nicht einmal die Viererbande alles, wir hatten bei der Verteidigung des Hauses alle Hände voll zu tun«, erinnert sich der heutige Peace-PR-Chef Ma Yongzhang und beugt sich zu seinem Genossen. »Weißt du noch, wie einmal aufgewiegelte Rote Garden den Eingang stürmen wollten und wir ihn gerade noch mit Mühe verbarrikadierten?« Der Direktor nickt, Schweiß tritt auf seine Stirn, als müsste er das Vergangene noch einmal erleben. Ye und Ma, heute Mitte fünfzig, waren damals noch als Teenager in die Hoteldienste eingetreten, der eine als Kellner, der andere als Liftboy. Sie haben Karriere gemacht, indem sie sich, wie sie kryptisch sagen, »selbst treu blieben«.

Wenige Tage nach Maos Tod im Jahr 1976 kam auch das Ende der Viererbande. Ihren Mitgliedern wurde der Prozess gemacht, sie verschwanden für den Rest ihres Lebens hinter Gittern. Wie anderswo wurden auch in Schanghai die Führungskader ausgewechselt und zumeist durch rehabilitierte Opfer der Kulturrevolution ersetzt. Es dauerte über ein Jahrzehnt, bis Schanghai in seine führende Rolle als größte Wirtschaftsmetropole zurückfand. Zwar durfte im Peace ab 1980 die Jazzband wieder spielen, aber Deng Xiaopings Reform- und Öffnungspolitik gen Westen wurde zuerst in anderen Städten an der Küste erprobt: in Guangzhou, in Xiamen, in Wenzhou und in den neu eingerichteten Sonderwirtschaftszonen am Perlflussdelta. Erst 1990, als Deng öffentlich verkündete, er habe einen »großen Fehler« begangen, als er Schanghai bei seinen Wirtschaftsreformen links liegen ließ, ging es in der Stadt am Huangpu aufwärts.

Dann allerdings umso rasanter: Schanghai wurde der Platz mit den meisten Baukränen der Welt, internationales Kapital strömte zurück und begann aus Schanghai wieder eine Weltstadt zu machen. Die Hiltons, Intercontis, Shangri-Las und Hyatts brachten internationalen Hotelluxus in die Stadt und ließen die große alte Dame Peace old-fashioned und ein wenig runzlig erscheinen. Verschiedene westliche Hotelketten bemühten sich um das Traditionshaus am Bund, träumten davon, aus dem Peace ein vornehm restauriertes Raffles oder Peninsula zu machen – doch Chinas halbstaatliches Jin-Jiang-Hotelkonglomerat erwies sich bis heute als widerstandskräftig und verkaufte nicht. Die Stadtverwaltung nahm das Peace in die Liste der schützenswerten Nationalmonumente auf.

Und doch glauben viele, es sei nur eine Frage der Zeit (und des Geldes), bis irgendein westliches Unternehmen den alten Luxusschuppen in seine Hände bekommt. Und perfekt bis perfektionistisch aufpoliert. Die Lalique-Kostbarkeiten: ausgeleuchtet; die Topfpflanzen auf den Stockwerken: entsorgt; die etwas muffigen, meist riesigen Zimmer mit den schweren Gardinen: total entrümpelt und auf Hightech getrimmt. Bis jetzt hat das Peace erst westliche Preise, aber keinen westlichen Luxus und dürfte statt fünf Sternen allenfalls vier haben. Aber es besitzt etwas Unersetzliches: Atmosphäre. »Eine Nacht in unserem Hotel zu verbringen ist wie auf einem Zauberteppich an einen fernen Ort in der Geschichte zu fliegen«, sagt poetisch der Generaldirektor aus Kulturrevolutionszeiten. Er durfte in den letzten Jahren jede Menge Politprominenz begrüßen: die Präsidenten Italiens, Brasiliens, Argentiniens, Finnlands und Mexikos. Und Staatschef Jiang Zemin führte die US-Präsidenten George Bush senior wie Bill Clinton in das Hotel, das Frieden heißt.

Ein letzter Rundgang. Ye und Ma, die statt blauem Mao-Drillich wie in ihren Peace-Anfangsjahren längst blauen Maßanzug tragen, sind so stolz wie Schuljungen, die ihre erste Freundin vorzeigen. Sie wollen die neun Nationalsuiten präsentieren, Schmuckstücke unter den heute 350 Zimmern. Die Suiten wurden seit dem Gründerjahr 1929 fast unverändert gelassen, und dass es gerade neun sind, hat mit den Hauptnationen zu tun, die in der Ära Sassoon in Schanghai vertreten waren: Chinesen, Briten, Franzosen, Japaner, Amerikaner, Italiener, Deutsche, Spanier und Inder. Immerhin fünf der 520 Dollar teuren Suiten – mit je einem Vorraum, Speise- und Schlafzimmer – sind belegt. Die französische ist ausgestattet mit plüschigen Sesseln und Louis-Quatorze-Möbeln, die indische protzt im Maharadscha-Stil, die japanische imponiert mit fantasievollen Tempelfiguren. Alles ein wenig überladen, muffig, vorgestrig. Und doch fast rührend in seinem überbordenden Luxus.

Wann immer sie in ihrer Geburtsstadt Schanghai ist, kommt die in den USA eingebürgerte Schriftstellerin Anchee Min ins Peace Hotel. »Das ist ein Ritual für mich«, sagt sie. Anchee hat eine besondere Beziehung zu dieser Stadt: Als vierzehnjährige, feurige Rotgardistin denunzierte sie hier einst ihre Lehrerin als »bourgeoises Element« – die Pädagogin hatte im Unterricht Hans Christian Andersens staatszersetzendes Märchen vom Kaiser ohne Kleider vorgelesen und musste dafür ins Gefängnis. Die verblendete Anchee hatte sich danach freiwillig zum mehrjährigen Ernteeinsatz aufs Land gemeldet und wäre in den Sumpfgebieten des Nordostens fast verhungert. Dann wurde sie in der Kommune als Schauspielerin entdeckt, sollte – zurück in Schanghai – in einem Propagandafilm Madam Mao darstellen. Doch als die Dreharbeiten gerade beginnen sollten, starb der Große Vorsitzende. Anchee Mins Gönner fielen in Ungnade, das Projekt wurde abgesetzt, die Mao-Gattin angeklagt. Die übereifrige junge Parteigängerin wurde nun für ihren Politeinsatz verspottet und gedemütigt. Sie musste die Böden im Filmstudio schrubben.

Nach Jahren der Erniedrigung konnte Anchee mit der Hilfe einer prominenten Schauspielerfreundin Ende der achtziger Jahre in die Vereinigten Staaten ausreisen. 1992 durfte sie zum ersten Mal wieder zurück, ihren Vater besuchen. Ganz in der Nähe vom Peace Hotel hat sie auch ihre Lehrerin getroffen und die gebrochene alte Frau um Verzeihung gebeten. »Sie müssen sich irren«, sagte die pensionierte Pädagogin kühl. »Sie waren nie meine Schülerin.« Diese Worte haben sich in Anchee Min eingebrannt, ihnen glaubt sie nie mehr entkommen zu können.

Ihre Biografie »Rote Azalee« wurde ein Welterfolg, die nächsten Bücher vermochten daran nicht einmal annähernd anzuknüpfen: Anchee kann nichts anderes als Schanghai und die Kulturrevolution zu variieren, sie hat kein anderes Thema. Das Hotel ist ihr ein liebenswertes Relikt. Sie empfindet es fast als persönliche Kränkung, dass die jungen Schriftstellerinnen wie »Shanghai Baby«-Autorin Wei Hui heute nur Konsum und Sex im Kopf haben und statt des Peace Plätze wie die allerweltsmoderne M-on-the-Bund-Bar bevorzugen. »Aber vielleicht ist es nur konsequent, dass auch in Sachen Egomanie und Nihilismus Schanghai wieder Avantgarde ist«, sagt Anchee Min. Sie tröstet sich damit, dass dieser Koloss den Stürmen aller politischen Entwicklungen standgehalten hat wie ein verlässlicher Freund. Hofft, dass es so bleibt. »Give Peace a chance.«

Noch besser freilich als der John-Lennon-Song passt ihrer Meinung nach ein älteres Lied zu dieser Stadt und seinem Vorzeigehotel. Zynisch ist es, illusionslos, merkantil.

Me no worry
Me no cry
Me going to marry a millionaire
And if he die
Me no cry
Me going to marry another guy.

HOTELBEWERTUNG:

NOSTALGIEFAKTOR: *****
LUXUSFAKTOR: ***
WOHLFÜHLFAKTOR: ****
PREIS-LEISTUNGS-FAKTOR: ***
ADRENALINSTOSS-FAKTOR: **

Adresse:
Peace Hotel Shanghai
20 Nanjing Road (E),
Schanghai, China.
Telefon: 0086-21-632-16888
Fax: 0086-21-632-90300
E-Mail: sales@shanghaipeacehotel.com

Zimmer:
Einzelzimmer ab 120 US-Dollar,
Doppelzimmer ab 160 US-Dollar
plus 15 Prozent Steuern

Oloffson, Port-au-Prince

Der Alligator im Swimmingpool

Graham Greene hat lange im Oloffson gewohnt und dem Hotel in seinem Haiti-Roman »Die Stunde der Komödianten« eine Hauptrolle gegeben. Noch immer trinkt Greenes zwielichtiger Informant in der Hotelbar - mit CIA-Agenten, Voodoo-Fans und neuen wie alten Propagandisten der Diktatur.

Es muss etwas dran sein an einem Hotel, das Mick Jagger zu seinem Song »Emotional Rescue« inspirierte, das der Karikaturist Charles Addams vom *New Yorker* gleich zweimal für seine Flitterwochen nutzte (dieselbe Suite, unterschiedliche Frauen) und in dem ein Vorgänger des heutigen Hotelbesitzers Alligatoren im Swimmingpool aussetzte, bevor er in einem Anfall geistiger Umnachtung seine Zigarren aufaß und daran erstickte.

Nicht zu vergessen, dass hier im Oloffson die Diktatorenfamilie der Duvaliers ein- und ausging, der schreckliche Papa Doc, der stupide Baby Doc und die schöne Michèle, mitsamt ihren Tontons-Macoute-Geheimdienstlern und den Voodoo-Priestern; an den Abenden, an denen sie nicht kamen aber versammelten sich in der Hotelbar die Oppositionellen, stumm unter den surrenden Ventilatoren, ängstlich geheime Codes auf Zetteln austauschend, denn die Duvaliers hatten ihre Ohren überall. Und bei Entdeckung drohte das Erschießungskommando oder, viel schlimmer, die Folter in mittelalterlichen Streckwerkzeugen oder sogar in siedenden Kesseln.

Graham Greene hat das Oloffson Freunden gegenüber einmal als sein Lieblingshotel bezeichnet, in seinen Mauern hat er ein wunderbares Buch recherchiert und wohl teilweise auch geschrieben: »Die Stunde der Komödianten« heißt der Roman. Durch ihn hat der Autor dem Hotel, zum »Trianon« umgetauft, ein literarisches Denkmal gesetzt: »Mit seinen Türmchen und Balkonen und hölzernen Verzierungen aus Gitterwerk wirkte es nachts wie ein verwunschenes Haus. Man erwartete, dass eine Hexe oder ein irrsinniger Butler einem die Tür auftat, hinter sich eine Fledermaus, die vom Lüster herabhing.«

Ich weiß noch, als ich 1985 zum ersten Mal ins Oloffson kam, erschöpft vom langen Flug, dem Chaos in der Gepäckhalle, der mit Schlaglöchern übersäten Straße vom Duvalier-Airport durch die unsäglichen Slums in die Innenstadt. Ich bog im Zentrum von Port-au-Prince in die Rue Capois, ließ den Präsidentenpalast in seinem provozierenden Colgate-Weiß rechts liegen, einige hundert Meter Anstieg – und da tauchte das Hotel auf wie eine Fata Morgana, mit Springbrunnen, Swimmingpool und Palmen. Mein erster Gedanke: Der große Greene hat uns etwas vorgemacht. Von wegen Haus des Horrors – ein fantastisches Märchenschloss ist das, als sei's entworfen für die Gebrüder Grimm (oder Walt Disney), ein karibisches Pfefferkuchenhäuschen, weiß eingefasst, wie mit Sahnespritzern verziert.

Durch die Eingangshalle mit den Rattanmöbeln und den naiven Bildern an der Wand schlurfte der Hotelpage Joseph, unverständliches Kreolisch murmelnd, mit meinem Gepäck eine knarrende Treppe hinauf. Man hatte mir die John-Gielgud-Suite gegeben. Der Blick von meinem großen Balkon im ersten Stock fiel hinunter in die Stadt, weit genug entfernt, um nicht ihr Grauen zu zeigen; ein wenig auch hinüber auf die Zuckerbäcker-Hotelfassade mit den ziselierten Balkonen und Balustraden. Es war einfach überwältigend. Erst auf den zweiten Blick sah ich, wie heruntergekommen das Oloffson war; die Bettwäsche geflickt, das Glas der Nachttischlampe angebrochen, der krummbeinige Tisch mit einem Holzstückchen nur notdürftig repariert. Über den Balkon huschte eine Ratte.

Auf eine der Liegen am Pool, umgeben von wilden Bougainvilleasträuchern, hatte sich eine einheimische Schönheit im Spitzenkleid zur Siesta gelegt, Dornröschen auf haitianisch. Der Page flüsterte ihr etwas zu; verlegen stand sie auf, strich ihr Kleid zurecht und klopfte zwei Minuten später an die Tür. Sie sei die Empfangsdame, sagte sie, und reichte einen Rum Punch. »Sorry, dass es so lange gedauert hat. Aber ich sah Sie nicht kommen und wir hatten auch nicht mit einem Gast gerechnet. Das Hotel ist leer, der Bürgerkrieg ...«

Gegen Abend veränderte das Oloffson seinen Charakter. Schwere, schwarze Gewitterwolken zogen auf, tropischer Regen prasselte nieder, mal fiel die Elektrizität aus, mal kam sie nur flackernd wieder. Auf der Terrasse, wo Essen serviert werden sollte, zündeten die Angestellten Kerzen an. Die Palmen warfen zuckende Schatten – und plötzlich wirkte bizarr und bedrohlich, was mir gerade noch verwunschen und verspielt vorgekommen war. Und dann diese Geräusche: In das Hupen der Autos von der nahen Straße, das Krächzen der Tropenvögel im Garten, mischte sich ein dumpfer, klagender Laut; das musste die »Lambi« sein, die Seemuschel, von der ich gelesen hatte. Sklaven hatten sie früher geblasen, um sich zu ihrem Aufstand zusammenzurotten, und auch in Zeiten der Duvalier-Diktatur galt die Lambi als Zeichen der Opposition zu einem geheimen Treffen oder zu einer Voodoo-Zeremonie auf dem Friedhof. Ich zog mich schnell um und ging hinunter zum Essen. Vielleicht lag Greene ja doch nicht so falsch und das Oloffson hatte etwas von einem Spukschloss.

Das Restaurant auf der Veranda mit seinen weißen Korbstühlen und den bunten Tischdecken war gähnend leer – nur in einem Eck, mit Blick auf die Bar und zum Pool, ging es hoch her. Ein Kellner entfernte zwei ausgetrunkene Champagnerflaschen und öffnete gerade die dritte. Alle vier am Tisch hatten Hummerschwänze auf ihren Tellern, dazu Reis und diverse Salate; schwarze Katzen strichen zwischen den Stühlen hin und her, in Erwartung ihres Anteils am Festmahl.

Eine junge Dame, brünett und braun gebrannt, lud mich ein, doch auch Platz zu nehmen. Stühle wurden gerückt, man machte sich bekannt. Die Dame war von *Paris Match* und auch die beiden Männer ihr gegenüber waren Kollegen, von den Nachrichtenmagazinen *Time* und *Newsweek*. Der Vierte am Tisch, ein älterer Herr mit einer umgehängten Leica, stellte sich als Tourist aus Virginia vor.

»Aus Langley, Virginia«, sagte *Time* mit besonderer Betonung, und alle lachten.

Der Graumelierte hob die Hände, als wolle er sagen, so sind sie eben, diese Reporter. Kaum kommt mal einer aus dem schönen Virginia und will sich nur mal so privat umgucken im Bürgerkrieg von Haiti, und schon wird er der CIA-Zentrale zugeordnet. Aber irgendwie hatte der Mann mit der stets griffbereiten Leica keine Lust auf ein Dementi und das Abspulen seiner Legende. Er hob resigniert die Hände – als wollte er sagen: In diesem Kreis glaubt mir doch sowieso keiner. *Newsweek* turtelte mit *Paris Match* und gab ein bisschen an mit seinem Interviewtermin: Michèle, Baby Docs Gattin und für viele die heimliche Herrscherin im Palast von Port-au-Prince, hatte schriftlich zugesagt. »Nur schade für dich, dass die First Lady gerade mal wieder mit ein paar Koffern voll Geld nach Paris gefahren ist, auf Shoppingtour. Ab New York übrigens mit der Concorde«, warf *Time* ein bisschen gehässig ein.

Der Hummer schmeckte köstlich, der Champagner floss. Aber die unheimlichen Muschelklänge wurden lauter. »Kommt von dem nahen Friedhof her. Oder vom Krankenhaus in der übernächsten Straße«, sagte *Time*. Wir lauschten. In die Stille hinein ein knackendes Geräusch, das sich zwei-, dreimal wiederholte. »Fehlzündungen?«, fragte ich. Das amüsierte die Tischnachbarn. »Nein, und auch kein Feuerwerk. Das sind Schüsse, und zwar ziemlich nah«, sagte *Newsweek*.

Der Mann aus Virginia sprang auf: »Sollen wir nachsehen?« Aber die anderen zögerten. Es hatte wieder zu regnen angefangen. Das Licht flackerte bedrohlich. Keiner schien große Lust zu haben, unsere heimelige kleine Welt gegen die böse dort draußen zu tauschen. Einige Zeit saßen wir so da, resigniert, mit einem Hauch von schlechtem Gewissen. Gegen Mitternacht begannen wir uns zu verabschieden.

Da stand wie aus dem Nichts ein schmaler, dunkelhäutiger Mann vor uns, der lautlos, schattenlos über die große Treppe den Tropengarten heraufgekommen sein musste. Er wirkte absurd in seinem weißen Anzug, mit den weißen Schuhen und mit seinem weißen, silberverzierten Stock. Als würde sich gleich der Vorhang für die Oscar-Verleihung öffnen und es gelte noch, sein Aussehen zu überprüfen, wischte er den Schlammspritzer von seinen weißen Socken ab, zupfte mit einer eleganten Geste sein Brusttüchlein zurecht. »Ach, Ihr Lieben, Ihr meine Augensterne! Ich wette, Ihr habt mich schon vermisst. Was ist auch ein Abend ohne Aubelin – eine Suppe ohne Salz, eine Palme ohne Frucht …« Dabei beugte sich der Mann theatralisch zum Handkuss über *Paris Match*.

»Eher wie eine Rose ohne Dorn«, sagte die junge Dame lachend und entwand sich seinen Zärtlichkeiten. »Lass das, Aubelin, du Gigolo der Ghettos. Erzähl lieber, was los ist in der Stadt.«

»Gerne. Aber einerseits regnet es, andererseits ist es hier auf der Veranda reichlich trocken. Wer bestellt Champagner?« Er ließ die Äuglein wandern. Und sagte nun, zu mir gewandt: »Die Frage nach der Rechnung ist hiermit geklärt – wir haben einen Neuzugang. Voilà, Monsieur.« Eine angedeutete Verbeugung, bühnenreif. »Ich bin Aubelin Jolicœur, der Mann, der Graham Greene unsterblich machte – obwohl mein Freund es immer andersherum sah. Ich bin sein Petit Pierre aus den ›Komödianten‹, der Konfident des großen Schriftstellers. Doch davon später.« Er tänzelte davon.

»Und außerdem ein Superspitzel der Duvaliers beziehungsweise ein tapferer Oppositioneller, je nachdem, welcher Wochentag gerade ist«, sagte *Newsweek* leise, während der Mann im weißen Anzug an der Theke angekommen war und auf meine Rechnung Moët & Chandon für alle bestellte.

»Ach, wie ich das Oloffson liebe, es ist mein zweites Wohnzimmer. Ich gehöre hier zum Inventar, müssen Sie wissen«, plapperte Jolicœur bei seiner Rückkehr weiter. Im Schlepptau hatte er Keith, den britischen Manager, und Suzanne, die Hotelpächterin. Sie hörten wie wir anderen aufmerksam zu. Jolicœur hatte vor kurzem im Tourismusministerium eine Direktorenstelle bekommen, er arbeitete als Zeitungskolumnist. Er wusste viel und erklärte – nun ganz ernst, ganz seriös – die Nachrichtenlage. »Es sind nur einige Scharmützel, kaum mehr als ein Dutzend Tote. Ein Tag wie jeder andere, bedrohlich für die Regierenden, aber noch nicht richtig gefährlich. Schlechter war es in Haiti selten und besser wird es wohl nie, mes amis, certainement pas.«

Aubelin alias Petit Pierre wusste mehr über die Geschichte des Landes, als es dieser flapsige Satz verriet, so viel war mir klar, als wir uns nach Mitternacht verabschiedeten. Wir verabredeten uns für den nächsten Tag. Ich würde es nicht bereuen, sagte er jovial. »Dann erzähle ich von diesem merkwürdigen Dreiecksverhältnis: Papa Doc, Graham Greene und ich. Und von diesem wunderbaren Hotel Oloffson hier, unserem Zeitzeugen.«

Haiti à la Jolicœur: Natürlich waren das auch Glanzzeiten – allerdings immer nur für eine Elite. »Die einfachen Leute aber haben die Geschichte des Landes meiner Meinung nach immer als eine bittere Aneinanderreihung von Leiden erlebt«, sagte er.

So die einheimischen Arawak-Indianer, die von den Spaniern nach der Entdeckung der »Hispaniola« genannten Insel durch Kolumbus im Jahr 1492 systematisch ausgerottet wurden (ihr westliches Drittel ist heute Haiti, der Rest die sehr viel reichere Dominikanische Republik). Dann die afrikanischen Sklaven, die nach der französischen Eroberung des Eilands zu Hunderttausenden aus Guinea und Dahomey in die

Karibik geholt wurden. Die Kolonie Saint Domingue wurde durch ihre Plackerei Frankreichs einträglichste Besitzung, Objekt des Neides anderer Kolonialmächte; eine »Exportfabrik«, die Ende des 18. Jahrhunderts zwei Drittel des Kaffees der Welt produzierte und fast die Hälfte allen Zuckers. Im französischen Revolutionsjahr der »Freiheit, Gleichheit und Brüderlichkeit« von 1789 herrschten vierzigtausend Weiße über fünfhunderttausend afrikanische Sklaven. Die Plantagenbesitzer ließen ihre Arbeiter mit Zinnmasken schuften, damit sie nicht vom Zuckerrohr naschen konnten, oft vierzehn Stunden am Tag. Wer nicht spurte, wurde ausgepeitscht oder mit heißem Öl übergossen und angezündet.

Die schwarzen Sklaven aber hielten zusammen, ihr mächtigstes Bindeglied war die Naturreligion des Voodoo mit seinen geheimnisvollen Göttern, Geistern und Zeremonien. Es war kein Zufall, dass sie ein Houngan, ein Voodoo-Priester, zum Aufstand anstacheln konnte. Nach vierzehn Jahren führte der erbitterte und blutige Kampf 1804 schließlich zum Sieg – und zur ersten schwarzen Republik der Weltgeschichte. Doch sie hatte nie eine Chance. Die Politiker aus den amerikanischen Südstaaten verhinderten aus Angst vor einer »Ansteckung« ihrer Sklaven bis 1862 die Anerkennung Haitis durch Washington, belegten die Insel mit einem Handelsembargo. Der Wirtschaftsboykott hatte furchtbare Folgen für Haiti. Das Land wurde parzelliert, der Boden ausgelaugt, der Wald abgeholzt. Schnell wechselten die Präsidenten, meist Mulatten, die sich als neue Elite fühlten und wie einst die weißen Kolonialisten nur eines im Sinn zu haben schienen: sich auf Kosten der schwarzen Landarbeiter zu bereichern, sich prächtige Herrenhäuser zu bauen.

Die schönste, kostbarste, teuerste Villa über Port-au-Prince ließ sich die Präsidentenfamilie Sam im letzten Jahrzehnt des 19. Jahrhunderts bauen – daraus wurde später das Hotel Oloffson.

Doch bevor das Haus für Gäste geöffnet wurde, zogen erst noch die Besatzer ein. Haiti war um 1900 in Anarchie und

Gewalt versunken: Präsidenten kamen und gingen im Sechs-Monats-Takt, einer wurde vergiftet, ein anderer mit Dynamit in die Luft gejagt. Einen besonders unschönen Tod fand Präsident Sam: Nachdem er ein Massaker an demonstrierenden Hauptstädtern befohlen hatte, lauerten ihm aufgebrachte Bürger vor der französischen Botschaft auf und trieben ihm die Eisengitterstäbe durch den Körper, bevor sie seine Leiche in Stücke rissen.

Die Amerikaner sandten 1915 ihre Marines auf die Insel, wohl weniger wegen der Anarchie als aus Angst davor, dass die Deutschen ihnen zuvorkommen und auf Haiti einen Militärstützpunkt errichten könnten. Sie waren stets halb hingerissen, halb abgestoßen von der Karibikinsel. »Mein Gott, Nigger, die Französisch sprechen«, rief der US-Außenminister William J. Bryan einmal verzweifelt aus. Die Gringos blieben fast zwanzig Jahre, quartierten sich in der schönen Villa über Port-au-Prince ein; nutzten sie später, als die Übergriffe der Einheimischen überhand nahmen, auch als Krankenhaus für ihre Verletzten. 1935 übernahm der legendäre norwegische Kapitän Oloffson die Pacht für das Haus und richtete die ersten Gästezimmer ein. Sein Nachfolger war der Mann, der – mit Alligatoren im Pool – dann nach eigenen Angaben »das erste Hotel von Exzentrikern für Exzentriker« daraus machte.

Die Bilanz der Okkupationsmacht ist nach Aubelins Meinung durchwachsen, andere sehen die Besatzungszeiten als eine Zeit relativer Ruhe und Ordnung. Die Insel blieb jedenfalls arm, ihr Schicksal fremdbestimmt; bis 1947 behielt sich Washington sogar die Kontrolle über Haitis Finanzen vor. Aber immerhin ermöglichten die Amerikaner durch Ausbildungsprogramme wenigstens einigen der unterprivilegierten Schwarzen das Studium an der Universität von Port-au-Prince. Tragischerweise förderten sie auch einen zum Größenwahn, zur Grausamkeit und zum Voodoo-Zauber neigenden jungen Mediziner – Doktor François Duvalier, Sohn eines kleinen Justizbeamten und einer dem Wahnsinn verfallenen Mutter. Er brachte es im Kabinett des autokratisch regierenden Präsidenten Magloire Anfang der fünfziger Jahre zum Staatssekretär im Ministerium für öffentliche Gesundheit und Arbeit.

Aubelin Jolicœur ist Duvalier schon früh in seinem Leben begegnet. Es war ein zufälliges Treffen, bei einer Visite des Landarztes in dem kleinen Ort Jacmel. Dort wurde Aubelin 1923 geboren, dort wuchs er auf, wohl behütet von seinen Eltern, die einen einträglichen Handel mit Kaffee und Kakao betrieben und ihn zur höheren Schule in die Hauptstadt schickten. Er war begabt und begeisterte sich für die französischen Klassiker wie für große Abenteuerromane. Er interessierte sich für Politik, aber hatte keinerlei feste Überzeugungen. Er wollte etwas erleben und selbst darüber schreiben – als eine Art neuer Graf von Montecristo. »Meine Berufung: Schriftsteller und Spion«, schrieb Aubelin Jolicœur ins Klassenbuch.

Das hätte von Graham Greene sein können, geboren 1904, genau hundert Jahre nach der haitianischen Unabhängigkeitsfeier – am anderen Ende der Welt, in Berkhamsted, in der südenglischen Grafschaft Herfordshire. Auch er erlebte eine streng überwachte, zutiefst bürgerliche Kindheit. Wenn die Mutter in seinem Zimmer auftauchte, war ihm das ein »Staatsbesuch«; sein Vater war Schuldirektor, holte ihn in die eigene Anstalt und ließ ihn Klassenkameraden bespitzeln. Schon mit sechzehn Jahren landete der junge Mann beim Psychiater: Er spielte russisches Roulett mit dem Revolver seines Bruders, weil er »Manns genug sein wollte, die Verdammnis zu suchen«. Der Spießigkeit von Berkhamsted entfloh Greene zum Studium nach Oxford, verliebte sich dort in eine glühend überzeugte Katholikin. Er konvertierte – aber wohl nicht nur Viviennes wegen: Graham Greene suchte eine Religion, »an der ich das Böse in mir messen konnte«. Die römische Kirche schenkte ihm Regeln, die er brechen konnte, Rituale, die es zu parodieren lohnte. Sie lieferte dem jungen Romancier prächtige Requisiten – aber wohl lebenslang keinen moralischen Kompass.

Unbestritten ist sein frühes Interesse an der Spionage, der Lust am Doppelspiel, dem Flirt mit der Gefahr. Greene war noch keine zwanzig Jahre alt, als er sich heimlich mit der deutschen Botschaft in Verbindung setzte mit dem Vorschlag, für eine Oxforder Zeitung positive Artikel über den Weltkriegsgegner zu veröffentlichen. Anschließend bewarb er sich bei den Franzosen als deren geheimer Sachwalter. Damals wurde noch nichts aus seinem Agentendasein; aber er ließ nicht locker. 1941 heuerte Graham Greene dann offiziell beim britischen Geheimdienst MI-6 an. Er nannte seinen Arbeitgeber spöttisch »das beste Reisebüro der Welt« – und war bei aller Faszination für das Gewerbe ein lausiger Spion. Schon bei seiner Ausbildung ruinierte er mehrere Motorräder. Nach Sierra Leone geschickt, hatte er Schwierigkeiten mit dem Chiffriercode und blieb monatelang unerreichbar für die Zentrale (seine Agentennummer 59200 merkte er sich und gab sie später dem Romanhelden aus »Unser Mann in Havanna«). Immerhin bereicherte er die MI-6-Annalen um einen bizarren Vorschlag: Er riet, einen Bus als rollendes Bordell durch Westafrika zu schicken, um die Politiker als Kunden zu gewinnen und auszuhorchen. London lehnte ab, wohl ahnend, dass das »Greenehorn« sich bei seinen Informantinnen vor allem selbst die Hörner abstoßen wollte.

Die Agentenzeit lieferte dem Autor unbezahlbaren Stoff für seine Romane: Greene beobachtete das Tarnen und Täuschen meisterhaft. Seine Helden schilderte er als zerrissene, gequälte Seelen auf der Suche nach Erlösung. Ihm selbst waren die urchristlichen Rezepte wie Reue und Erlösung aber – wie er Freunden gestand – ein Gräuel. Ihn interessierte der Verrat als Herz aller Dinge, das Subversive als Tugend, die Illoyalität als letztmögliche Lebenslust: Deshalb vielleicht blieb Kim Philby, sein langjähriger Chef, auch noch sein Vorbild, als dessen Spionagetätigkeit für Moskau bekannt wurde. Greene wurde britischer Spion mit Büro in Portugal, zog mit seiner langjährigen Geliebten Cathérine durch Italien (und zum Sex hinter möglichst viele Kirchenaltäre, als müsste er dem Papst und sich selbst damit etwas beweisen), trank und experimentierte mit Drogen. Er erforschte, Anfang der fünfziger Jahre schon ein gefeierter Autor, neue Schauplätze für seine Geschichten. Er reiste nach Vietnam und erahnte dort hellsichtig die kommende Katastrophe für die »stillen« Amerikaner, die ihm zeitlebens verhasst waren. Aber eigentlich suchte Greene, wie er einem britischen Freund anvertraute, sein »Greeneland« in der Karibik: »Einen Staat, in dem alle Bestechungsgelder nehmen und ins Bordell gehen.«

Er fand Haiti. Er fand sein Alter Ego in dem Freund und Informanten Aubelin Jolicœur. Er fand 1954 das Oloffson.

Aubelins Karriere war für haitianische Verhältnisse bis dahin geradlinig und äußerst erfolgreich verlaufen. Er hatte sich mit seinen perfekten französischen und englischen Sprachkenntnissen und seinem eleganten Auftreten einen Topjob bei der führenden Zeitung *Nouvelliste* gesichert – als eine Art Michael Graeter von Port-au-Prince. Er beobachtete die heimische Highsociety und begrüßte die VIPs aus dem Ausland. An »Monsieur Haiti« – so auch der Name seiner Kolumne – führte kein Weg vorbei.

Aubelin Jolicœur war gerade erst dreißig, als er Graham Greene kennen lernte – vorgestellt vom amerikanischen Schriftstellerkollegen Truman Capote, den der haitianische Chef-Fremdenführer gerade betreute: »Aubelin, kennen Sie eigentlich den berühmten Autor von ›Die Macht und die Herrlichkeit‹ schon?« Greene war gerade angekommen und trank seinen ersten Rum Punch an der Bar des El Rancho, wo er auch übernachten wollte. »Falls Sie nicht noch was Aufregenderes kennen«, sagte Greene. Jolicœur kannte. Half gleich beim Kofferpacken. Schleppte den Mann ins Oloffson – der Beginn einer fast wunderbaren Freundschaft.

Das Hotel Oloffson war damals schon gesellschaftlicher Treffpunkt der Oberschicht geworden. Der französische Fotograf Roger de Coster und seine haitianische Frau Laura hatten die Pacht übernommen, die Zimmer restauriert, den Alligatorenpool gereinigt und die Tiere in den Zoo verfrachtet. Fast jeden Abend gab es auf der Terrasse eine Party. Aubelin übernahm für Greene die Aufgaben eines Cicerone: Er stellte dem Schriftsteller diejenigen der Schönen, Reichen und Regierenden vor, die er kennen lernte wollte. Ansonsten ließ er ihn in Ruhe beobachten – und zeigte ihm, auf besonderen Wunsch, dann auch das beste Bordell der Stadt: Chez Georgette. Greene liebte Haiti so, dass er auch im Jahr darauf seinen Urlaub im Oloffson verbrachte.

Die Insel war damals arm und korrupt, die Regierung inkompetent; aber Haiti war noch keine Diktatur. Das änderte sich nach dem Jahr 1957. Die meisten Haitianer hatten Papa Doc falsch eingeschätzt. Sie hatten den schwarzen Nachfahren von Negersklaven als Präsidentschaftskandidaten lange nicht ernst genommen. Er war ein Außenseiter, kein Berufspolitiker. Vielleicht machte gerade das seinen Charme aus. Die Bevölkerung erhoffte sich von dem Arzt, der die Probleme in den Dörfern durch seine frühere Tätigkeit doch so gut kannte, eine Verbesserung ihrer Lebensbedingungen. Duvalier gewann die Wahl – und verwandelte Haiti bald in ein einziges Gefängnis, in eine bizarre Folterkammer.

Er nannte sich einen »Noiriste« und glaubte Haitis Geschichte neu schreiben zu müssen, radikal zugunsten der Schwarzen. Er hetzte gegen Mischlinge wie gegen Weiße (was Washington nicht daran hinderte, ihn zunächst mit Krediten zu stützen, als Bollwerk gegen Fidel Castro und dessen »kubanischen Kommunismus«). Weil Papa Doc dem Militär nicht traute, schuf er sich einen eigenen brutalen Sicherheitsapparat: die Tontons Macoute, Markenzeichen schwarze Ray-Ban-Sonnenbrillen. Er stellte die unter Arbeitslosen und Kleinkriminellen rekrutierten »Onkel Menschenfresser« über das Gesetz. Sie durften morden, vergewaltigen, terrorisieren – einzige Voraussetzung war, dass es gegen Regimegegner ging.

Gelegentlich zeigte sich der Präsident auch im Kreise seiner furchterregenden Vertrauten; etwa im Oloffson, zum Tee. Keiner bezahlte. Aber Papa Doc warf den Bediensteten im Weggehen einige zusammengeknüllte Scheine zu, die wie

Konfetti zu Boden fielen. Amüsiert beobachtete er, wenn sie sich um das Geld balgten. Hotelgäste gab es ohnehin nicht mehr, die Gehälter wurden nur mehr sporadisch bezahlt. Die westlichen Pächter des Oloffson blieben bei diesen Besuchen aus guten Gründen im Hintergrund – wäre der Big Boss über den Einfluss der Weißen im Hotel informiert gewesen, er hätte wohl alle Verantwortlichen in seine Folterkeller sperren lassen. Doch Papa Doc wusste nur, dass »der Franzose« als Hotelchef gegangen war; dass mit dem amerikanisch-gebürtigen Haiti-Einwanderer Al Seitz ein anderer »Fremder« übernommen hatte, verschwieg man ihm.

1961 ließ Duvalier das Parlament auflösen. Er steigerte sich immer mehr in Wahnvorstellungen, richtete im weißen Präsidentenpalast eine eigene Folterkammer ein, um selbst jederzeit bei den Misshandlungen zugegen zu sein. Er ließ sich angeblich sogar die Köpfe tatsächlicher oder vermeintlicher Oppositioneller auf einer Schale im Badezimmer präsentieren – und hielt dann mit ihnen in der Wanne »Zwiesprache«. Papa Doc sah sich als Personifizierung des allmächtigen Voodoo-Gottes Baron Samedi, der über die Friedhöfe herrscht und, immer in Schwarz gekleidet, mit einem Zylinder auf dem Haupt, über Zauberkräfte verfügt. »Es gibt keine Kugeln, die mir etwas anhaben können! Ich bin ein körperloses Wesen«, rief François Duvalier seinen Landsleuten einmal bei einer Massenveranstaltung zu.

Was für ein Stoff für Graham Greene! Immer besessen von menschlichen Abgünden, immer auf der Suche nach Schuld und Sühne und dem ersten Kreis der Hölle, entschloss sich der Dichter 1963 zu einem erneuten Haiti-Besuch. Jolicœur holte ihn am Flughafen ab und brachte ihn in seine Lieblingssuite ins Oloffson – mit durchaus gemischten Gefühlen, wie er erzählt: »Ich war kein Held, ich hatte mich mit dem Regime arrangiert, so gut ich konnte. Viele meiner Kollegen verschwanden und man hörte nichts mehr von ihnen. Ich hatte Angst.«

Jolicœur war noch immer der Nummer-eins-PR-Mann für Haiti, und das hieß in diesen Zeiten PR-Mann für Papa Doc.

Keine Leistung ohne Gegenleistung. Jeden Abend hielt der Journalist, nun auch noch zum Generaldirektor des Tourismusministeriums befördert, im Oloffson Hof: Jolicœur bewirtete Duvaliers Minister (ohne zu bezahlen, versteht sich), hielt an der Hotelbar aber auch Kontakt mit Männern, die als potenzielle Regimegegner galten. »Wo er die Macht spürte, schmeichelte er sich ein. Er bespitzelte ausländische Journalisten und Akademiker, um sich beim Regime Pluspunkte zu holen«, urteilt die amerikanische Haiti-Kennerin Amy Wilentz sehr hart.

Haitianer sahen die Sache nicht so schwarzweiß. Schon wahr, sagten sie, Jolicœur hatte sein permanentes kleines Oloffson-Zimmer unten im Gartenflügel, wohin er sich zurückzog und für Duvaliers Leute Dossiers schrieb. Aber die betrafen nur Leute, die sich schon ins Ausland abgesetzt oder ihr Visum bereits in der Tasche hatten. Den schrecklichen »Onkeln Menschenfresser« habe Jolicœur keinen ausgeliefert, mehreren Oppositionellen sogar unter Einsatz des eigenen Lebens zur Flucht in die Dominikanische Republik verholfen. Sicher ist: Jolicœur tanzte auf einem dünnen Seil, wenn er zwischen all den Lobeshymnen auf den »einmaligen Führer« in seiner Zeitung mal hin und wieder soziale Reformen anmahnte oder einen der Tontons-Macoute-Exzesse milde rügte. Er spielte den Hofnarren, ebenso gern gesehen im weißen Palast des Vampirs wie im Märchenschlosshotel der Ausländer. Und sicher profitierte der Charmeur davon, wenn er den Herrschenden – wie öfter im Hotel beobachtet – seine »Nichten« vorstellte.

Jolicœur spricht ungern über diese Zeit, wollte sie bei unseren Diskussionen am liebsten ausblenden. Nur so viel sagte er: »Papa Doc nannte mich seinen Sohn – wie hätte ich meinem allmächtigen Vater widersprechen sollen?«

Graham Greene war 1963 im Oloffson, während der Papa-Doc-Diktatur, in seinem Element. Er genoss die Tage und Wochen in dem völlig leeren Hotel, ließ sich vom Pächter in die Geheimnisse eines Managements ohne Gäste einführen (und verwendete all diese Einzelheiten in der Romanfigur des verzweifelten »Trianon«-Managers Brown). Vor allem aber nutzte er Jolicœur als Inspiration. Ließ ihn Tontons Macoute anschleppen, die schönsten und reichsten Damen der Highsociety, die Politikerelite. Natürlich interessierten ihn auch die Gefolterten; zwei derer, die gerade noch einmal davongekommen waren, lud der Schriftsteller mit Jolicœurs Vermittlung zum »Hintergrundgespräch« in seine Suite. Und Greene ließ sich auch von zwei zitternden Schülern, die wie ihre ganze Klasse der Exekution zweier »Staatsfeinde« auf dem Friedhof hatten beiwohnen müssen, haargenau die Details schildern: ein Voyeur im Dienste der Kunst, vielleicht auch in eigener Sache.

Jolicœur ging davon aus, dass Greene ihn bei jeder Verwertung des Stoffes außen vor lassen würde und warnte ihn ausdrücklich davor, »identifizierbare« Figuren zu verwenden. »Alle Haitianer sind Komödianten«, sagte er dem Freund nach einer herzlichen Umarmung zum Abschied. »Aber bitte vergiss nicht, die Haitianer müssen ein Leben lang auf dieser Bühne stehen und spielen.«

1966 erschien »Die Stunde der Komödianten«. Nicht nur das Hotel und sein Manager waren leicht zu erkennen – auch Aubelin Jolicœur. »Er war Journalist, jedermann als Petit Pierre bekannt«, heißt es im Roman. »Manche sagten ihm nach, er habe Beziehungen zu den Tontons. Wie wäre er sonst Misshandlungen oder Ärgerem entgangen? Und doch gab es Stellen in seiner Klatschrubrik, die von einer seltsamen, satirischen Keckheit zeugten – vielleicht verließ er sich darauf, dass die Polizei nicht zwischen den Zeilen las.«

Papa Doc schäumte über die Darstellung Haitis als Alptraumrepublik, über seine Charakterisierung in den »Komödianten« als Menschenschlächter. Er schrieb höchstpersönlich in der Port-au-Prince-Zeitung *Le Matin* (die, wie so vieles auf Haiti, inzwischen zu seinem Privatbesitz gehörte) eine vernichtende Kritik über den Roman: »Verleumdung unserer Nation, sadistisch, rassistisch. Ein Machwerk, nur gut für Herrn Greenes Bankkonto.«

Die Oloffson-Pächter und der Reporter fürchteten das Schlimmste. Petit Pierre wurde viermal von der Polizei einbestellt, von den Tontons Macoute scharf befragt, doch nie gefoltert oder ins Gefängnis geworfen. Der Journalist verstand dieses Vorgehen als eine Art letztes Warnsignal des Herrschers an seinen Günstling. Jolicœur pries Papa Doc fortan uneingeschränkt und ohne Zwischentöne. Er ließ den Regisseur Peter Glenville abblitzen, der in Greenes Auftrag anfragen ließ, ob er sich bei der Verfilmung des Haiti-Romans neben Liz Taylor und Richard Burton nicht selber spielen wolle, Gage: hunderttausend Dollar. »Ich bin sicher, Graham wollte mir einen Gefallen tun«, sagt Petit Pierre bei unserem Interview mit einem hintergründigen Lächeln. »Aber was hätte mir Reichtum genützt, wenn ich nicht überlebt hätte?«

François Duvalier starb nach vierzehnjähriger Herrschaft am 21. April 1971 – einen unverdient friedlichen Tod in seinem Bett. Noch in der Stunde seines Ablebens jagte er seinem Volk Schauder ein. Während des Begräbnisses kam ein furchtbarer Wirbelsturm auf und fegte zerstörend über Port-au-Prince. Viele Haitianer sahen das Unwetter als letzte Rache des Voodoo-Gottes Baron Samedi, doch im Hotel Oloffson zündete das Management in dieser Nacht Freudenkerzen an: Nun konnten, mussten doch bessere Zeiten kommen.

Es kam als Nachfolger der Sohn, Baby Doc genannt. Damals gerade neunzehn geworden, war Jean-Claude Duvalier ein übergewichtiges, verwöhntes, mäßig intelligentes Kind – zum Diktator geboren, zum Regieren aber wenig geeignet. Er stotterte bei der Amtseinführung und musste von Ärzten mit Valium voll gepumpt werden, um seiner Aufregung Herr zu werden. Es war der letzte sympathische Zug, den sein Volk an ihm erkennen konnte.

»Hohlkopf«, wie ihn seine Schulkameraden nannten, hatte immerhin eines von Papa geerbt: den Machtinstinkt. Er baute den Geheimdienstapparat seines Vaters weiter aus, auch wenn er wenigstens die allerschlimmsten Exzesse der Tontons zu stoppen versuchte: Baby Doc war, anders als der Alte, kein

Lustfolterer. Aber er liebte das gute Leben, teure Frauen, kostbare Autos. Mit seiner jährlichen Apanage von 2,4 Millionen Dollar konnte er die Maseratis, Lamborghinis und all die anderen Spielsachen bald nicht mehr finanzieren. Um zu vertuschen, dass er einen großen Teil der Auslandshilfe, bestimmt für Schulen, Straßen und sanitäre Anlagen, in seine eigenen Taschen abzweigte, musste er seinen Ministern gestatten, sich ebenfalls zu bereichern. Baby Docs größter Ausgabenposten aber wurde bald seine Frau, die ebenso bildhübsche wie anspruchsvolle und habgierige Michèle. Die Hochzeitsfeier im Jahr 1980 war so verschwenderisch, dass sie es ins »Guinness-Buch der Rekorde« schaffte: mit drei Millionen Dollar eine der drei teuersten Eheschließungen aller Zeiten.

Auch Petit Pierre heiratete, eine Kanadierin. Er ließ die vergleichsweise bescheidene Feier in »seinem« Oloffson ausrichten. Er bekam drei eheliche Kinder, nach der baldigen Scheidung auch ein gutes halbes Dutzend uneheliche. Er blieb Bestandteil der Diktatur, verlor aber bald jede Angst vor dem System. Er griff im *Nouvelliste* Baby Doc scharf an, als der sich per Scheinwahlen (in einigen Distrikten 105 Prozent Ja-Stimmen) als »Präsident auf Lebenszeit« bestätigen ließ. »Das haitianische Volk wurde getäuscht. Die Tontons, einst als Fortschritt gefeiert, sind nun endgültig Werkzeuge der Ungerechtigkeit geworden.« Die Kritik kostete ihn seinen Regierungsjob als Tourimusdirektor, aber Duvalier junior wagte es nicht, seinen »Bruder« verhaften zu lassen. Jolicœur gründete eine Galerie, schrieb weiter – und wurde zum lebenden Beweis dafür, dass das Regime an Durchsetzungskraft verloren hatte. Attentate gegen die Regierungsvertreter, das brutale Zurückschlagen der Militärs schufen anarchische Verhältnisse auf der Insel.

Im Herbst 1985, als ich Haiti zum ersten Mal besuchte und Jolicœur interviewte, war von Touristen – abgesehen von dem merkwürdigen Herrn aus Virginia – weit und breit nichts zu sehen. Allerdings auch noch nichts von einem unmittelbar bevorstehenden Ende des Duvalier-Regimes, dessentwegen wir alle gekommen waren. Das Oloffson schrieb tiefrote Zahlen – vier anreisende und ohne eine große Story bald wieder abreisende Journalisten konnten es nicht retten (obwohl *Paris Match, Newsweek, Time* und ich uns mit Hummerbestellungen, Champagner und zahlreichen Rum Punchs alle Mühe gaben). Das Oloffson, so schien es, war zu einem Dornröschenschlaf verdammt.

Ich bin dann für einige Zeit nicht mehr nach Haiti gekommen, habe aber immer wieder mit Aubelin telefoniert. Als es mit der Duvalier-Diktatur tatsächlich zu Ende ging, war ich bei einer Geschichte in einer anderen Ecke der Welt. Am 6. Februar 1986 war es dann so weit: Das Paar Baby Doc und Michèle Duvalier gab auf, zermürbt von den lokalen Demonstrationen und dem internationalen Druck. Für den Flieger ins französische Exil rafften die Kleptokraten noch einmal zusammen, was ging: ganze Schrankkoffer voller Geld, Gold, kostbaren Bildern, Teppichen und Pelzen. Aubelin Jolicœur schrieb noch in der Nacht der Flucht seine Kolumne um, ging dann auf Tauchstation, um erst einmal abzuwarten: ein Überlebenskünstler, den die Erfahrung Vorsicht gelehrt hatte. Petit Pierre wartete nun auch auf ein Lebenszeichen von Graham Greene, dem alten Freund.

Aber der große Autor hatte sich neue Ziele, neue Abgründe gesucht. Er fand neue karibische »Greenelands« in Kuba, Panama, Nicaragua. Er scherzte mit dem grausamen »rechten« General Noriega ebenso wie mit dem »linken« Geheimdienstchef der Sandinisten, Lenín Cerna. Er pflegte seinen Hang zur Illoyalität – und litt gleichzeitig unter seinem Nichtglauben: Gott war ihm ein Tyrann, die Sünde unwiderstehlich, jegliche Moral suspekt. Er kokettierte zynisch mit seinem Snobismus. Der Autorenkollege George Orwell hatte Greene einmal vorgeworfen: »Der hält es für distingué, verdammt zu sein: Die Hölle ist für ihn eine Art exklusiver Nachtclub, zu dem nur Katholiken Zugang haben.«

Nach Haiti und in sein geliebtes Hotel Oloffson ist Greene jedenfalls nicht mehr zurückgekehrt, obwohl sein Buch nach dem Sturz der Duvaliers vom Index kam und viele Intellektuelle auf der Insel ihn zu ihrem Helden machten. Am 3. April 1991 starb Graham Greene. Sein Grab solle oberhalb des Genfer Sees sein, hatte er verfügt, auf dem Friedhof der reichen Gemeinde Corseaux. Ausgerechnet in dem Langweilerland, von dem der begnadete Zyniker in seinem Drehbuch zu »Der Dritte Mann« Harry Lime sagen ließ: »Fünfhundert Jahre Demokratie und Frieden, und schau doch, was es hervorgebracht hat: die Kuckucksuhr.«

Zwillingsleben: Jolicœur und Greene. Zwei Doppelagenten, verbunden in ihrer Liebe zu Sünde und Verrat. Hat der große Schriftsteller seinen kleinen Informanten im Oloffson wirklich vergessen?

»Er verfolgte genau, was sich auf Haiti abspielte«, berichtet der Greene-Kenner Greg Chamberlain. Und einem Freund vertraute der schon vom Krebs geschwächte Autor in den letzten Lebenstagen an: »Petit Pierre, der schafft es immer und kriegt jede Kurve. Er konnte Menschen helfen und über Leichen gehen. Wir beide wussten immer, wann wir zu Verrätern wurden. Und mehr als das: Wir konnten diesen Verrat sogar genießen.«

Ich war dann 1990 wieder im Oloffson, im Jahr fünf nach den Duvaliers. Das Hotel hatte sich verbessert, neue Lampen, neue Telefone, neue Schränke; aber Gott sei Dank keine Radikalrestaurierung. Immer noch war der Garten verwildert, das Eisengitter am Eingang überwuchert. Richard Morse hatte das Hotel übernommen, ein junger Amerikaner aus Connecticut, Princeton-Absolvent, dessen Vater als Wissenschaftler in Port-au-Prince stationiert gewesen und eine haitianische Tänzerin geheiratet hatte.

Richard verliebte sich gleich bei seinem ersten Besuch in das Hotel (und eine Rocksängerin aus Port-au-Prince), erwarb 1986 die Pacht. War das denn so einfach? Der liebenswürdige Morse mit dem stets verschmitzten Lächeln zeigte mit seiner Antwort, dass er gelernt hatte, wie man die Oloffson-Legende weiterspinnt. »Es war in den letzten Tagen von Baby Docs

Regime. Ich war unsicher, ob ich nicht zurück in die Staaten sollte. Ich teilte nach einem Drink im Oloffson mein Taxi mit einem Houngan, einem Voodoo-Priester, schwärmte ihm von dem Hotel etwas vor«, erzählte er. »Und der sagte nur: Wollen Sie es haben? Geben Sie mir zwanzig Dollar und ich mache eine Zeremonie für sie. Ich riskierte es. Dann kamen natürlich noch wochenlange Verhandlungen, Bürogänge, Termine – aber alles klappte schließlich, wie von magischer Hand.« Das Hotel hatte allerdings trotz mancher prominenter Gäste auch Anfang der Neunziger noch einen schweren Stand. Gerade vor meiner Ankunft war es mal wieder zu einem blutigen Staatsstreich gekommen, die Zimmer standen leer.

Ich erinnere mich noch an eine dramatische, alptraumhafte Erfahrung von damals, während der Unruhen 1990.

Es war einer jener Oloffson-Abende, an denen sich Traum und Realität zu vermischen schienen, die von großer Politik und von Teufelsbeschwörung, von Rumrezepten und Kokainschmuggel handelten, von Foltergefängnissen und schönen Mädchen. Drei Haitianer waren da, darunter natürlich Aubelin, ein Däne, der sich als Kaufmann ausgab, eine ziemlich beschwipste Amerikanerin. Die Dame hatte sich in der Bar auf das Piano geworfen und versuchte vergeblich dem Instrument einen Walzer zu entlocken. Eine der Hauskatzen sprang verschreckt auf den Tresen und stieß den Mixbecher des Barmanns um. Dann fielen Schüsse. Wir starrten uns an. War es der Alkohol, war es die Neugier – diesmal hielt mich nichts im Hotel. Gemeinsam mit dem Kaufmann rannte ich Richtung Ausgang.

Wir hatten Glück, fanden gleich ein Taxi. Wir mussten nicht weit fahren, nicht einmal einen Kilometer. Da begann schon eine der »Bidonvilles«, der »Blechbüchsenstädte«, wie man in Port-au-Prince die Slums nennt. Keine befestigten Straßen, kein Trinkwasser, kein elektrisches Licht. Erbärmliche Wellblechhütten, vor denen sich Abfallberge türmten. Manchmal machten die Slumbewohner nachts Feuer, den Widerschein hatte ich von meinem Oloffson-Fenster gesehen. Aber wohl nur, wenn es in der Nachbarschaft etwas Besonderes zu sagen oder zu zeigen gab. Holz war kostbar.

In dieser Nacht gab es ein Feuer und es brannte lichterloh, als wir ums Eck bogen. Es galt eine Leiche zu bestaunen, eine erfolgreiche Schlacht zu feiern – die Stunde der Kombattanten.

Der Tote war nicht durch Gewehrschüsse gestorben, wir mussten entweder Freudensalven gehört haben oder es wurde noch anderswo gekämpft: Die Slumbewohner hatten den Mann, der um die dreißig Jahre alt sein mochte, mit gezielten Machetenhieben hingerichtet. Sein Kopf war gespalten, mit dem Blut war ein Teil der Gehirnmasse ausgetreten. Und doch bot sich uns ein fast friedliches Bild. Man hatte dem Opfer offensichtlich aufgelauert, nichts deutete auf einen Kampf hin. Und man hatte den Toten an eine Hütte gelehnt, ihm eine halbgerauchte Zigarette zwischen die Lippen geschoben.

Alle schrien durcheinander. Frauen tanzten, Männer warfen Scheite ins Feuer, Kinder fragten uns nach Kaugummi, in einer Ecke küsste sich ein grell geschminktes Paar. Es herrschte Jahrmarktstimmung – die Stunde der Komödianten.

»Er war ein Tonton Macoute, ein Folterer. Er hat tausendmal den Tod verdient«, sagte schließlich ein junger Mann und spuckte verächtlich Richtung Leiche. »Einst hat er uns gequält. Doch die Polizei tut nichts, um das Unrecht aufzuarbeiten. Die meisten der Onkel Menschenfresser sind selber im Polizeidienst untergetaucht.«

Der Slogan im Slum hieß: »Dechoukay«. Was auf Kreolisch so viel bedeutet wie »etwas entwurzeln, mit Stumpf und Stiel ausrotten«. Die Menschen, die den Diktator davongejagt hatten, mussten erkennen, dass sie dadurch keine wirkliche Freiheit gewonnen hatten. Das System des Duvalierismus war auch ohne die Duvaliers intakt geblieben. An die Spitze des verrotteten Staates hatten sich die Militärs gestellt, die früher mit den Tyrannen paktiert hatten. Allenfalls der Baumstamm war abgehackt, die Wurzeln noch nicht einmal angetastet: Die

Dechoukay der Diktatur, der große Exorzismus, war nicht geglückt. Und so herrschte auf Haiti weiter die Anarchie – aus den Gejagten wurden Jäger, aber es war eine Frage der Zeit, bis sich das wieder ins Gegenteil verkehrte. Das wussten wohl auch die Menschen, die ihren Mord an einem Schlächter noch eine ganze Nacht mit Rum und Tänzen feierten und uns gar nicht fortlassen wollten von der Stätte ihres Augenblickstriumphes.

Es gab nur einen Mann, dem die Slumbewohner vertrauten: »Titid«. Immer wieder fiel in unseren Diskussionen der Name des Salesianerpaters Jean-Bertrand »Titid« Aristide. »Er ist ein Mann des Volkes«, sagten sie. »Er hat sogar noch tapfer weitergepredigt, als die Tontons seine Kirche niederbrannten. Er ist die letzte Hoffnung dieses Landes, ein Heiliger – und für einen Exorzismus, wissen Sie, braucht es einen Heiligen.«

Port-au-Prince im Jahr 2003, ein Dutzend Jahre sind seit der Nacht der Selbstjustiz in den Slums vergangen. In dem Karibikstaat hat sich nicht vieles zum Positiven verändert. Noch immer ist Haiti der Schandfleck der westlichen Hemisphäre: Die durchschnittliche Lebenserwartung liegt unter 55 Jahren, jedes zwölfte Baby stirbt bei der Geburt. Mehr als jeder zweite Erwachsene ist Analphabet, die Arbeitslosigkeit beträgt über siebzig Prozent, der Durchschnittsverdienst erreicht kaum fünfhundert Dollar – im Jahr. Laut einem Bericht der FAO sind in Haiti 62 Prozent der Bevölkerung unterernährt. Die einstige »Perle der Antillen« hat die wohl katastrophalste Ökobilanz weltweit; waren einst 75 Prozent Haitis bewaldet, sind es heute noch sieben.

Zwar garantieren die staatlichen Behörden inzwischen die Pressefreiheit, aber wer sie mit Leben füllt, muss mit dem Schlimmsten rechnen. So wie der regierungskritische Rundfunkreporter Jean Dominique. Er war auf dem Weg ins Oloffson, als ihn Schüsse niederstreckten. Immer wieder erschüttern Unruhen das Land. Bei Überfällen auf Polizeieinrichtungen sind kürzlich fünf Offiziere ums Leben gekommen. Die Regierung warf daraufhin der Opposition vor, zusammen mit ehemaligen Armeeangehörigen einen Putsch geplant zu haben. Die Opposition wiederum klagte die Regierung an, die Überfälle inszeniert zu haben, um einen Anlass für die Verhaftung ihrer Parteiführer zu konstruieren.

»Welch ein Wind von Intoleranz weht durch unser Land, welch Mangel an Zivilcourage prägt Haiti«, schreibt der *Nouvelliste*, als im März 2003 eine Passantin vom Chauffeur eines Kollektivtaxis in den Kopf geschossen wurde, nur weil sie sich über die gestiegenen Preise beschwert hatte. Die restlichen Taxi-Insassen waren nach der Tat geflohen, sie wollten sich durch Zeugenaussagen nicht in Schwierigkeiten bringen.

Titid, der Held der Armen, wurde bald nach meiner Alptraumnacht in den Slums Präsident Haitis. Er errang im Januar 1991 einen Erdrutschsieg und legte als erster frei gewählter Präsident des Landes seinen Amtseid ab. Nach acht Monaten wurde Aristide durch einen blutigen Staatsstreich der Militärs gestürzt, ging ins amerikanische Exil und kam 1994 mit Hilfe der von der UNO geschickten US-Truppen wieder an die Macht: »Operation Aufrechterhaltung der Demokratie« nannte sich das Unternehmen pompös. Aber nicht nur die Amerikaner überkommen heute Zweifel an der demokratischen Gesinnung des Linkspopulisten, der seine Anhänger immer wieder zur Gewalt aufputscht, vor allem nach seiner Wiederwahl im Jahr 2000 (zwischenzeitlich hatte er aus Verfassungsgründen das Amt vier Jahre seinem Vertrauten René Préval überlassen müssen).

Port-au-Prince kocht in diesen Tagen wieder einmal über von Gerüchten: Aristide verdiene am schwungvollen Kokainhandel auf der Insel mit; Aristide wolle sich sogar – wie einst die Duvaliers – zum Präsidenten auf Lebenszeit ausrufen lassen, um so den Zweihundertjahrfeiern der Unabhängigkeit des Landes 2004 einen besonderen Kick zu geben; Aristide sei manisch-depressiv, es müsse jederzeit mit seinem Selbstmord gerechnet werden. Aristide werde sich nicht mit der Ernennung eines Vertrauten zum Premier begnügen und denke gar nicht daran, die Auflagen internationaler Organisationen zu erfüllen, die eingefrorene Kredite loseisen könnten.

Und wo sammeln sich die Gerüchte? Wo treffen sich Aristide-Anhänger und Oppositionelle, Schweizer Berater der Weltbank, französische Missionare und amerikanische Agenten? Wo dinieren ehrwürdige alte Damen der Highsociety und eher sündige junge aus dem Haus Thor Inn, wie Greenes Lieblingsetablissement Chez Georgette heute heißt? Wo geht Aubelin Jolicœur alias Petit Pierre ein und aus, im Gefolge seine immer noch bildhübschen, eher jünger werdenden »Nichten«?

Ich schreibe diese Zeilen von meiner Veranda im Oloffson aus, der Sir-John-Gielgud-Suite, einen Rum Punch vor mir. Auf wundersame Weise ist es Hoteldirektor Richard Morse gerade gelungen, seinen ausgelaufenen Pachtvertrag zu verlängern. Er trägt jetzt die Haare zu einem Pferdeschwanz gebunden und ist noch öfter als früher mit den Regierungsberatern und den Nachfahren der Besitzerfamile Sam zu sehen, wenn sie dinieren und immer noch einen und noch einen Drink auf Kosten des Hauses schlürfen.

Richard Morse hat sein Backgammonspiel verbessert, aber vor allem seine musikalischen Fähigkeiten. Ich werde gleich nachher hinunter zum Konzert seiner »Voodoo-Punk«-Gruppe RAM gehen, deren Bandleader er, deren Sängerin seine Frau ist. RAM ist auf dem Soundtrack zum preisgekrönten »Philadelphia«-Film neben Bruce Springsteen zu hören und könnte nach den »Fugees« zum zweiten haitianischen Musikexport werden – oder einfach eine Truppe bleiben, der es Spaß macht, hauptsächlich vor ihren Gästen zu spielen. Jeden Donnerstag, so gegen zehn.

Man muss Richard ein Kompliment machen: Er hat das Oloffson so renoviert, dass es bleiben kann, was es war. Mick Jagger wird sich freuen, dass der nach ihm benannte Raum (auf Kosten des Lilian-Hellman-Zimmers?) größer geworden ist. Ansonsten: Business as usual. Oder leider: Nicht-Business as usual. Die permanenten Unruhen in diesem »schäbigen Land des Terrors« – wie Greene Haiti in »Die Stunde der Komödianten« nannte – haben wenig geholfen, Gäste anzulocken. Auch der Ruf, Port-au-Prince sei die Aids-Hauptstadt der Welt, ist dazu nicht gerade angetan. Man könnte es zynisch sagen: Das Oloffson, Haiti überhaupt, ist unter den Reisenden der Welt ein Geheimtipp geblieben. Ebenso wie die »Voodoo-Nächte mit einem echten Houngan«, die der Oloffson-Empfang auf Anfrage vermittelt: ein Fest besonders für den, der gern zuckende kopflose Hühner im Todeskampf und lallende Betrunkene »in Ekstase« sieht.

Voodoo sei die »Basis der haitianischen Kultur«, hat gerade die Kulturministerin Lilas Desquiron erklärt und den Kult der Schwarzen zur »offiziellen Religion« erklärt. Houngan-Priester und Mambo-Priesterinnen dürfen nun staatlich anerkannte Eheschließungen, Taufen und andere Rituale durchführen. Ein kluger Schachzug der Regierung: Die Aufwertung kostet sie nichts und sichert ihr, wenn nicht die Gunst, so doch das Stillhalten des mächtigen Voodoo-Klerus; die mehr als fünfzigtausend Tempel im Land waren schon immer potenzielle Sammelpunkte der Unzufriedenen. Auch das Oloffson wird nun seine Voodoo-Touren offener anpreisen, womöglich ergibt sich daraus ein neuer Tourismuszweig. Für kulturell Interessierte; und für solche, die den James-Bond-Haiti-Film »Live and Let Die« nacherleben wollen, bei dem eine leicht bekleidete Jane Seymour in den Bann der Priester und ihrer Schlangen gerät.

Und noch eine gute Nachricht für das von guten Nachrichten wenig verwöhnte Haiti: Baby Doc ist pleite. Seine ersten Jahre im Exil hatte er an der Côte d'Azur verbracht, in einer prächtigen Villa bei Mougins. Mal wurde er Ende der Achtziger bei einer Ferrari-Ausstellung gesehen, mal im Dreisternerestaurant La Colombe d'Or in Cannes, immer mit der schönen Michèle an seiner Seite. Das Paar verweigerte jede politische Aussage – aus gutem Grund: Der politische Status der Duvaliers war ungeklärt, ihnen konnte die Aufenthaltsgenehmigung jederzeit entzogen werden. Sie lebten wie Gott in Frankreich, aber – ohne Pässe – wie in einem goldenen Käfig. Haitis Regierung forderte 120 Millionen der gestohlenen Gelder zurück, sah jedoch nicht einen Cent.

Dann wurde es ruhig um die beiden Duvaliers. Sie wurden nicht ausgewiesen. Aber sie trennten sich. Es darf vermutet werden, dass es Michèle mit einem seiner Machtbefugnisse entkleideten Jean-Claude schnell langweilig wurde; dass sich die Clevere bei der Scheidung 1992 den Löwenanteil des Besitzes unter den Nagel riss. Michèle war jedenfalls schon bald wieder liiert, mit einem schwerreichen französischen Unternehmer. Baby Doc tat sich schwerer mit der Welt außerhalb der Palastmauern. In den siebzehn Jahren seines Exils hat er nie ein Manuskript verfasst, einen Vortrag gehalten oder sonst auf irgendeine Weise Geld zu verdienen versucht. »Politik ist alles, was ich kann«, vertraute er im April 2003 dem *Wall Street Journal* an. Seit einigen Jahren hat Baby Doc bereits Probleme, seine hohen Hotelrechnungen zu bezahlen, verkaufte immer mal wieder Sachwerte und auch ein Schloss bei Paris. Aber die Millionen rannen durch seine Finger, denn haushalten hatte er nie gelernt. Er lebt jetzt in einem winzigen Pariser Appartment, das von einer Freundin bezahlt wird – und träumt von einer Heimkehr nach Haiti.

Welche Fehler er in seinem Leben gemacht habe, fragten ihn die Reporter der amerikanischen Zeitung. Da musste der Diktator lange nachdenken. »Wir sind alle nicht perfekt«, sagte der Mann schließlich, unter dessen Regentschaft es zu Hungerunruhen kam und der in eine protestierende Schulklasse hineinschießen hatte lassen. »Vielleicht war ich zu tolerant.«

Sonnenuntergang im Oloffson: Der Tag geht, Aubelin kommt. Er tänzelt, nun schon an die achtzig, nicht mehr ganz so federnd und elegant wie einst. Muss sich ab und zu am Geländer festhalten. Aber er ist immer noch in sein unschuldiges, makelloses Tropenweiß gekleidet, den kostbaren Stock stets griffbereit. Wir sind auf der Terrasse verabredet, über dem Swimmingpool, in dem Graham Greene einst – für seinen Roman – die verstümmelte Leiche des Sozialministers hat verschwinden lassen.

»Ah, was für eine Freude, alte Bekannte noch einmal zu sehen«, sagt Aubelin Jolicœur. Er bittet wegen der Hitze in die Hotel-Bar, zu einem Drink unter dem aus kleinen Muscheln zusammengesetzten Bild einer schwarzen Jungfrau Maria. Gleich zwei Sensationen: Er bestellt sich kein Rumgetränk, sondern ein Diet Coke – und er besteht darauf, selbst zu bezahlen. Wir machen Smalltalk. Er erzählt, seine Galerie habe ganz ordentlich Geld eingebracht, er schreibe immer noch gelegentlich, besuche Prominentenpartys und wichtige Beerdigungen. »Zugegeben, in letzter Zeit mehr Beerdigungen«, sagt er.

»Aubelin, was ich dich immer schon fragen wollte: Trägst du deinem untreuen Freund Graham Greene etwas nach? Fühlst du dich ausgenutzt?« Er überlegt nicht lange. »Aber nein«, sagt er. »Seine Literatur wird uns überleben, genauso wie dieses wunderbare, zeitlose Hotel hier. Unabhängig davon, was für ein Mensch dieser Graham Greene war, verdanken wir ihm alle doch viel, ich besonders.«

Was, zum Beispiel?

»Haiti wird nicht mehr so viel mit Tahiti verwechselt. Und ganz persönlich: Wer lebt schon, wie ich, seine eigene Legende?«

Aubelin Jolicœur alias Petit Pierre fängt an zu kichern, immer heftiger. Es sieht tatsächlich so aus, als »schwinge er sich auf einem Seil aus Gelächter von Wand zu Wand«, wie Graham Greene über seinen Zwillingsbruder in der »Stunde der Komödianten« geschrieben hat. Und fortfuhr: »So würde er auch seinem Scharfrichter ins Gesicht lachen.«

HOTELBEWERTUNG:

NOSTALGIEFAKTOR: *****
LUXUSFAKTOR: ***
WOHLFÜHLFAKTOR: ****
PREIS-LEISTUNGS-FAKTOR: ****
ADRENALINSTOSS-FAKTOR: *****

Adresse:
Hotel Oloffson
Rue Capois, St. Gerard,
Port-au-Prince, Haiti
Telefon: 00509-223-4000
Fax: 00509-223-0919
E-Mail: oloffsonram@aol.com

Zimmer:
Einzelzimmer in drei Kategorien von 68 über 86 bis 109 US-Dollar,
Doppelzimmer in drei Kategorien von 68 über 86 bis 109 US-Dollar
inklusive Frühstück, plus 10 Prozent Steuern

Alain de Botton

Kunst des Reisens

Aus dem Englischen von Silvia Morawetz

Band 15804

»Ich glaube, dass die Liebe und das Reisen unsere größten Glücksphantasien sind.«

Alain de Botton, »belletristischer Essayist« und literarischer Flaneur, hat mit seinem gescheiten, anregenden und amüsanten Buch über Lust und Zweifel beim Reisen seinen Betrachtungen zum Sinn des Lebens ein neues Kapitel hinzugefügt. Auf der Spur seiner originellen Erfolgsbücher – »Wie Proust Ihr Leben verändern kann« und »Trost der Philosophie« – entdeckt er für uns »die Farben des Reisens« (›Der Spiegel‹).

Fischer Taschenbuch Verlag

fi 15804 / 1

Roger Willemsen
Deutschlandreise
Band 16023

Wochenlang reiste Roger Willemsen mit dem Zug durch Deutschland, von Konstanz nach Kap Arkona, von Bonn nach Berlin. Aus seinen Begegnungen mit Menschen unterschiedlicher Art entsteht das facettenreiche Bild eines Landes. Mit wachem Blick entdeckt er das Wesentliche im Alltäglichen und das Typische im Zufälligen – das Glück und Unglück des ganz normalen Lebens.

»Was ist das für ein Buch, ein Sachbuch? Nein, das ist viel mehr, das ist eine grandios erzählte Reise ins Innerste eines Landes, das unser Land ist, bereist von einem Autor, der Klischees nicht auf den Leim geht, vor Obrigkeiten und ihren Vorschriften nicht in die Knie bricht und der Menschen so zuhören und sie so beschreiben kann, dass wir in ihr Herz sehen. Das können nur die Dichter. Willemsen ist einer.«
Elke Heidenreich

»Willemsens exakte Portraits von Deutschen gehören zum Besten, was man in diesem Genre lesen kann.«
Frankfurter Allgemeine Zeitung

Fischer Taschenbuch Verlag

fi 16023 / 1

Marie Pohl
Maries Reise
Band 16034

Die zwanzigjährige Marie Pohl macht eine Reise in sieben Weltstädte: Havanna, Buenos Aires, San Francisco, Hanoi, Tiflis, Jerusalem und Helsinki. Es wird eine eigenwillige und mutige Reise. Neun Monate ist Marie unterwegs. Sie lebt, liebt, tanzt und sammelt Geschichten.

»Bevor ich studiere, bevor mich alle
mit Sie ansprechen, bevor sich das Fräulein
Marie auf seinen auserwählten Weg macht, möchte
ich meine Generation in ihrer Anfangs-Aufbau-Zeit
finden und porträtieren. Meine Zeit fasziniert mich,
und ich will mehr über ihre Menschen erfahren ...
Ich suche: die interessantesten Personen
meiner Generation.«

»Sie sieht immer ganz leise und lange zu
und findet so mit der Zeit wunderschöne, verblüffend
klug erzählte Geschichten.«
Die Welt

Fischer Taschenbuch Verlag

fi 16034 / 1

Bruce Chatwin
Photograph
Verschlungene Pfade
Ausgewählt von Roberto Calasso
Band 14706

Auf seinen zahlreichen Reisen hat Bruce Chatwin, Wanderer aus Leidenschaft, auch photographiert. Die Bilder dieses Bandes wurden in Westafrika und Nepal, in Patagonien und Peru aufgenommen. Sie zeigen Städte im Senegal, im Iran und in Afghanistan, nepalesische Häuser, patagonische Interieurs, Menschen und Landschaften, deren Physiognomien eine ganze Geschichte erzählen. Auch dokumentiert »Verschlungene Pfade« Bruce Chatwins schiere Freude an Farben und Formen, seinen verblüffenden Sinn für das Schöne noch im kleinsten Detail.

Fischer Taschenbuch Verlag

fi 14706 / 1

Bruce Chatwin und Paul Theroux
Wiedersehen mit Patagonien
Aus dem Englischen von Anna Kamp
Band 11721

Bruce Chatwin und Paul Theroux, zwei erfahrene Patagonien-Reisende, die beide bereits Bücher über dieses Land am äußersten Rand der bewohnbaren Welt geschrieben haben, treffen in Wiedersehen mit Patagonien zu einem reizvollen Zwiegespräch über ihre Erlebnisse zusammen. Und da sie »literarisch« Reisende sind, erregt ein literarischer Bezug genauso ihre Neugier wie ein merkwürdiges Tier oder eine seltene Pflanze. Melvilles Moby Dick oder Edgar Allan Poes Denkwürdige Erlebnisse des Arthur Gordon Pym, ein spätmittelalterlicher Ritterroman, in dem ein seltsames Tier mit Namen Patagon auftaucht, oder das Verschwinden des Odysseus im Meer – ihrer leidenschaftlichen Aufmerksamkeit entgeht kaum ein faszinierendes Detail. Sie folgen aber auch den Spuren ganz realer Reisenden – ob es sich hierbei nun um Darwin oder eine englische Lady handelt –, und Chatwin entdeckt höchstpersönlich die Hütte, in der sich Butch Cassidy und Sundance Kid für eine Weile zur Ruhe setzten. Die hier zusammengetragenen Fundstücke wecken die Sehnsucht nach diesem Land, das zur Metapher wurde für das Unheimliche, das verhängnisvoll Anziehende.

Fischer Taschenbuch Verlag

fi 11721 / 1

W. G. Sebald

Die Ringe des Saturn

Eine englische Wallfahrt

Band 13655

Ein Reisebericht besonderer Art. Zu Fuß ist Sebald in der englischen Grafschaft Suffolk unterwegs, einem nur dünn besiedelten Landstrich an der englischen Ostküste. Im August, ein Monat, der seit altersher unter dem Einfluß des Saturn stehen soll, wandert Sebald durch die violette Heidelandschaft, besichtigt verfallene Landschlösser, spricht mit alten Gutsbesitzern und stößt auf seinem Weg immer wieder auf die Spuren oft wundersamer Geschichten. So erzählt er von den Glanzzeiten viktorianischer Schlösser, berichtet aus dem Leben Joseph Conrads, erinnert an die unglaubliche Liebe des Vicomte de Chateaubriand oder spürt dem europäischen Seidenhandel bis China nach. Mit klarer und präziser Sprache protokolliert er jedoch auch die stillen Katastrophen, die sich mit dem gewaltsamen Eingriff der Menschen in diesen abgelegenen Landstrich vollzogen. So verwandelt sich der Fußmarsch letztlich in einen Gang durch eine Verfallsgeschichte von Kultur und Natur, die Sebald mit einer faszinierenden Wahrnehmungsfähigkeit nachzeichnet. Und ganz nebenbei entsteht eine liebevolle Hommage an den Typus des englischen Exzentrikers.

Fischer Taschenbuch Verlag

fi 2138 / 2

Alexander Osang

Schöne neue Welt

50 Kolumnen aus Berlin und New York

Band 15541

Dieses Buch sammelt Alexander Osangs Kolumnen aus New York, die vor dem 11. September 2001 entstanden sind. In ihnen legt er die Städte Berlin und New York – und natürlich auch die beiden dazugehörigen Länder und Mentalitäten – wie Folien übereinander und zeichnet Unterschiede wie Gemeinsamkeiten mit spitzer Feder nach. Wie in seinen Reportagen gilt auch hier Osangs Interesse vor allem Menschen und ihren ganz alltäglichen Lebenssituationen, die mit all ihren Tücken und all ihrer Komik durchschaut werden.

»In New York reden jetzt viele mit Ehrfurcht von Berlin. Sie haben offensichtlich Angst, etwas zu verpassen. Die Deutschen in New York fragen sich, ob sie in der falschen Stadt leben. Viele Deutsche gingen nach New York, weil es die schärfste Stadt der Welt war. Und weil es heißt, die Stadt treibe einen an wie keine andere. Aber wieso sollen sie die aberwitzigen New Yorker Mieten zahlen, wenn man sich jetzt von Berlin viel besser antreiben lassen kann?«

Fischer Taschenbuch Verlag

fi 15541 / 1

Stephan Wackwitz

Walkers Gleichung

Eine deutsche Erzählung aus den Tropen

Band 15656

Der Botschaftsangestellte Siegmund Walker behauptet, er schreibe an einem Roman über das auslandsdeutsche Personal der kleinen tropischen Stadt. Und schon ist der Teufel los: die einen wollen unbedingt im Roman auftauchen, die anderen haben Sorge um ihr mögliches Erscheinungsbild darin, und so rückt Siegmund Walker ins Zentrum einer Staatsaffäre.

»Dieser Roman zeigt,
dass Deutsche in Ausnahmefällen
auch mal leicht und souverän über ihr eigenes
Land schreiben können. So spannend, so witzig und
so erotisch wurden jene gesellschaftlichen Bande,
die Deutschland im Inneren zusammenhalten,
noch selten geschildert.«
Die Weltwoche

Fischer Taschenbuch Verlag

fi 15656 / 1